French Grammar in Context
Analysis and Practice

MARGARET JUBB

Lecturer in French, University of Aberdeen

and

ANNIE ROUXEVILLE

Senior Lecturer in French, University of Sheffield

A member of the Hodder Headline Group
LONDON

Dedicated to the memory of Geneviève Wilkinson

First published in Great Britain in 1998 by
Arnold, a member of the Hodder Headline Group,
338 Euston Road, London NW1 3BH

http://www.arnoldpublishers.com

British Library Cataloguing in Publication Data
A catalogue record for this book is available from the British Library

ISBN 0 340 66327 8

2 3 4 5 6 7 8 9 10

Production Editor: Rada Radojicic
Production Controller: Sarah Kett
Cover Design: Julie Delf

Typeset in 10/14pt Minion by Saxon Graphics Ltd, Derby
Printed and bound in Great Britain by J W Arrowsmith Ltd, Bristol

What do you think about this book? Or any other Arnold title?
Please send your comments to feedback.arnold@hodder.co.uk

Contents

Acknowledgements

This book developed from collaborative work undertaken some years ago under the auspices of the Association of French Language Studies Grammar Initiative. We gratefully acknowledge the impetus and support given to our work by AFLS. We are also grateful to Lesley Riddle of Edward Arnold for helping us to refocus and extend our earlier work with a view to publication, and to an unidentified reader selected by Edward Arnold for commenting on a first draft of the present work. In producing the original three AFLS Brochures Grammaire, we worked with two colleagues, Carol Chapman of the University of Liverpool, and the late Geneviève Wilkinson of the University of Hull.

The authors and publisher would like to thank the following for permission to use copyright material in this book:

Label France: Corinne Tonarelli, 'La Provence, terre de lumière', no. 24, June 1996 and Delphine Dumas, 'Au cours des trente dernières années', June 1996; Editions Gallimard: Albert Camus, *L'Etranger*, 'J'ai retourné ma chaise', Livre de Poche, 1957, André Malraux, *La condition humaine*, 'L'auto de Chang-Kaï-shek', Livre de Poche, 1946 and Simone de Beauvoir, *Mémoires d'une jeune fille rangée*, 'La plupart des garçons que je connaissais', Collection Folio, 1958; Société Nouvelle des Editions Pauvert: Jehanne Jean-Charles, *Les plumes du corbeau*, 'Cet après-midi, j'ai poussé', 1962; Editions Pierre Belfond (Editions du Pré-aux-clercs): Jacques Prévert, *Contes pour enfants pas sages*, 'Le dromadaire mécontent', 1959; Methuen Educational Ltd: P. Vailland, *Un jeune homme seul*, 'Michel Favart, l'ingénieur', 1985, Claire Etcherelli, *Elise ou la vraie vie*, 'Je cherchai Arezki', ed. J. Roach, 1985 and Paul Eluard, 'Ma morte vivante', *Anthologie Eluard*, ed. C. Scott, 1983; *Libération*: 'Le temps aujourd'hui, région par région', 28 October 1996 and J.-C. Schmitt, 'Un mythe composite', 9 February 1994; *InfoMatin*: 'Enfant d'une secte', 29–30 December 1995, François Raoux, 'L'anatomie complète de l'homme, tranche par tranche sur CD-Rom', Géraldine Sartin, 'Le Pentagone a révélé', 21 June 1995 and S. de Sampigny, 'Lundi, la Ligue italienne', 21 June 1995; *Regards*: Daniel Le Scornet, 'Aujourd'hui, une catégorie entière de la population française', 22 December 1995; *Charlie Hebdo*: Xavier Pasquini, 'Les allumés sont télégéniques', 2 April 1997 and André Adoutte, 'La carte du génome humain', 25 October 1995; Service M: 'Donnez-moi un quart d'heure le soir'; Editions de Minuit: Alain Robbe-Grillet, *Djinn*, 'De nouveau, la méfiance', 'Ensuite Jean m'a offert', 'Mais non, se dit-il', 'Tout cela paraissait absurde' and 'Comment t'appelles-tu?', 1981; *Le Monde*: Thomas Ferenczi, 'Faits divers', 17 November 1984, Josée Doyère, 'Le gag des fumeurs de brunes', 22 September 1992 and Philippe Sollers, 'Le Diable à Florence', 27 September 1996; Institut de Formation au Marketing: 'Après le patron'; *Le Nouvel Observateur*, M.O., 'Ne lisez surtout pas', February 1995, W. Legros, 'Nous sommes tous polyglottes', 8–14 September 1994, C. Brizard, 'Pollution urbaine, les vrais dangers', 11–17 May

1995, Claude Roy, 'L'Observatoire de la planète Terre', 2–8 March 1995, and Fabien Gruhier and Michel de Pracontal, 'Le secret du cerveau de Mozart', 9–15 February 1995; *Le Monde Diplomatique*: Bernard Cassen, 'Le mur de l'anglais', May 1995; *L'Entreprise*: Jean Boissonnat, 'Tour du monde', October 1989; *Marie-Claire*: 'Fraîche comme une fleur', April 1986; *Le Point*: E. Saint-Martin, 'Championnat d'échecs – Un Grand Maître de 14 ans', 29 March 1997 and Gilles Pudlowski, 'Nice, baie des arts', 29 March 1997; France Telecom: 'Pour en savoir plus sur les nouveaux prix du téléphone'; *Ouest-France*: 'Un cimetière marin au large de Tunis', 1 August 1997, Daniel Hillion, 'Croissance du nombre des suicides', 1 August 1997, 'Accidents: deux fois plus de victimes', 1 August 1997, Alain Touraine, 'Immigration: un rapport pour éclairer la réforme', 1 August 1997, Jean-Luc Domenach, 'Nuages sur l'Asie', 5 August 1997 and François Régis Hutin, 'La France, un pays fantastique', 2–3 August 1997; *Elle*: Sylvie Tardrow, 'Tieb de Daurade', 4 November 1996 and 'News Beauté', 4 November 1996; Editions Atlas: 'Toulouse', *Atlas Air France*, 1989; *La Voix du Nord*: Denis Sénié, 'Tintin au pays des pixels', 12 November 1996; Brittany Ferries: *Le guide,* 'Informations pratiques', Summer 1996; *La Lettre du Gouvernement*: 'Préserver l'air, c'est protéger notre santé', 24 April 1996; *Le Monde de l'Education*: Caroline Helfter, 'Vers le bilinguisme', July–August 1996 and Macha Séry, 'La langue de Molière au secours de la langue de bois', July–August 1996; *L'Evénement du Jeudi*: Nicolas Domenach, 'Ces réseaux qui gouvernent la France', 25–31 July 1996; *Actualquarto*: 'Biosphère II, la Terre bis', no. 3, 1990–91; *Okapi*: 'Le Tabloïd', 11–24 March 1995, 'Les grands débats' and 'Les Aventuriers sous la mer', 1–15 September 1994; Editions Bernard Grasset: Colette, *La Chatte*, 1933, 'Il aimait ses songes'; *Bien-Dire*: 'Sur les quais', no. 2, Winter 1997; *Le Figaro*: Anne Muratori-Philip, 'Napoléon: le testament que l'on croyait perdu', 2 May 1996.

Preface

This book is intended for intermediate and more advanced students of French, both those approaching the end of high-school or secondary education and those in their first or second year at university, who need to consolidate and extend their knowledge of French grammar and to develop their ability to use this knowledge in speech and writing. Unlike a reference grammar, it does not aim to be exhaustive in its coverage. Instead, it focuses on key areas of grammar, selected both for their perceived usefulness and for the difficulties which they often cause the Anglophone student.

The starting point is always an authentic text, chosen for its intrinsic interest no less than for its richness as a source of examples of grammar in context. In the analysis which follows the text, the function and form of the relevant grammar topic are first explored as seen in the text, before a development section headed 'Discover more about X' amplifies the coverage with illustrated commentary on further important points, including any significant divergences of practice between different registers both in writing and in speech. Page references to the relevant sections of five standard reference grammars are provided, so that students may seek further information as they require. Cross-references are also made to relevant sections of other grammar units within the book itself. It is essential that both sections of analysis, 'X in the text' and 'Discover more about X', should be studied before the student attempts any of the exercises which follow.

The exercises continue the emphasis on grammar in context by including a considerable proportion of text-based exercises and also some communicative activities and translation exercises. A key is provided to all the exercises, except for the more open-ended communicative ones, so that students may use the book for private study. However, there is ample scope for the book to be used also in class. For example, each text naturally contains examples of other grammar points apart from the main point which it has been chosen to illustrate. Accordingly, a detailed listing of the further grammatical features of each text is provided as guidance for teachers, so that they may exploit the material in different ways.

The revision texts at the end of the book provide students with an opportunity to integrate the work which they have done in the preceding units. First, a series of analysis questions exploits the fact that each text contains examples of many different grammatical features. Students are required to demonstrate their understanding by providing their own commentary on highlighted features. A key with cross-references back to the analysis sections in the various units enables them to check their work. Finally, in order to ensure that passive knowledge and understanding have been translated into an ability to make active use of language, and that language observed has been internalised, a series of gap-filling exercises based on the texts is provided.

In the revision section, as in the rest of the book, the emphasis is on grammar in context and on grammar with a functional and communicative purpose. This is reflected most importantly in the texts themselves, which have been chosen from a wide variety of sources, both literary and non-literary. It is also apparent in the analysis sections which focus first on the function rather than the form of a given grammatical feature, and in the exercises which are predominantly text-based. Grammar is thus presented not as an end in itself, but as a tool essential both to understanding the authentic language of native speakers and to producing effective language of one's own. This book provides a first step towards acquiring grammatical competence in French, but its best success will be if it encourages students to practise in their own wider reading and exposure to spoken French the skills of observation, reflection and imitation which will enable them to go on learning on their own.

1 | The present tense

LA PROVENCE, TERRE DE LUMIÈRE

Vincent Van Gogh **étouffe** à Paris. Il **part** chercher le soleil à Arles. C'**est** là, dans cette ancienne cité de la Gaule romaine, ancrée aujourd'hui dans le delta du Rhône, que le peintre **trouve** la lumière qui **va** transformer son art … . Aux confins d'Arles, il **peint** le fameux tableau des *Alyscamps*: au fond de l'allée, le clocher de Saint-
5 Honorat **trempe** dans un ciel finement rayé de jaune et de bleu. La nature **est** violente et colorée, les peupliers **s'enflamment**, les buissons **s'empourprent**.

Un peu plus tard, Van Gogh **s'aventure** dans le delta et **découvre** le village de Saintes-Maries-de-la-Mer et la Méditerranée. 'La mer **a** une couleur comme les maquereaux, c'est-à-dire changeante', **écrit**-il à son frère Théo, 'on ne **sait** pas
10 toujours si c'**est** vert ou violet, on ne **sait** pas toujours si c'**est** bleu car la seconde d'après, le reflet changeant a pris une teinte rose ou grise.' Au bord des plages de Saintes-Maries-de-la-Mer, lieux de pèlerinage et rendez-vous des gitans, ce peintre **dessine** la violence des flots et le reflet des voiles des bateaux.

Loin des vagues, la Provence **devient** bourgeoise. Aix-en-Provence, ville d'eau, ville
15 d'art, a vu grandir Paul Cézanne au début du siècle. Plus tard, l'enfant du pays criera à ses amis peintres parisiens: 'Vive le soleil qui **donne** une si belle lumière.' Successivement installé au nord-est de la ville ou au château noir, sur la route champêtre qui **mène** au petit village du Tholonet, Paul Cézanne **peint** les couleurs, les yeux rivés sur la montagne Sainte-Victoire. Même dégarni de sa couronne
20 d'arbres, ce bloc de calcaire **est** lumière. La montagne **se dresse**, grise, bleue ou beige mais toujours majestueuse comme au bout du ciel.

Corinne Tonarelli, *Label France*

The present in the text

1 USAGE

a Present

The present tense is frequently used in the same way as it is in English, to convey facts and actions going on in the present.

This can be a state of affairs, e.g. *sait* (line 9)
or a timeless fact/situation, e.g. *donne* (line 16), *mène* (line 18), *se dresse* (line 20)

b Past: the 'historic present'

The present can be used to express past actions. This is far more frequent in French than it is in English. The narrator uses the present as a descriptive or narrative tense in order to give more immediate impact to the story.

e.g. *étouffe* (line 1), *part* (line 1), *c'est* (line 1), *trouve* (line 3), *peint* (line 4), etc.

c Future

The present can also indicate future actions, usually through the use of *aller* + infinitive.

e.g. *va transformer* (line 3) = *transformera*

2 FORMATION

a A good many verbs used in the text are known as 'regular' verbs, with the infinitive ending in *-er*. To obtain the present tense of these verbs, take the infinitive form, remove the *-er* ending and add the following endings:

je	tu	il/elle	nous	vous	ils/elles
-e	-es	-e	-ons	-ez	-ent

b There are a number of irregular verbs in the text, amongst which are some very common ones, as well as the auxiliaries *être* and *avoir*.

être	*avoir*	*aller*	*écrire*	*savoir*
je suis	j'ai	je vais	j'écris	. je sais
tu es	tu as	tu vas	tu écris	tu sais
il/elle est	il a	il/elle va	il/elle écrit	il/elle sait
nous sommes	nous avons	nous allons	nous écrivons	nous savons
vous êtes	vous avez	vous allez	vous écrivez	vous savez
ils/elles sont	ils/elles ont	ils/elles vont	ils/elles écrivent	ils/elles savent

(de)venir	*partir*	*peindre*	*découvrir*
je (de)viens	je pars	je peins	je découvre
tu (de)viens	tu pars	tu peins	tu découvres
il/elle (de)vient	il/elle part	il/elle peint	il/elle découvre
nous (de)venons	nous partons	nous peignons	nous découvrons
vous (de)venez	vous partez	vous peignez	vous découvrez
ils/elles (de)viennent	ils/elles partent	ils/elles peignent	ils/elles découvrent

Other points to note in the text

- Pronominal verbs: *s'enflamment* (line 6); *s'empourprent* (line 6); *s'aventure* (line 7); *se dresse* (line 20) (see Chapter 18)
- Adjectives, in particular, colours (lines 2, 4, 5, 6, etc.) (see Chapter 15)
- Omission of the article: *Aix-en-Provence, ville d'eau, ville d'art* (lines 14–15) (see Chapter 14)

▲ Discover more about the present

1 USAGE

a French uses a simple present for the English progressive.

e.g. *J'écris une lettre = I am writing a letter*
En train de + infinitive can be used to stress the length of time involved or the ongoing nature of the action.

e.g. *Je suis en train d'écrire une lettre*

b The immediate past can be expressed by using *venir de + infinitive.*

e.g. *Je viens de le voir = I have just seen him*

c *Depuis + present* is used in French to express an action which started in the past but is continuing in the present.

e.g. *J'habite dans cette maison depuis quatre ans = I have been living in this house for four years*
 i The same construction applies to '*il y a … que*', '*ça fait … que*', '*voilà … que*'
   Il y a quatre ans que j'habite dans cette maison
   Ça fait quatre ans que j'habite dans cette maison
   Voilà quatre ans que j'habite dans cette maison
 ii Note that in English a past tense is always used in this context.

d The simple present in French can be used to refer to the future.

e.g. *Demain, c'est promis, j'arrive à l'heure*

e In spoken French the present is occasionally used instead of an *imperative.*

e.g. *Tu arrêtes de crier! (= arrête de crier)*

2 FORMATION

a Apart from the very common verbs in *-er*, there are another two types of 'regular' verbs: verbs ending in *-ir* like *finir* (although not all verbs ending in *-ir*) and verbs ending in *-re* like *vendre*. To obtain the present tense of these verbs, remove the *-ir* or *-re* endings and add the following endings:

	je	*tu*	*il/elle*	*nous*	*vous*	*ils/elles*
verbs ending with -ir	-is	-is	-it	-issons	-issez	-issent
verbs ending in -re	-s	-s	—	-ons	-ez	-ent

b Many common verbs have irregular conjugations. These include: *apercevoir, boire, conduire, connaître, courir, croire, devoir, dire, dormir, écrire, envoyer, faire, lire, mettre, mourir, naître, ouvrir, pouvoir, prendre, recevoir, sentir, sortir, suivre, tenir, voir, vouloir,* etc.

See for further information:	Hawkins and Towell, pp. 153, 156–89, 226–7
	Byrne and Churchill, pp. 253–95, 312, 318–22
	Coffman Crocker, pp. 95–125
	Judge and Healey, pp. 103–05, 170, 216–19
	Ferrar, pp. 48–9, 54–66, 68

✎ EXERCISES

1 Complete the following sentences with the appropriate present ending.

a Ils parl_____ trop fort.

b Vous fin_____ votre travail et on sort.

c Nous refus_____ de l'écouter.

d Je te défend_____ de sortir seule.

e Il réuss_____ tout ce qu'il fait.

f Tu répond_____ quand je te parle!

g Tu tomb_____ amoureuse toutes les semaines!

h Ils vend_____ des noix de coco.

i Je compt_____ jusqu'à dix.

j Elle obé_____ rarement.

2 Complete the following sentences with the correct form of the verb.

a Je _____ que c'est très difficile. (admettre)

b Cet enfant _____ à poings fermés. (dormir)

c Nous _____ bien sa famille. (connaître)

d Beaucoup d'enfants _____ de faim. (mourir)

e Vous _____ que c'est vrai? (croire)

f Les Impressionnistes _____ la lumière. (peindre)

g Ils _____ un café ensemble. (prendre)

h Vous _____ des crêpes ce soir? (faire)

i Ce qu'ils _____ , c'est la paix. (vouloir)

j Nous _____ très heureux de faire votre connaissance. (être)

k Est-ce que tu _____ une paire de ciseaux? (avoir)

l Vous _____ mieux? (aller)

3 Without looking at the original, complete the following text with the verbs in the appropriate form of the present.

Vincent Van Gogh _____ (étouffer) à Paris. Il _____ (partir) chercher le soleil à Arles. C'_____ (être) là, dans cette ancienne cité de la Gaule romaine, ancrée aujourd'hui dans le delta du Rhône, que le peintre _____ (trouver) la lumière qui _____ (aller) transformer son art. Aux confins d'Arles, il _____ (peindre) le fameux tableau des *Alyscamps*: au fond de l'allée, le clocher de Saint-Honorat _____ (tremper) dans un ciel finement rayé de jaune et de bleu. La nature _____ (être) violente et colorée, les peupliers _____ (s'enflammer), les buissons _____ (s'empourprer).

Un peu plus tard, Van Gogh _____ (s'aventurer) dans le delta et _____ (découvrir) le village de Saintes-Maries-de-la-Mer et la Méditerranée. 'La mer _____ (avoir) une couleur comme les maquereaux, c'est-à-dire changeante', _____ (écrire)-il à son frère Théo, 'on ne _____ (savoir) pas toujours si c'_____ (être) vert ou violet, on ne _____ (savoir) pas toujours si c'_____ (être) bleu car la seconde d'après, le reflet changeant a pris une teinte rose ou grise.' Au bord des plages de Saintes-Maries-de-la-Mer, lieux de pèlerinage et rendez-vous des gitans, ce peintre _____ (dessiner) la violence des flots et le reflet des voiles des bateaux.

Loin des vagues, la Provence _____ (devenir) bourgeoise. Aix-en-Provence, ville d'eau, ville d'art, a vu grandir Paul Cézanne au début du siècle. Plus tard, l'enfant du pays criera à ses amis peintres parisiens: 'Vive le soleil qui _____ (donner) une si belle lumière.' Successivement installé au nord-est de la ville ou au château noir, sur la route champêtre qui _____ (mener) au petit village du Tholonet, Paul Cézanne _____ (peindre) les couleurs, les yeux rivés sur la montagne Sainte-Victoire. Même dégarni de sa couronne d'arbres, ce bloc de calcaire _____ (être) lumière. La montagne _____ (se dresser), grise, bleue ou beige mais toujours majestueuse comme au bout du ciel.

4 Translate into French.

   a I can't answer the phone: I'm washing my hair.
   b I have been on this course for three months.
   c I have just finished my lunch.
   d I'll be ready in two minutes.
   e He will disappear in a few moments.
   f How long have you been waiting?
   g I brush my teeth twice a day.
   h They are pushing the car.

5 A French-speaking friend is due to pay you a visit. Describe in French the house or block of flats you live in and how to get there. Use as many verbs in the present as possible.

6 'Qu'est-ce que tu fais demain?'

Answer this question, using the present tense as a future. Ask other students the same question.

7 'Tu sais ce qui m'est arrivé hier?'

Recount an incident using the historic present (i.e. as a past tense).

2 | The *passé composé*

J'ai retourné ma chaise et **je l'ai placée** comme celle du marchand de tabac parce que **j'ai trouvé** que c'était plus commode. **J'ai fumé** deux cigarettes, **je suis rentré** pour prendre un morceau de chocolat et **je suis revenu** le manger à la fenêtre. Peu après, le ciel **s'est assombri** et **j'ai cru** que nous allions avoir un orage
5 d'été. **Il s'est découvert** peu à peu cependant.

Mais le passage des nuées avait laissé sur la rue comme une promesse de pluie qui **l'a rendue** plus sombre. **Je suis resté** longtemps à regarder le ciel. A cinq heures, des tramways **sont arrivés** dans le bruit. Ils ramenaient du stade de banlieue des grappes de spectateurs perchés sur les marchepieds et les rambardes.

Albert Camus, *L'Etranger*

The *passé composé* in the text

1 USAGE

The *passé composé* = perfect and is used to refer to completed events in the past, but it usually implies some kind of link between the past event and the present time, e.g. either that the event has taken place fairly recently, or that the consequences of it are still felt in the present. It may correspond either to the English 'I have placed' or 'I have been placing', but in this extract, as so very often, it functions as a definite past and is best translated by a simple past in English: 'I placed'. It is used in distinction to the **imperfect** tense (see Chapter 3), which presents actions in the past as ongoing, continuous, incomplete, e.g. *Ils ramenaient* (line 8) in the text above. *Des tramways sont arrivés* (line 8) is a completed event; but *ils ramenaient* (line 8) relates what they were in the process of doing. They were bringing back . . .

The text is taken from a novel, *L'Etranger*, by Albert Camus. Normally, in a novel, one would expect to find the **past historic**, rather than the *passé composé*, used as the main narrative tense for completed events in the past. Camus is using the *passé composé* instead for particular stylistic effect (see Chapter 5).

ᵔMATION

ᵎ *composé* is a compound tense. It is made up of **two** parts: the appropriate form (in ⸍rson and number) of the present tense of *avoir* or *être* and the past participle of the ᵔed, e.g. *j'ai retourné* (line 1), *je suis rentré* (lines 2–3).

b Regular past participles are formed thus:

- *-er* verbs: replace *-er* by *-é*, as in *retourné* (line 1), *rentré* (line 3)
- *-ir* verbs: replace *-ir* by *-i*, as in *assombri* (line 4)
- *-re* verbs: replace *-re* by *-u*, as in *rendue* (line 7)

  There are some irregular past participles to be learnt. These include: *revenu* (line 3), *cru* (line 4), *découvert* (line 5).

c Avoir and être

Most French verbs form the *passé composé* with *avoir*, but there are a small number, mostly verbs of motion, which use *être* instead. In the text above, we have the examples of *rentrer* (lines 2–3), *revenir* (line 3), *rester* (line 7), and *arriver* (line 8).

All pronominal (or reflexive) verbs form the *passé composé* with *être*, e.g. *le ciel s'est assombri*, *il s'est découvert* (lines 4, 5). The question of their past participle agreement is examined in **'Discover more about the passé composé'**, below.

d Agreement of the past participle

- The past participle of *avoir* verbs agrees not with the subject of the verb, but with any preceding direct object which there might happen to be, e.g. in the passage above: *je l'ai placée* (line 1). Here *placée* agrees with the feminine singular preceding direct object pronoun *l'* which stands for *la chaise*. Again, in line 7, there is an example of a past participle, *rendue*, agreeing with a preceding direct object: *La pluie qui l'a rendue plus sombre*. Here the pronoun *l'* stands for *la rue*.
- The past participle of *être* verbs (leaving aside the various categories of pronominal verbs) agrees in number (singular/plural) and gender (masculine/feminine) with the subject. The past participles *rentré* (line 3), *revenu* (line 3) and *resté* (line 7) in the passage above are masculine singular, because the subject, *je*, standing for the male narrator, is masculine singular. But the past participle *arrivés* in line 8 is masculine plural, because it agrees with the masculine plural subject, *des tramways*.

Other points to note in the text

- Infinitives: *prendre* (line 3); *manger* (line 3); *avoir* (line 4); *regarder* (line 7) (see Chapter 20)
- Pronominal verbs: *s'est assombri* (line 4); *s'est découvert* (line 5) (see Chapter 18)
- Pluperfect: *avait laissé* (line 6) (see Chapter 4)
- Prepositions: *pour* (line 3); *à* (line 3); *sur* (line 6); *à* (line 7); *dans* (line 8); *du* (line 8), etc. (see Chapter 26)

Discover more about the passé composé

1 USAGE

a The *passé composé* is used in informal French (all spoken French except for oratory, and informal writing, such as personal correspondence) to narrate events which were completed in the past. It is increasingly used in this way in newspapers and creative writing as well.

b In formal French, a distinction is made between the past historic, which places a completed action squarely in the past, and the *passé composé,* which links up with the speaker's present, either because the events narrated were completed in the recent past, or because the repercussions of the events are still felt (see Chapter 5).

2 FORMATION

a There are a number of irregular past participles, falling into six types.

1 *-it*	4 *-u*		5 *-rt*
dire > **dit**	*-voir*	avoir > **eu**	couvrir > **couvert**
écrire > **écrit**		recevoir > **reçu**	offrir > **offert**
faire > **fait**		devoir > **dû**	ouvrir > **ouvert**
		pleuvoir > **plu**	mourir > **mort**
		pouvoir > **pu**	
		savoir > **su**	
		voir > **vu**	
2 *-is*			6 [irregular]
			être > **été**
asseoir > **assis**	*-loir*	falloir > **fallu**	naître > **né**
mettre > **mis**		valoir > **valu**	clore > **clos**
prendre > **pris**		vouloir > **voulu**	résoudre > **résolu**
acquérir > **acquis**			
	-re	boire > **bu**	
3 *-i*		plaire > **plu**	
rire > **ri**		connaître > **connu**	
suivre > **suivi**		paraître > **paru**	
suffire > **suffi**			
nuire > **nui**		lire > **lu**	
		vivre > **vécu**	
	-ir	courir > **couru**	
		tenir > **tenu**	
		venir > **venu**	
		vêtir > **vêtu**	

b In addition to reflexive verbs, all of which form their *passé composé* not with *avoir,* but with *être,* there are 13 verbs (and their compounds) known as '*être*' verbs, i.e., *aller, arriver, entrer, monter, naître, retourner, tomber, venir, partir, sortir, descendre, mourir, rester,* plus compounds: *rentrer, revenir, devenir, advenir, survenir, ressortir,* etc.

Some of the '*être*' verbs listed above may be used transitively (with a direct object), e.g. *sortir* (to take/bring out); *monter* (to take/bring up); *descendre* (to take/bring down); *rentrer* (to take/bring in). When they are used in this way, they form their *passé composé* with *AVOIR,* e.g. *J'ai descendu la valise; Il a monté les bagages; Nous avons sorti les meubles*

Monter and *descendre* also take *avoir* in expressions such as *J'ai descendu l'escalier; Il a monté la rue.*

c Agreement of the past participle in pronominal/reflexive verbs

There are three types of pronominal/reflexive verbs, which need to be distinguished when discussing how their past participles agree:

i Real reflexive verbs, where the action by the subject is reflected back on the subject, i.e. where the doer of the action is both subject and object of the verb, e.g. *elle se lave* ('she washes **herself**'). Here the participle agrees with the *se* which is the preceding direct object: *elle s'est lavée*.

In some cases the reflexive pronoun is not the direct object of the verb, but the indirect object, e.g. *elle s'est lavé les mains* (the object, what she washed, is the hands, the *se* is only indirectly involved). Here the participle never agrees.

ii Reciprocal verbs, which express the idea of two or more people doing something to each other. Here the participle agrees with the *se* if it is the **direct** object, but not if it is **indirect**.

e.g. *ils se sont vus* ('they saw each other', direct object), but *ils se sont écrit* ('they wrote **to** each other', indirect object).

iii Pronominal verbs, which look like reflexive verbs, but where the reflexive pronoun has nothing to do with 'oneself', e.g. *se repentir* (to repent), *se souvenir de* (to remember). Here the participle agrees with the subject, e.g. *elles se sont souvenues de l'histoire*.

d Attention should be paid to word order when the verb in the *passé composé* is negative and/or inverted, e.g. *Il n'est **pas** venu; Nous **ne** l'avons **pas** vu; L'**avez-vous** vu?; Ne l'**avez-vous pas** déjà fait?*

See for further information:	Hawkins and Towell, pp. 151, 229–30
	Byrne and Churchill, pp. 316, 344–9
	Coffman Crocker, pp. 140–56
	Judge and Healey, pp. 108–9, 223–5
	Ferrar, pp. 50–3, 70

✎ EXERCISES

1 Complete the following sentences with the correct form of the *passé composé* of the verb indicated and make any necessary changes.

a Pendant l'été dernier je _____ une bonne connaissance du français parlé (acquérir).

b Voilà un problème que nous ne _____ toujours pas (résoudre).

c Albert Camus _____ en 1913 en Algérie (naître).

d Il _____ accidentellement en 1960 (mourir).

e Mes copains me _____ une journée à Disneyland pour mon anniversaire (offrir).

f Nous _____ du champagne au premier de l'an (boire).

g Ces incidents _____ à nos intérêts (nuire).

h Nous ne pas _____ votre lettre (recevoir).

2 Rewrite the following sentences in the *passé composé*.

a Nous allons au cinéma.

b Elle se regarde dans le miroir.

c Ce sont des cadeaux que j'achète.

d Voici les fleurs que je cueille.

e Elle se lave les cheveux.

f Malheureusement elle sort ce soir.

g La dame à qui je demande le chemin ne répond pas.

h Ils se regardent dans les yeux.

i Elle se demande si c'est vrai.

j Ils s'écrivent tous les jours.

3 Complete the following sentences in the correct form of the *passé composé* of the verb indicated. Make any necessary changes.

a Encore une fois tu _____ (se tromper).

b Aujourd'hui nous _____ en retard (se réveiller).

c Elle _____ de partir (se dépêcher).

d Les enfants bien _____ (s'amuser).

e Elles _____ sur le petit mur (s'asseoir).

f Ils _____ des cartes de Noël (s'envoyer).

4 Translate the following sentences into French.

a I ran to the post office.

b She went upstairs to her room.

c She received a prize for her work.

d They became extremely unpleasant.

e We have thought about it.

f I didn't shut it (the door).

5 Choosing the appropriate verbs from the list below, fill in the gaps in the following passage with the correct form of the *passé composé*.

aller, arriver, comprendre, demander (3), dire (4), donner (3), entendre, faire, se mettre (2), pousser (2), raconter, réclamer, rentrer, serrer, tomber, venir

Cet après-midi, je _____ Arthur dans le bassin. Il _____ et il _____ à faire glou-glou avec sa bouche, mais il criait aussi et on le _____. Papa et maman _____ en courant. Maman pleurait parce qu'elle croyait qu'Arthur était noyé. Il ne l'était pas. Le docteur _____. Arthur va très bien maintenant. Il _____ du gâteau à la confiture et maman lui en _____. Pourtant, il était sept heures, presque l'heure de se coucher quand il _____ ce gâteau, et maman lui en _____ quand même. Arthur était très content et très fier. Tout le monde lui posait des questions. Maman lui _____ comment il avait fait pour tomber, s'il avait glissé et Arthur _____ que oui, qu'il avait trébuché. C'est chic à lui d'avoir dit ça, mais je lui en veux quand même, et je recommencerai à la première occasion.

D'ailleurs, s'il ne pas _____ que je l'avais poussé, c'est peut-être tout simplement parce qu'il sait très bien que maman a horreur des rapportages. L'autre jour, quand je lui avais serré le cou avec la corde à sauter et qu'il _____ se plaindre à maman en disant: 'C'est Hélène qui me _____ comme ça ,' maman lui _____ une fessée terrible et lui _____: 'Ne fais plus jamais une chose pareille!' Et quand papa _____, elle lui _____ et papa _____ aussi en colère. Arthur a été privé de dessert. Alors, il _____ et, cette fois, comme il ne rien _____, on lui _____ du gâteau à la confiture: j'en _____ aussi à maman, trois fois, mais elle _____ semblant de ne pas m'entendre. Est-ce qu'elle se doute que c'est moi qui _____ Arthur?

Jehanne Jean-Charles: *Les plumes du corbeau* (Pauvert, 1962)

6 Suppose Hélène had had not a brother but a sister. Rewrite the passage, starting: 'Cet après-midi j'ai poussé Amandine dans le bassin', and making any other necessary changes. Pay particular attention to the endings of past participles.

7 Write a paragraph of about 150 words about a memorable day, using the *passé composé* whenever appropriate.

3 | The imperfect

LE DROMADAIRE MÉCONTENT

Un jour, il y **avait** un jeune dromadaire qui n'**était** pas content du tout. La veille, il avait dit à ses amis: 'Demain, je sors avec mon père et ma mère, nous allons entendre une conférence, voilà comme je suis moi!' Et les autres avaient dit: 'Oh, oh, il va entendre une conférence, c'est merveilleux', et lui n'avait pas dormi de la nuit

5 tellement il **était** impatient et voilà qu'il n'**était** pas content parce que la conférence n'**était** pas du tout ce qu'il avait imaginé: il n'y **avait** pas de musique et il **était** déçu, il s'**ennuyait** beaucoup, il **avait** envie de pleurer.

Depuis une heure trois quarts un gros monsieur **parlait**. Devant le gros monsieur, il y **avait** un pot à eau et un verre à dents sans la brosse et de temps en temps, le

10 monsieur **versait** de l'eau dans le verre, mais il ne se **lavait** jamais les dents et visiblement irrité il **parlait** d'autre chose, c'est-à-dire des dromadaires et des chameaux.

Le jeune dromadaire **souffrait** de la chaleur, et puis sa bosse le **gênait** beaucoup, elle **frottait** contre le dossier du fauteuil, il **était** très mal assis, il **remuait**.

15 Alors sa mère lui **disait**: 'Tiens-toi tranquille, laisse parler le monsieur', et elle lui **pinçait** la bosse, le jeune dromadaire **avait** de plus en plus envie de pleurer, de s'en aller . . . .

Toutes les cinq minutes, le conférencier **répétait**: 'Il ne faut surtout pas confondre les dromadaires avec les chameaux, j'attire, mesdames, messieurs et chers

20 dromadaires, votre attention sur ce fait: le chameau a deux bosses mais le dromadaire n'en a qu'une!'

Tous les gens de la salle **disaient**: 'Oh, oh, très intéressant', et les chameaux, les dromadaires, les hommes, les femmes et les enfants **prenaient** des notes sur leur petit calepin.

25 Et puis le conférencier **recommençait**: 'Ce qui différencie les deux animaux, c'est que le dromadaire n'a qu'une bosse, tandis que, chose étrange et utile à savoir, le chameau en a deux . . .'.

A la fin le jeune dromadaire en eut assez et se précipitant sur l'estrade, il mordit le conférencier:

30 'Chameau!' dit le conférencier furieux.

Et tout le monde dans la salle **criait**: 'Chameau, sale chameau, sale chameau!'

Pourtant c'**était** un dromadaire, et il **était** très propre.

Jacques Prévert, *Contes pour enfants pas sages*

$\wp$ **The imperfect in the text**

1 USAGE

a The imperfect often describes an event in progress in the past. Neither the beginning nor the end of the action is relevant. It provides background information to the story-line.

e.g. *Un jour il y avait un jeune dromadaire qui n'était pas content du tout* (line 1)

The imperfect is used to convey the ongoing nature of an action in the past, as opposed to a punctual action, when the *passé composé* or the past historic would be used.

e.g. *Il parlait d'autre chose* (line 11) (= he was talking about something else)
　　Il était très mal assis (line 14) (= he was sitting uncomfortably)

as opposed to, e.g., *il mordit le conférencier* (line 28) (= he bit the speaker)

The imperfect is used in descriptions in the past. Here again continuity is the key to the use of this tense.

e.g. *C'était un dromadaire et il était très propre* (line 32)

Note In English the simple past is often used in cases where French requires the imperfect

e.g. *Il avait envie de pleurer* (line 7) (= he wanted to cry)

b The imperfect can be used to express a habit or repetition in the past

e.g. *De temps en temps le monsieur versait de l'eau* (lines 9–10)
　　Toutes les cinq minutes le conférencier répétait (line 18)

Note Repetition can be expressed in English by 'would'

e.g. he would do this every day = *il faisait cela chaque jour*

When 'would' can be paraphrased as 'used to', it should be translated into French with an imperfect and not with a conditional (see Chapter 7).

c Imperfect + *depuis*

It describes an action started in the past and still in progress at the time of narration.

e.g. *Depuis une heure trois quarts un gros monsieur parlait* (line 8) (= a fat gentleman had been talking for an hour and three-quarters)

(See Chapter 1 for the use of *depuis* + present)
il parle depuis une heure = he has been talking for an hour

2 FORMATION

The stem used to form an imperfect is that of the first-person plural of the present tense.

e.g. *Nous avons, nous **regard**ons, nous **finiss**ons*

The following endings are added to this stem: *-ais, -ais, -ait, -ions, -iez, -aient.*

e.g. *Il y avait* (line 1), *parlait* (line 8), *souffrait* (line 13), *disaient* (line 22), *prenaient* (line 23), etc.

Note 1 *Etre* has an irregular **stem** in the imperfect but it has regular endings:

j'étais	nous étions
tu étais	vous étiez
il/elle était	ils/elles étaient

e.g. *qui n'était pas* (line 1), *il était impatient* (line 5), etc.

Note 2 When the stem ends in *c*, it becomes *ç* before an *a*.

e.g. *pinçait* (line 16), *recommençait* (line 25)

Other points to note in the text

- Pluperfect: *avait dit* (line 2); *avaient dit* (line 3); *n'avait pas dormi* (line 4); *avait imaginé* (line 6) (see Chapter 4)
- Past historic: *eut* (line 28); *mordit* (line 28); *dit* (line 30) (see Chapter 5)
- Pronominal verb: *s'ennuyait* (line 7) (see Chapter 18)

Discover more about the imperfect

1 USAGE

a The imperfect corresponds both to the English simple past, and to 'was doing', 'used to do' and 'would do'.

e.g. *Je mangeais une pomme* = I was eating an apple/I ate/used to eat/would eat an apple (every day).

b The imperfect is used commonly both in spoken and in written French.

c Indirect speech

In reported speech (indirect speech) the imperfect is commonly used where the present tense would have been used in direct speech.

e.g. *Il pensa 'C'est ridicule!'* (direct speech)
Il pensa que c'était ridicule (indirect speech)

This usage of the imperfect is particularly frequent in literary texts. Its systematic use by Flaubert has become known as the *style indirect libre.*
e.g. *Elle songeait quelquefois que c'étaient là pourtant les plus beaux jours de sa vie* (Flaubert)

d *Imparfait de narration*

The imperfect can be used stylistically to give greater immediacy or impact to the story.

e.g. *Albert Camus mourait accidentellement en 1960*

e *Si* + imperfect

The imperfect is used after *si* when the main clause is in the present conditional.

e.g. *Si elle acceptait, il en serait très heureux* (see Chapter 7)

2 FORMATION

a A stem ending in *g* becomes *ge* before an *a*.

e.g. *Ils mangeaient des haricots*

For the definition of 'stem' see above, ***The imperfect in the text, 2.***

b Knowing the correct forms of the present is the key to the formation of the imperfect. Occasional difficulties may arise with regular *-ir* verbs.

e.g. *finir > finissait*
s'épanouir > s'épanouissait

See for further information:	Hawkins and Towell, pp. 153, 228, 230–2
	Byrne and Churchill, pp. 253, 313–14
	Coffman Crocker, pp. 135–40
	Judge and Healey, pp. 100, 105–8, 115–17
	Ferrar, pp. 68–71

✎ EXERCISES

1 Complete the following text with the appropriate forms of the imperfect.

La plupart des garçons que je _____ (connaître) me _____ (sembler) disgracieux et bornés; je _____ (savoir) pourtant qu'ils _____ (appartenir) à une catégorie privilégiée. J'_____ (être) prête dès qu'ils _____ (avoir) un peu de charme ou de vivacité, à subir leur prestige. Mon cousin Jacques n'avait jamais perdu le sien. Il _____ (habiter) seul avec sa sœur et une vieille bonne dans la maison du boulevard Montparnasse et il _____ (venir) souvent passer la soirée chez nous. A treize ans, il _____ (avoir) déjà des manières de jeune homme; l'indépendance de sa vie, son autorité dans les discussions en _____ (faire) un précoce adulte et je _____ (trouver) normal qu'il me traitât en petite cousine. Nous _____ (se réjouir), ma sœur et moi, quand nous _____ (reconnaître) son coup de sonnette.

Simone de Beauvoir, *Mémoires d'une jeune fille rangée*

2 Rewrite the following sentences in the imperfect using the data given in brackets.

e.g. *Je ne mange jamais de viande (adolescent, plat préféré: steak-frites)*
   Je ne mange jamais de viande, mais quand j'étais adolescent, mon plat préféré était le steak-frites

a Cette année j'ai un peu d'argent parce que j'ai travaillé au supermarché. (l'an dernier, pas de travail, pas d'argent)

b Aujourd'hui c'est son anniversaire. (il y a un an, fêter ses dix-huit ans)

c Cette semaine j'ai le temps d'aller au cinéma. (la semaine dernière, écrire une dissertation)

d Maintenant beaucoup de gens ont un magnétoscope. (il y a vingt ans, chose rare)

e Maintenant je peux conduire la voiture de mon père. (l'an dernier, pas de permis)

f J'ai pas pu venir à ta soirée. (finir révisions pour l'examen)

g Cette fois-ci, ça va! (l'autre jour, faire des erreurs tout le temps)

h Aujourd'hui j'ai des problèmes avec mon ordinateur. (hier, marcher impeccablement)

3 Translate the following sentences into French, using the imperfect when appropriate.

a Snow covered the ground and it was freezing.

b When she was a child she lived in that house.

c I was fast asleep when she rang up.

d He used to drink pastis at noon every day.

e If it was me, I'd say no!

f When I was younger, I would often visit my grandmother.

g He said it was far too late to send it.

h She had been in the waiting-room for nearly two hours.

i As she was getting dressed, she noticed there was a car on the drive.

4 Oral work

Tell the story of Prévert's dromedary in French, in your own words, and using the imperfect whenever appropriate.

5 Work in pairs

Tell your friend some of your childhood memories, using the imperfect whenever possible. 'Quand j'étais petit(e) . . .'

6 Written work

Write a paragraph on the following theme, using the imperfect when appropriate.

La vie avant l'invention de l'automobile: Quels étaient les inconvénients? et les avantages? Comment se débrouillait-on?

4 | The pluperfect

Michel Favart, l'ingénieur, **s'était présenté** en juin 1889 au concours de l'Ecole polytechnique, qu'il **avait préparé** pendant deux ans, à Paris. Il **n'avait pas été admis**. Quand il **avait annoncé** son échec à sa mère, Eugénie Favart, elle l'**avait giflé**. Cette gifle reçue et acceptée à l'âge de dix-neuf ans, **avait décidé** de sa

5 carrière. Plutôt que de rentrer en octobre en *taupe*,* et de s'y préparer à affronter une seconde fois le jury d'admission à l'Ecole et les conséquences familiales d'un nouvel échec, il s'**était présenté**, quasi en cachette, à un concours du Ministère de l'agriculture et **avait participé**, comme agent topographe, à une campagne de remembrement dans le Valois. Cinq ans plus tard, Michel Favart se fiançait avec

10 Victoria Godichaux, à la suite d'une rencontre ménagée par une amie commune des deux familles.

R. Vailland, *Un Jeune Homme Seul*

* Taupe (argot scolaire): classe préparatoire aux grandes écoles, e.g. à l'Ecole Polytechnique

The pluperfect in the text

1 USAGE

a The pluperfect is used as in English to indicate a past action completed before another past action.

In the text, the story of Michel Favart is narrated in the past. He became engaged to V. G. – *Il se fiançait* (line 9). This happened five years after he had taken and failed the Polytechnique entrance examination. Lines 1–9 record facts which all happened before his engagement, hence the use of the pluperfect.

b Note the English translation of *pendant* when used with the pluperfect,

e.g. . . . *qu'il avait préparé pendant deux ans* (line 2) (= for which he had studied for two years)

2 FORMATION

The pluperfect of a verb is formed by using the imperfect of *être* or *avoir* plus the past participle of the verb.

e.g. *Michel Favart, l'ingénieur, s'était présenté . . .* (line 1)
. . . qu'il avait préparé pendant deux ans (line 2)

For verbs conjugated with *être* or *avoir* see Chapter 2.

Note The pluperfect is formed in the same way in the passive voice, i.e. pluperfect of *être* + past participle.

e.g. *Il n'avait pas été admis* (lines 2–3) (see Chapter 19)

Other points to note in the text

- *de: décider de* + noun (line 4); *plutôt que de et de* (line 5)
- *à: se présenter à* (lines 1, 7); *participer à* (line 8)
- Imperfect: *se fiançait* (line 9) (see Chapter 3)

🔺 *Discover more about the pluperfect*

USAGE

a The pluperfect corresponds both to the English pluperfect and continuous pluperfect.

e.g. *J'avais mangé* = 'I had eaten' or 'I had been eating'

b The pluperfect is used commonly both in spoken and in written French.

c The rules of agreement of the past participle apply to the pluperfect as they do to the *passé composé* (see Chapter 2).

d The pluperfect can be used to indicate a time sequence in the past. It follows such conjunctions as *quand, lorsque, dès que*, etc.

e.g. *Quand elle était rentrée du travail, elle s'occupait des enfants*

e *Si* + pluperfect is found in sentences where the main clause is in the past conditional.

e.g. *Si j'avais fait attention je ne serais pas tombé dans ce trou*

f The pluperfect is also used in indirect speech when the main verb is in the past.

e.g. *Il a dit qu'il avait fini ses études*

See for further information: Hawkins and Towell, pp. 151, 158–89, 236

Byrne and Churchill, pp. 317–20, 325

Coffman Crocker, pp. 174–6

Judge and Healey, pp. 111–12, 114–15, 170

Ferrar, pp. 50–66, 71

✎ EXERCISES

1 Complete the following sentences with the appropriate form of the pluperfect.

a Nous _____ (sortir) par la porte de derrière.

b Il _____ (s'asseoir) à sa place habituelle.

c Je _____ (dormir) dans le train.

d Malgré nos efforts il _____ (devenir) insupportable.

e Il _____ (courir) plus d'un kilomètre.

f Il y a quelques années il _____ (s'intéresser au) football.

g Elle _____ (retourner) au collège voir ses amis.

h Ils _____ (faire) le tour du monde.

2 Complete the following text with verbs in the pluperfect and make the necessary changes.

Cette phase de sa vie maintenant _____ (se terminer). Elle se souvenait quand elle _____ (arriver) comme elle _____ (trouver) difficile de s'adapter à la vie au collège et pourtant comme le temps _____ (passer) vite! Maintenant elle _____ (finir) ses études, elle _____ (obtenir) son premier poste. Elle _____ (boucler) sa valise et elle _____ (faire) ses adieux à ses anciens compagnons. Demain, la nouvelle vie!

3 Rewrite the following sentences using the pluperfect.

e.g. *Tu avais faim*? (*manger, avant*) > *Non, j'avais mangé avant*

a Tu as rencontré quelqu'un? (tous, partir)

b Tu avais froid? (emporter, anorak)

c Vous êtes allés à l'exposition? (déjà, prendre fin)

d Vous étiez debout? (apporter, chaises supplémentaires)

e Il disait la vérité? (encore, mentir)

f Tu as trouvé les enfants? (se cacher, bien)

4 Translate the following sentences into French.

a She thought he had improved.

b I had been aware of these rumours.

c If we had had more time, we would have done it.

d They had been telling stories.

e They were the flowers I had bought.

f Had it been the case, I would not have objected.

5 Free writing

Tell the story of what happened before you arrived home one day last week, using the pluperfect whenever possible.

5 | The past historic and past anterior

The past historic

Je **cherchai** Arezki. Il n'était pas encore arrivé. Je **pris** la file. La paix, c'était avant. Maintenant, l'orage tant désiré descendait en moi. Arezki **fut** là, tout à coup. Sa tenue me **surprit**. Il portait un costume sombre, une chemise blanche, mais pas de pardessus ni de vêtement chaud. Il se **mit** derrière moi, sans parler, et me **fit** un
5 signe de complicité. Un grand Algérien de la chaîne qui s'appelait Lakhdar **passa** près de nous. Il **tendit** la main vers Arezki.

'Où vas-tu toi?'
'Une course à faire.'

Nous **montâmes** enfin et nous nous **retrouvâmes** écrasés l'un contre l'autre sur
10 la plate-forme de l'autobus. Arezki ne me regardait pas. A la porte de Vincennes, nous **pûmes** avancer.

'On descendra Porte des Lilas, qu'est-ce que vous en pensez? Vous aimez marcher?'
'C'est très bien, **dis**-je.'

15 Ma gêne augmentait et le silence de mon compagnon n'était pas pour me détendre. Je **lus** en entier le règlement de la Compagnie affiché au-dessus de ma tête.
Arezki me **fit** un signe. Nous **descendîmes**. Je ne connaissais pas le quartier. Je le **dis** à Arezki, ça faisait un sujet de conversation. Après avoir traversé la place, nous **entrâmes** dans un café, 'A la Chope des Lilas'. Les lettres étaient d'un vert brutal.
20 Au comptoir, beaucoup d'hommes s'agglutinaient. Certains nous **dévisagèrent**. Les tables étaient occupées. 'Venez', **dit** Arezki, et nous nous **faufilâmes** vers l'angle à gauche où quelques chaises restaient vides. Arezki s'**assit** face à moi.

Claire Etcherelli, *Elise ou la vraie vie*

🔎 The past historic in the text

The past historic is occasionally known as the simple past, preterite or past definite.

1 USAGE

a In the same way as the *passé composé*, the past historic indicates <u>an action of any duration completed in the past</u>, as opposed to the imperfect, which indicates a continuous action in the past. Compare the two verbs in the following sentence: *Un grand Algérien de la chaîne qui* **s'appelait** *Lakhdar* **passa** *près de nous* (lines 5–6), or *Au comptoir, beaucoup d'hommes* **s'agglutinaient.** *Certains nous* **dévisagèrent** (line 20).

b The past historic is a tense which is very rarely used in spoken French. It is occasionally found in formal speeches but never in normal conversation. It is, however, commonly used as a narrative tense in novels, short stories and fairly highbrow newspapers and magazines. French children get used to it at an early age as many traditional stories and fairy-tales are written in the past historic.

The *passé composé* is normally found in a less literary context. The difference between the *passé composé* and the past historic is therefore not so much a difference of meaning as a difference of register. If you were the heroine of the story and you were actually telling someone about going out with Arezki, you would never use the past historic, but you would tell the story in the *passé composé*.

Occasionally both past historic and *passé composé* are found in the same text. The past historic refers to a completed event with no immediate relevance to the present, whereas the *passé composé* refers to a completed event whose relevance is still felt in the present.
e.g. *Après cette affaire le ministre* **démissionna** *et la paix* **est** *maintenant* **revenue** *dans ce secteur de la vie publique* (the consequences of *est revenue* are still felt now)

2 FORMATION

The past historic is formed using the stem of the verb plus a past historic ending. There are essentially three types of past historic endings: endings in *a*, endings in *i*, and endings in *u*.

a *a* endings. This applies to all verbs with infinitives ending in *-er*.

je cherch**ai**
tu cherch**as**
il/elle cherch**a**
nous cherch**âmes**
vous cherch**âtes**
ils/elles cherch**èrent**

Examples in the text: *cherchai* (line 1), *passa* (line 5), *montâmes* (line 9), *retrouvâmes* (line 9), *entrâmes* (line 19), *dévisagèrent* (line 20), *faufilâmes* (line 21).

b *i* endings. This applies to verbs with infinitives ending in *-ir, -ire, -dre, -tre.*

je pr**is**
tu pr**is**
il/elle pr**it**
nous pr**îmes**
vous pr**îtes**
ils/elles pr**irent**

Examples in the text: *pris* (line 1), *surprit* (line 3), *mit* (line 4), *fit* (line 4), *tendit* (line 6), *dis* (line 14), *descendîmes* (line 17), *dit* (line 21).

There are a number of exceptions to this conjugation, notably *venir* and *tenir* (see **2c** below, ***Discover more about the past historic***).

In the singular of regular *-ir* verbs and *dire*, the past historic is identical in form to the present.

S'asseoir is an exception and is conjugated as an *-ir* verb. Example in the text: *s'assit* (line 22).

Other points to note in the text

- Negatives and: *pas de .... ni de* (lines 3–4) (see Chapters 8 and 14)
- *sans* + infinitive: *sans parler* (line 4) (see Chapter 26)
- *pouvoir* + infinitive: *nous pûmes avancer* (line 11) (see Chapter 22)
- *avoir* (or *être*) + past participle: *après avoir traversé* (line 18) = having crossed (see Chapter 20)
- Pronominal verbs: *nous nous retrouvâmes* (line 9); *nous nous faufilâmes* (line 21); *s'assit* (line 22) (see Chapter 18)

Discover more about the past historic

1 USAGE

a The *tu* and *vous* forms of the past historic are extremely rare. This is to be expected, as *tu* and *vous* are used in direct communication when the *passé composé* is normally used.

b The past historic is not normally used in (i) spoken language, (ii) letters or diaries, (iii) business language, or (iv) newspapers, although more highbrow newspapers such as *Le Monde* do use it. It can also be found in popular accounts of incidents, car crashes, etc., where dramatic effect is sought.

2 FORMATION

a *u* endings.

je **pus**
tu **pus**
il/elle **put**
nous **pûmes**
vous **pûtes**
ils/elles **purent**

The past participle often gives a clue as to the formation of an irregular past historic, e.g. *lu/je lus*; *pu/je pus*. However, there are exceptions, e.g. *vu/je vis*.

b The past historic of *être* et *avoir*.

je fus	j'eus
tu fus	tu eus

il/elle fut	il/elle eut
nous fûmes	nous eûmes
vous fûtes	vous eûtes
ils/elles furent	ils/elles eurent

Note The past historic of *être* and *avoir* form part of the past anterior (see below).

c *Venir* and *tenir* have irregular conjugations in the past historic.

je vins	je tins
tu vins	tu tins
il/elle vint	il/elle tint
nous vînmes	nous tînmes
vous vîntes	vous tîntes
ils/elles vinrent	ils/elles tinrent

See for further information: Hawkins and Towell, pp. 151–89, 227–30

Byrne and Churchill, pp. 245–95, 312–16

Coffman Crocker, pp. 156–62

Judge and Healey, pp. 99–102, 108–9, 116–21

Ferrar, pp.48–66, 69–71

The past anterior

Text

'Ah! nom de Dieu de nom de Dieu!'

Il avait jeté sa poignée de brosses du haut de l'échelle. Puis, aveuglé de rage, d'un coup de poing terrible, il creva la toile.

Christine tendait ses mains tremblantes.

5   'Mon ami, mon ami...'

Mais, **quand elle eut couvert** ses épaules d'un peignoir, et qu'**elle se fut approchée**, elle éprouva au cœur une joie aiguë, un grand élancement de rancune satisfaite. Le poing avait tapé en plein dans la gorge de l'autre, un trou béant se creusait là. Enfin, elle était donc tuée!

Emile Zola, *L'Œuvre*

The past anterior in the text

1 USAGE

a The past anterior, like the past historic, is a literary tense not normally used in conversation.

b The past anterior is used to indicate an action which immediately precedes that of the main clause, when the verb in the main clause is in the past historic.

e.g. *Quand elle eut couvert ses épaules, … elle éprouva …* (lines 6–7) (*after* she had covered her shoulders)

2 FORMATION

The past anterior is formed by using the past historic of *être* or *avoir* and the past participle of the verb.

e.g. *Elle eut couvert* (line 6)

See Chapter 2 for verbs conjugated with *être* or *avoir*.

Other points to note in the text

- Pluperfect: *avait jeté* (line 2); *avait tapé* (line 8) (see Chapter 4)
- Pronominal verb: *se creusait* (lines 8–9) (see Chapter 18)
- Passive: *était tuée* (line 9) (see Chapter 19)

◢◣ *Discover more about the past anterior*

USAGE

a The past anterior can be used in time clauses starting with: *quand* (see text), *lorsque*, *après que*, *aussitôt que*, *dès que*, *à peine*.

e.g. *Aussitôt qu'il eut appris la nouvelle, il lui téléphona*

With *à peine* there is an inversion of subject and verb, and the main clause starts with *que*.

e.g. *A peine eut-elle cassé le vase qu'elle le regretta*

b The past anterior is occasionally used to indicate in a main clause that an action was completed very quickly.

e.g. *Afin de pouvoir sortir, il eut vite terminé son travail.*

c *Pluperfect and past anterior*

There is no difference in meaning between the pluperfect and the past anterior. The difference is one of register, the past anterior being used only in writing (see past historic) and in specific cases (see above). Both are translated into English by the pluperfect. Example from the text: *eut couvert* (line 6) (past anterior) = had covered (pluperfect). In a less formal register the sentence could read: *Quand elle avait couvert ses épaules …, elle a éprouvé …*

See for further information: Hawkins and Towell, pp. 236–7

Byrne and Churchill, pp. 317–18

Coffman Crocker, pp. 178–9

Judge and Healey, pp. 97, 120–1

Ferrar, p. 71

✎ **EXERCISES**

1 Imagine that Elise is giving an oral account of her story . Change the verbs in the past historic to the appropriate form.

2 Rewrite the following sentences in the past historic.

a Je suis allé à Rome.

b Elle a fini d'écrire sa lettre.

c Ils sont venus me chercher.

d Il a été charmant avec les dames.

e J'ai parlé très fort.

f Elles ont eu grand peur.

g Ils ont aperçu le Président.

h Elle a dit que c'était impossible.

3 Complete the following text with the appropriate forms of the past historic. It is the continuation of the text in this chapter, p. 20.

Nos voisins nous _____ (regarder) sans discrétion. Je me _____ (voir) dans la glace du pilier, violette et décoiffée. Je _____ (rabattre) le col de mon manteau, et dans le même temps où je faisais ce geste, je _____ (prendre) conscience de ma singularité. J'étais avec un Algérien. Il avait fallu le regard des autres, l'expression du garçon qui prenait la commande pour que je m'en rendisse compte. Une panique soudaine me _____ (traverser), mais Arezki me dévisageait et je _____ (rougir), craignant qu'il ne devinât mon trouble.

   'Vous prenez quoi?'

'Comme vous' _____ (dire)-je stupidement.

'Un thé chaud?'

   Il ne paraissait pas plus à son aise que moi. Je _____ (répéter) deux fois avant de boire: 'Bon anniversaire!'

   Il _____ (sourire) drôlement et me _____ (questionner). Je lui _____ (parler) de notre vie avec la grand-mère, de Lucien. Et je lui _____ (demander) s'il avait des frères, une mère. Il avait trois frères, une sœur, et sa mère vivait toujours. Il me la _____ (décrire) jaunie comme la feuille prête à tomber, meurtrie comme un fruit blet, la vue presque éteinte. Je _____ (penser) à la grand-mère.

4 Translate the following sentences, using the past historic whenever possible.

    a She went out at 5.00 p.m.

    b I called Erica but she was not there.

    c She opened the door without thinking.

    d He died the following day.

    e They were back after dark.

    f She woke up and opened her eyes.

    g At last they could go home.

    h I suddenly had the feeling it was Pat.

5 Complete the following text, using the past historic or the imperfect as appropriate.

Son père avait été tué dans une querelle, par un jeune homme du même pays, _____ (dire)-on; et Sainte-Lucie était resté seul avec sa sœur. Ce _____ (être) un garçon faible et timide, petit, souvent malade, sans énergie aucune. Il ne _____ (déclarer) pas la vendetta à l'assassin de son père. Tous ses parents le _____ (venir) trouver, le _____ (supplier) de se venger; il _____ (rester) sourd à leurs menaces et à leurs supplications.

    Alors, suivant la vieille coutume corse, sa sœur, indignée, lui _____ (enlever) ses vêtements noirs, afin qu'il ne portât pas le deuil d'un mort resté sans vengeance. Il _____ (rester) même insensible à cet outrage, et, plutôt que de décrocher le fusil encore chargé du père, il _____ (s'enfermer), ne _____ (sortir) plus, n'osant pas braver les regards dédaigneux des garçons du pays.

    Des mois _____ (se passer). Il _____ (sembler) avoir oublié jusqu'au crime et il _____ (vivre) avec sa sœur au fond de son logis. Or, un jour, celui qu'on _____ (soupçonner) de l'assassinat _____ (se marier). Sainte-Lucie ne _____ (sembler) pas ému par cette nouvelle; mais voici que, pour le braver sans doute, le fiancé, se rendant à l'église, _____ (passer) devant la maison des deux orphelins.

    Le frère et la sœur, à leur fenêtre, _____ (manger) des petits gâteaux frits quand le jeune homme _____ (apercevoir) la noce qui _____ (défiler) devant son logis. Tout à coup il _____ (se mettre) à trembler, _____ (se lever) sans dire un mot, _____ (se signer), _____ (prendre) le fusil pendu sur l'âtre, et il _____ (sortir).

Maupassant, *Un bandit corse*

6 Write the first page of a novel, using the past historic and the imperfect as your main narrative tenses.

7 Complete the following sentences, using the correct form of the past anterior.

    a Dès qu'elle _____ (se présenter) tout le monde la regarda.

    b On mangea et but beaucoup après que la maîtresse de maison _____ (partir).

    c A peine elle _____ (claquer) la porte qu'elle se le reprocha.

    d Ils partirent aussitôt qu'ils _____ (recevoir) le message de détresse.

    e La cérémonie commença quand le roi _____ (s'asseoir).

    f Lorsqu'ils _____ (faire) leur sieste, ils ouvrirent le magasin.

8 Translate the following sentences, using the past historic, the past anterior, the imperfect or the pluperfect as appropriate.

  a She had already said so but no one believed her.
  b Her bag was packed in five minutes.
  c She was more understanding after he had explained his motives.
  d I hadn't realized it was so crucial.
  e They went to Paris as soon as his contract was finished.
  f Anger mounted as soon as the results were published.

6 | The future and future perfect

The future

LE TEMPS AUJOURD'HUI, RÉGION PAR RÉGION

Bretagne, Pays de la Loire, Normandie. Un vent violent de sud-ouest puis d'ouest **soufflera** du Finistère à la baie de Seine. Au plus fort de la tempête, les rafales maximales **atteindront** 120 km/h sur le littoral nord. Du Morbihan au Perche, ce vent **sera** plus contenu et ne **dépassera** pas 80 km/h. Côté ciel, après un
5 bref passage pluvieux en début de journée, on **profitera** de belles éclaircies pour le reste de la journée.

    Nord-Picardie, Ile-de-France. La tempête **soufflera** en Manche et en mer du Nord. Les plus fortes rafales **atteindront** 120 km/h l'après-midi en bord de mer. Dans l'intérieur, le vent s'annonce également soutenu, avec des rafales de l'ordre de
10 60 à 80 km/h. Les nuages et pluies du matin **laisseront** place à un ciel plus clément l'après-midi.

    Nord-Est, Bourgogne, Franche-Comté. Il ne faut pas trop se fier aux éclaircies matinales. Le voile nuageux, présent ce matin, **s'épaissira** au fil des heures. L'après-midi **se passera** sous une certaine grisaille. Les premières pluies faibles **se**
15 **déclencheront** rapidement sur la Lorraine. Elles **finiront** par atteindre l'Alsace et la Franche-Comté avant la fin de la journée.

    Poitou-Charentes, Centre, Limousin. La côte charentaise **sera balayée** par des vents de sud-ouest assez forts approchant parfois 70 km/h. Dans l'intérieur, le vent **soufflera** plus modérément. Il **amènera** de plus en plus de nuages en cours
20 de matinée et quelques pluies brèves autour de midi. L'après-midi le ciel **retrouvera** d'assez belles éclaircies.

    Aquitaine, Midi-Pyrénées. Les régions du Sud-Ouest **bénéficieront** dans l'ensemble d'un temps agréable, doux et ensoleillé. Au nord de l'Aquitaine, ce soleil **aura** du mal à se maintenir, les nuages **se multiplieront** en cours d'après-midi et
25 **donneront** même quelques gouttes en fin d'après-midi de la Gironde à la Dordogne. Ces pluies n'**arriveront** que dans la nuit au pied des Pyrénées.

    Auvergne, Rhône-Alpes. L'Auvergne **commencera** sa journée sous un beau soleil. En cours de matinée, des nuages de plus en plus épais **arriveront** par le nord. Ils **s'accompagneront** de pluies l'après-midi. En Rhône-Alpes, on **pourra** bénéficier
30 de belles plages de soleil. La dégradation n'**arrivera** qu'en fin d'après-midi.

    Pourtour méditerranéen, Corse. Les régions méditerranéennes **resteront** à

l'écart des intempéries. Elles **connaîtront** une journée assez agréable malgré un léger voile nuageux l'après-midi. Des nuages côtiers risquent encore de gâcher un peu les éclaircies, surtout sur la Camargue. Le vent sud-ouest **se lèvera** l'après-midi
35 entre Corse et continent.

Libération, 28 octobre 1996

🔎 The future in the text

1 USAGE

The future is used much in the same way in French as it is in English. It is used for events which will take place in the future (in this case, the weather forecast).

2 FORMATION

a The future of regular verbs is formed by using the infinitive + the following endings: *-ai, -as, -a, -ons, -ez, -ont.*

e.g. *Un vent … soufflera* (lines 1–2)

Note The final 'e' of *-re* verbs is dropped before future endings are added.

e.g. *Les rafales … atteindront* (line 3)

b A number of verbs have irregular future stems to which the future endings are added. The most common are:

avoir > *j'aurai*   être > *je serai*

Note *aura* (line 24) and *sera* (lines 4, 17) in the text.

Other points to note in the text

- Pronominal verbs: *s'épaissira* (line 13); *se passera* (line 14); *se déclencheront* (lines 14–15); *se multiplieront* (line 24); *s'accompagneront* (line 29); *se lèvera* (line 34) (see Chapter 18).
- Passive: *sera balayée* (line 17) (see Chapter 19).
- Expressions of time: *pour le reste* (lines 5–6); *en cours de* (lines 19–20, 24, 28), *autour de* (line 20) *en fin de* (lines 25, 30) (see Chapter 26).
- Expressions of space: *du … à/au* (lines 2, 3); *en* (lines 7, 8); *dans l'intérieur* (lines 9, 18); *au nord de* (line 23); (see Chapter 26)

⛰ *Discover more about the future*

1 USAGE

a As well as indicating events which will take place in the future, the future tense can be used to express:

i advice

e.g. *Tu feras bien attention, hein?*

ii a request

e.g. *Vous pourrez lui passer un coup de fil?*

Sometimes also used in the negative form.

e.g. *Tu n'oublieras pas de passer à la poste?*

iii a command

e.g. *Vous me ferez ce devoir pour demain*

b The future tense is also used after a number of conjunctions of time: *quand, lorsque, aussitôt que, dès que, pendant que, tandis que*, etc.

e.g. *Quand il sera 9 heures, il sera temps de commencer*
Pendant qu'elle regardera les nouvelles, je ferai à manger

Note that in English the present tense is normally used in such cases.

e.g. While she **watches** the news, I'll prepare something to eat

In all cases the main verb is also in the future.

c *Si* sentences

In cases where *si* (= if) is followed by the present (see Chapter 1), the main verb is in the future.

e.g. *Si tu viens me chercher, on ira au cinéma*

Note that *si* is never followed by the future in such cases (see Chapter 7).

d The future can be used in indirect speech and after verbs such as *penser que, croire que, espérer que, savoir que* when the main clause is in the present.

e.g. *Il dit qu'il ira en voiture*
Je sais qu'elle fera de son mieux

e Occasionally the future can indicate a probability.

e.g. *Tiens, Corinne qui passe! elle ira sans doute à la piscine*

This is the equivalent of the English 'must' (she must be going to the swimming pool).

f The future can be found as a narrative tense expressing events which occurred in the past. The narrator looks into the future using the future tense, although these events are now in the past.

e.g. *Parti à la découverte de l'Indochine khmère au début des années 20, André Malraux* **entrera** *en contact avec les révolutionnaires communistes en Chine en 1925. Il* **restera** *chef de maquis pendant la Seconde Guerre mondiale et* **deviendra** *un compagnon de route du Général de Gaulle.*
(A. Raynouard)

g The notion of future is not always expressed by the future tense.
Aller + infinitive is often used to express the near future. This is particularly common in spoken French.

e.g. *Je vais faire les courses* (I am about to go shopping)

Note the distinction between 'Elle va avoir un bébé' (certainty, i.e. she is pregnant) and 'Elle aura un bébé' (probability, some time in the more distant future).

2 FORMATION

a Most verbs whose infinitives end in *-ler* and *-ter* double the *l* or the *t*.

e.g. *appeler* > *j'appellerai*, *jeter* > *je jetterai*

Most verbs with final vowel of stem ending in *-e* change *-e* to *-è*.

e.g. *mener* > *je mènerai*, *semer* > *je sèmerai*

b Apart from *être* and *avoir* the most common irregular verbs are:

aller > *j'irai*   pleuvoir > *il pleuvra*

apercevoir > *j'apercevrai*   pouvoir > *je pourrai*

s'asseoir > *je m'assiérai*   recevoir > *je recevrai*

courir > *je courrai*   savoir > *je saurai*

décevoir > *je décevrai*   tenir > *je tiendrai*

devoir > *je devrai*   valoir > *je vaudrai*

envoyer > *j'enverrai*   venir > *je viendrai*

faire > *je ferai*   voir > *je verrai*

falloir > *il faudra*   vouloir > *je voudrai*

mourir > *je mourrai*

See for further information: Hawkins and Towell, pp. 154–89, 232–5, 389–90

Byrne and Churchill, pp. 253–5, 320–5

Coffman Crocker, pp. 162–9

Judge and Healey, pp. 109–11, 115–16, 122–4

Ferrar, pp. 48–66, 71–3

The future perfect

Text

'A mort les bourgeois! vive la sociale!'

Rose continuait à rire, dans le vestibule de l'hôtel, comme égayée de l'aventure, répétant au domestique terrifié:

'Ils ne sont pas méchants, je les connais.'

5   M. Grégoire accrocha méthodiquement son chapeau. Puis, lorsqu'il eut aidé Mme Grégoire à retirer sa mante de gros drap, il dit à son tour:

'Sans doute, ils n'ont pas de malice au fond. Lorsqu'ils **auront** bien **crié**, ils **iront** souper avec plus d'appétit.'

E. Zola, *Germinal*

$\mathcal{P}$ **The future perfect (*futur antérieur*) in the text**

1 USAGE

a The future perfect indicates that one action will have taken place before another in the future occurs.

In English the ordinary perfect tense is normally used in such cases.

In the text the future perfect (line 7) indicates that, when the workers *have finished* shouting, they will then go home and eat their suppers.

b The most frequent use of the future perfect is, as in the text, after time conjunctions such as: *quand, lorsque, aussitôt que, dès que.*

In these sentences the main verb is in the future.

e.g. *Lorsqu'ils auront bien crié, ils iront ...* (line 7)

2 FORMATION

The future perfect is formed using the future of *être* or *avoir* + the past participle of the verb (see verbs conjugated with *être* or *avoir* in Chapter 2).

e.g. *Ils auront ... crié* (line 7)

Other points to note in the text

● Imperfect and past historic: the imperfect expresses a continuous action in the past (*continuait*, line 2) whereas the past historic conveys an action started and finished in the past (*accrocha*, line 5) (see Chapters 3 and 5).

● Past anterior (*lorsqu'il eut aidé*, line 5); note that the main verb is in the past historic (*il dit*, line 6) (see Chapter 5).

◣ *Discover more about the future perfect*

a The future perfect can describe an event scheduled to happen at some date in the future, e.g. *C'est promis, j'aurai tapé ce document avant la fin de la semaine* (The document will be typed before the end of the week).

b Like the future, the future perfect can indicate a probability (See ***Discover more about the future,*** **e**). e.g. *Elle est déjà rentrée. Elle aura fini son travail plus tôt que de coutume* (She must have finished earlier than usual).

c In the same way as the future, the future perfect can be used as a narrative tense referring to past events (See ***Discover more about the future,*** **f**).

e.g. *Elle aura attendu 20 ans pour que son talent soit enfin reconnu*
(She will have waited 20 years for her talent to be recognised).

See for further information:	Hawkins and Towell, p. 238
	Byrne and Churchill, p. 321
	Coffman Crocker, pp. 176–7
	Judge and Healey, pp. 97–103, 108, 112–13, 115, 122–24, 158
	Ferrar, p. 71

✎ EXERCISES

1 Complete the following sentences with the verbs in the appropriate forms of the future.

a Ils _____ (passer) par le grand portail.

b Elle _____ (partir) en Inde quand elle _____ (avoir) assez d'argent.

c Les vents _____ (atteindre) 120 km/h.

d Il _____ (falloir) beaucoup de patience.

e Je ne _____ (savoir) rien de plus après avoir entendu son discours.

f Elles _____ (recevoir) les félicitations du jury.

g Avec cet argent vous _____ (pouvoir) acheter un nouveau dictionnaire.

h Je _____ (aller) à l'église et je _____ (s'asseoir) à l'arrière.

2 Complete the following poem by putting the verbs in the future.

Demain, dès l'aube, à l'heure où blanchit la campagne,

Je _____ **a**. Vois-tu, je sais que tu m'attends.

Je _____ **b** par la forêt, je _____ **b** par la montagne.

Je ne puis demeurer loin de toi plus longtemps.

Je _____ **c** les yeux fixés sur mes pensées,

Sans rien voir au dehors, sans entendre aucun bruit,

Seul, inconnu, le dos courbé, les mains croisées,

Triste, et le jour pour moi _____ **d** comme la nuit.

Je ne _____ **e** ni l'or du soir qui tombe,

Ni les voiles au loin descendant vers Harfleur,

Et quand je _____ **f**, je _____ **g** sur ta tombe

Un bouquet de houx vert et de bruyère en fleur.

Victor Hugo

a partir; **b** aller; **c** marcher; **d** être; **e** regarder; **f** arriver; **g** mettre

3 Finish the following sentences, using appropriate forms of the future.

a Si tu te presses … .

b S'ils gagnent les élections … .

c Si nous faisons la traversée demain matin … .

d Si je n'ai rien reçu de toi à la fin du mois … .

   e Si vous n'avez rien d'autre à faire ….

   f Si elle passe son permis de conduire … .

4 Translate the following sentences into French.

   a I know he won't do it again.

   b She says the train is going to be late again.

   c If you don't run, you'll be late!

   d I believe that, if he has time, he will do it tonight.

   e I'll see her as soon as she arrives.

   f They'll be leaving any time now.

5 Oral work

Tell your friends what you are going to do tomorrow, using the near future (*aller* + infinitive).

6 Write a page on the following theme, using the future tense whenever appropriate: 'Quand j'aurai fini mes études …'.

7 Complete the following sentences with the appropriate form of the future perfect.

   a Elle l'emportera dès qu'elle _____ (acheter) une voiture.

   b Nous _____ (rentrer) avant 11 heures.

   c Je _____ (terminer) dans un instant.

   d Dans une semaine tu _____ (finir) tes examens.

   e Elles _____ (connaître) toutes sortes d'aventures.

   f Les pauvres! Ils _____ bien (s'ennuyer).

   g Vous _____ bientôt (traduire) ce document?

   h Elle _____ (se demander) où j'étais partie.

8 Make sentences with the future and future perfect.

e.g. *Corrigez ce texte et apportez-le moi > Vous m'apporterez ce texte quand vous l'aurez corrigé.*

   a Payez votre cotisation et vous pouvez jouer au tennis.

   b Habillez-vous et descendez pour le petit déjeuner.

   c Finis ton café et nous partons.

   d Eteignez la lumière et vous dormirez mieux.

7 | The conditional (present and past)

The present conditional

L'auto de Chang-Kaï-shek **arriverait** dans l'avenue par une étroite rue perpendiculaire. Elle **ralentirait** pour tourner. Il fallait la voir venir, et lancer la bombe lorsqu'elle **ralentirait**. Elle passait chaque jour entre une heure et une heure et quart: le général déjeunait à l'européenne. Il fallait donc que celui qui **surveillerait** la petite rue, dès
5 qu'il **verrait** l'auto, fît signe aux deux autres. La présence d'un marchand d'antiquités, dont le magasin s'ouvrait juste en face de la rue, l'**aiderait**; à moins que l'homme n'appartînt à la police. Tchen voulait surveiller lui-même. Il plaça Peï dans l'avenue, tout près de l'endroit où l'auto **terminerait** sa courbe avant de reprendre de la vitesse; Souen, un peu plus loin. Lui, Tchen, **préviendrait** et **lancerait** la première bombe. Si
10 l'auto ne s'arrêtait pas, atteinte ou non, les deux autres **lanceraient** leurs bombes à leur tour. Si elle s'arrêtait, ils **viendraient** vers elle: la rue était trop étroite pour qu'elle tournât. Là était l'échec possible: manqués, les gardes debout sur le marchepied **ouvriraient** le feu pour empêcher quiconque d'approcher.

Tchen et ses compagnons devaient maintenant se séparer. Il y avait sûrement des
15 mouchards dans la foule, sur tout le chemin suivi par l'auto. D'un petit bar chinois, Pel allait guetter le geste de Tchen; de plus loin Souen **attendrait** que Pel sortît. Peut-être l'un au moins des trois **serait-il tué**, Tchen sans doute. Ils n'osaient rien se dire. Ils se séparèrent sans même se serrer la main.

André Malraux, *La Condition Humaine*

The present conditional in the text

1 USAGE

a 'Future in the past'

Normally, if an event is narrated in the present, future events within the story are expressed in the future tense. If the same story is narrated in the past, the present conditional is used instead of the future. This is occasionally referred to as 'future in the past'.

e.g. *Il fallait donc que celui qui surveillerait la petite rue …* (line 4)

In the present this would read: *Il faut donc que celui qui surveillera la petite rue … .*
There are numerous examples of this in the text (lines 1, 2, 3, etc.).

b *Si* **+ imperfect (see Chapter 3)**

In sentences where a condition is expressed (*si* + imperfect), the main verb is in the present conditional.

e.g. *Si l'auto ne s'arrêtait pas , ... les deux autres lanceraient leurs bombes* (lines 9–10)
Si elle s'arrêtait, ils viendraient vers elle (line 11)

2 FORMATION

The endings are the same as the imperfect endings: *-ais, -ais, ait, -ions, -iez, -aient*.
The stem used for the present conditional is the same as the stem of the future, whether the verb is a regular or an irregular one. As with the future, the stem always ends with an *r* (see Chapter 6).

Other points to note in the text

- Imperfect subjunctive: *fît* (line 5); *appartînt* (line 7); *tournât* (line 12); *sortît* (line 16); (see Chapter 25)
- Pronominal verb: *s'ouvrait* (line 6) (see Chapter 18)
- Word order: inversion: *Peut-être ..... serait-il tué* (lines 16–17) (see Chapter 28)

◢◣ *Discover more about the present conditional*

USAGE

a The conditional frequently expresses the English 'would' in situations other than the 'future in the past' when it indicates that some event would take place if certain conditions were fulfilled.

e.g. *Dans ce cas-là, j'irais voir le directeur* (= *si c'était le cas*)

It must be remembered, however, that 'would' can convey the idea of repetition in the past.

e.g. She would open the shutters at 7.00 a.m.

In such cases the conditional should not be used, as 'would' means 'used to' and the repetition is indicated by the imperfect (*Elle ouvrait les volets à 7 heures*) (see Chapter 3).

b The conditional often expresses a polite request or a suggestion (see Chapter 7).

e.g. *Je voudrais parler à Mme Crépin*
Vous pourriez passer par chez moi

c A possibility can be expressed by the use of the present conditional.

e.g. *Cela pourrait bien être le cas*

Children playing are often heard using the conditional to indicate a situation which is imagined.

e.g. *Alors moi je serais le policier et toi tu serais le voleur*

d The present conditional is frequently used in the media to indicate unconfirmed facts.

e.g. *Il y a eu un incendie à la suite duquel il y aurait de sérieux dégâts* (= There was a fire which apparently caused serious damage)

e In indirect speech, if the main verb is in the past tense, future action is indicated by the conditional (see **Future in the past**).

e.g. *Elle a dit qu'elle ferait attention*

See for further information:	Hawkins and Towell, pp. 154–5, 233–5, 389–90
	Byrne and Churchill, pp. 253–4, 322–6
	Coffman Crocker, pp. 170–4, 177–8, 179–81
	Judge and Healey, pp. 156–76
	Ferrar, pp. 71–3

The past conditional

Text

'Enfant d'une secte, moi aussi, **je me serais suicidée** sur commande'. Elevée dans une secte, Isabelle s'en est échappée à 28 ans. Elle dénonce à présent les pressions psychologiques et remâche son 'enfance perdue'. A tel point qu'Isabelle affirme aujourd'hui 'comprendre' la folie des adeptes de l'ordre du Temple solaire: 'J'ai réalisé
5 que **j'aurais** aussi **pu** en arriver là. Si on me l'avait demandé, **je me serais suicidée.**'

InfoMatin

The past conditional in the text

1 USAGE

'Would have'

The past conditional is used to express an action which would have happened, had certain conditions been fulfilled.

e.g. *J'aurais pu aussi en arriver là* (line 5) (= I could have got to that stage if, e.g., I had stayed)
Je me serais suicidée (line 5) (= I would have committed suicide)

Note that in such cases *si* is followed by the pluperfect.

e.g. *Si on me l'avait demandé, je me serais suicidée* (line 5) (see Chapter 4)

2 FORMATION

The past conditional is formed by using the present conditional of *avoir* or *être* and the past participle of the verb.

je serais	j'aurais
tu serais	tu aurais
il/elle serait	il/elle aurait
nous serions	nous aurions
vous seriez	vous auriez
Ils/elles seraient	ils/elles auraient

e.g. *J'aurais pu* (line 5)
Je me serais suicidée (line 5)

Other points to note in the text

- Omission of the article: *Enfant d'une secte* (line 1) (see Chapter 14)
- Pronominal verbs: *Je me serais suicidée* (lines 1, 5) (see Chapter 18)

🔺 *Discover more about the past conditional*

a The past conditional can express a possible action in the past.

e.g. *Cela aurait bien pu être le cas* (It could well have been the case)

b The past conditional is frequently used in the media to indicate unconfirmed facts in the past.

e.g. *Ceux qui auraient lancé les fusées n'ont pas eu le droit de se défendre au tribunal* (Those who have allegedly thrown the rockets were not allowed to defend themselves in court)

c The past conditional can express regret or reproach.

e.g. *J'aurais aimé être artiste* (I would have liked ...)
    Vous auriez pu m'en parler plus tôt (You could have mentioned it before)

See above: Further information on the present conditional

🔍 Tenses after *si*

USAGE

a In most cases *si* introduces a condition on which the action mentioned in the main clause is dependent. See above: **The present conditional in the text b** and **The past conditional in the text**. In all such cases the sequence of tenses is as follows:

Condition (*si clause*)	Result (*main clause*)
present	future or imperative
imperfect	present conditional
pluperfect	past conditional

e.g. *Si tu as assez d'argent tu nous achèteras/achète-nous une glace*
    Si j'avais assez d'argent je vous achèterais une glace
    S'il avait eu assez d'argent il nous aurait acheté une glace

Note 1 The *si* clause can come first or last.

Note 2 *Si* is contracted to *s'* before *il/ils*. It does not change before *elle/elles*.

e.g. *S'il téléphone; Si elle téléphone*

Note 3 *Si* is not directly followed by the conditional or the future.

b A number of *si* clauses do not express true conditions. As a rule of thumb, if *si* can be translated by 'whether', the above sequence of tenses does not apply.

e.g. *Je lui ai demandé si elle avait fini*

✎ **EXERCISES**

1 Complete the following texts with the verbs indicated in the appropriate conditional tense (active or passive). See Chapter 19 on the passive.

a Le Pentagone a révélé que les Etats-Unis étudient la possibilité de reprendre des essais nucléaires souterrains. Washington a pourtant déclaré un moratoire jusqu'en 1996. Mais cette reprise _____ (motiver) par le fait qu'au-delà de l'an prochain les essais _____ (devoir) être interdits pour de bon. Les militaires ont donc besoin, d'ici là, de s'assurer de la fiabilité des armes existantes. Le département de l'Energie est opposé à la proposition du Pentagone; il soutient que les Etats-Unis _____ (pouvoir) se contenter d'expériences en laboratoire et de tirs simulés par ordinateur. Les explosions, estime-t-il, _____ (servir) surtout à développer les armes nouvelles. Désormais sur ses gardes, la Russie annonçait dès hier soir qu'elle _____ (avoir) pas d'autre choix que de reprendre ses essais si Washington penchait pour le 'oui'.

Géraldine Sartin, *InfoMatin*

b Lundi, la Ligue italienne de défense de l'environnement a présenté un rapport qui fait froid dans le dos à l'heure où l'Europe entière s'apprête à venir faire trempette: des bateaux chargés de déchets radioactifs _____ (couler) en Méditerranée! Dans des fosses très profondes, certes. Certains navires, chargés de déchets français et allemands _____ (immerger) au large de Ravenne et des côtes yougoslaves en 1991. On n'a pas détecté de radioactivité pour l'instant, il n'y a donc pas de danger immédiat. Mais si on finissait par découvrir ces bateaux, nul doute qu'il _____ (s'agir) d'une véritable bombe à retardement, car il est vraisemblable que les matières radioactives _____ (pouvoir) s'échapper de leurs caissons d'ici à quelques années, à cause de la corrosion. Ces matières radioactives _____ (provenir) des activités hospitalières mais surtout des centrales nucléaires italiennes.

S. de Sampigny, *InfoMatin*

2 Complete the following '*si*' sentences with the appropriate form of the verb.

a **i** Ça m'arrangera si tu _____ (pouvoir) passer à la pharmacie.
   ii Ça me _____ (arranger) si tu pouvais passer à la pharmacie.
   iii Ça m'aurait arrangé si tu _____ (pouvoir) passer à la pharmacie.
b **i** Si je _____ (se lever) à temps, j'irai acheter du lait.
   ii Si je me levais à temps, je _____ (aller) chercher du lait.
   iii Si je _____ (se lever) à temps, je serais allé acheter du lait.
c **i** Si un jour j'ai le temps et l'argent, je _____ (faire) des régates.
   ii Si je _____ (avoir) le temps et l'argent, je ferais des régates.
   iii Si j'avais eu le temps et l'argent, je _____ (faire) des régates.

3 Translate into French.

a I would prefer not to change it.
b He said he'd come back tomorrow.

   c Could you help me to lift this bag?

   d Tell me if you would like to share.

   e According to the paper, six died in the accident.

   f I should go home this weekend.

   g If she was kinder to others, others would be kinder to her.

   h Yell if you are ready!

   i You should start looking for jobs right now.

   j The criminal is alleged to have gone abroad.

4 Finish the following sentences using the correct tense.

   a Si je peux partir à Noël … .

   b Si j'habitais dans une ferme … .

   c Si j'avais eu plus de chance … .

5 Oral group work

Discuss the following, using verbs in the conditional.

   a Si les gens étaient moins égoïstes … .

   b Si nous étions au pouvoir … .

6 What would you do?

Vous perdez les clés de votre voiture

Si je perdais les clés de ma voiture, j'irais à la gendarmerie

   a Vous ne savez pas cuisiner.

   b Il y aura grève du métro.

   c Vous n'êtes pas content(e) de vos conditions de travail.

   d L'électricité est coupée.

8 | The negative

Text

Aujourd'hui, une catégorie entière de la population française – les jeunes entre 18 et
25 ans – **n'a pas de** droit social propre. C'est la seule. Si entre 18 et 25 ans, vous
n'êtes pas inséré dans l'emploi, et on sait que c'est de moins en moins le cas pour
toutes sortes de raisons qui **ne sont pas** seulement liées à la crise de l'emploi,
5 comme par exemple l'allongement des études, vous **n'avez pas de** droits sociaux.
La jeunesse devient une catégorie **sans insertion** dans la société, que ce soit du
point de vue familial, professionnel. Et c'est irréversible.

   Pas de droits sociaux, cela veut dire **pas de** ressources garanties, une complète
dépendance. Prenons la mendicité: évidemment que des jeunes mendient, certains
10 mendient, d'autres passent aux activités illégales pour pouvoir subsister. C'est une
classe d'âge où **n'existe aucune** sécurité sociale et il **ne s'agit pas** seulement
d'assurance-maladie. Je propose d'engager le débat sur la création d'une branche
jeunesse de la sécurité sociale. Quand, au milieu du siècle, est apparu le problème
des personnes âgées qui **ne pouvaient plus** subsister, on a inventé la sécurité
15 sociale pour eux. Nous sommes devant le même type de problème très neuf pour la
jeunesse. Une sécurité sociale pour la jeunesse, ce **n'est pas** le RMI pour les jeunes,
dont ils **ne voudraient pas**. Il faut une vraie sécurité sociale avec une prestation
plus proche du SMIC que du RMI, qui permette à chaque jeune d'être autonome,
quel que soit son type d'insertion ou de **non-insertion** dans la société. Il s'agit de
20 droits de l'Homme: la majorité légale à dix-huit ans définit une personne avec tous
ses droits sauf qu'il **n'y a pas de** droits sociaux! D'où une dépendance vis-à-vis de la
famille, etc. Des droits propres à la jeunesse permettraient une grande liberté
individuelle et conduiraient les jeunes à **ne pas accepter n'importe quoi**.

   Aujourd'hui, un jeune très qualifié est poussé à accepter **n'importe quel** boulot
25 pour subsister, ce qui brise son projet professionnel et provoque un ressentiment, un
gâchis, une dégradation de son image; il devient concurrent pour des travaux **non
qualifiés** avec d'autres jeunes **non qualifiés** qui, du coup, **n'ont plus** accès à ces
emplois: on les pousse ainsi à l'illégalité. Une prestation de sécurité sociale **ne
réglera pas** le problème de la toxicomanie mais empêcherait certaines dérives . . . .
30 Cela permettrait d'envisager autrement l'emploi, les projets personnels, y compris
amoureux: songeons que l'âge moyen du premier enfant pour une femme est de
vingt-huit ans et demi! On peut parler d'une grande modification culturelle mais il
ne s'agit pas que de cela: les jeunes sont dans une contrainte terrible et il **n'existe
souvent aucune** possibilité pour un projet de famille.

35   J'insiste parce que la jeunesse constitue la première urgence et la multiplication
des «mesures jeunes» **n'y répond pas du tout**. J'attends un vrai débat à ce sujet.

Daniel Le Scornet, *Regards*

$\mathcal{P}$ The negative in the text

1 NEGATION OF VERBS AND WORD ORDER

a Negation with a verb is generally expressed by placing *ne* (which elides to *n'* before a vowel)
before the verb and *pas* **immediately after** it, e.g. *n'êtes pas* (line 3). This translates the English
'not'.

b Other negative expressions which are used together with *ne* include *ne ... plus* (= no longer, no
more) in line 14, *ne . . . que* (= only) and *ne . . . pas que* (= not only) in line 33, and *ne . . . pas
du tout* (= not at all) in line 36. There is also the adjectival *ne . . . aucun(e)* (= absolutely no) in
lines 11 and 33–4. It should be noted that this expression is very rarely found in the plural, *pas
de* or *sans* being more usual.

c Where the verb is preceded by a reflexive pronoun, by a direct or indirect object pronoun,
and/or by *y* or *en*, *ne* must come before any such pronoun(s).

e.g. *il ne s'agit pas* (line 11), *il n'y a pas* (line 21)

d Where an auxiliary verb such as *aller, devoir, vouloir, pouvoir* is followed by an infinitive, *ne*
comes before the auxiliary verb, and the other negative expression (*pas, plus*) generally follows
the auxiliary, but comes before the infinitive, e.g. *ne pouvaient plus subsister* (line 14). Notable
exceptions to this are *personne* and *aucun*, and the other negative expressions listed in ***Discover
more about the negative,*** 1 a ii below. They follow the infinitive

e.g. *je ne veux voir personne; il ne peut tolérer aucun inconvénient*

e With a present infinitive which stands alone, both *ne* and *pas* stand together in front of the
infinitive, e.g. *ne pas accepter* (line 23), but notable exceptions again are *personne* and *aucun*
(and all the expressions in ***Discover more about the negative,*** 1 a ii below) which follow the
infinitive.

e.g. *gêné de n'avoir aucun livre*

2 OTHER USAGE

a *Ne* is used on its own in a number of fixed expressions and notably to form a set of indefinite
expressions, including *n'importe quoi* (line 23) and *n'importe quel* (line 24), meaning literally
'it does not matter what/which', in other words, anything/any.

b *Pas* is used alone to negate words or phrases which do not contain verbs.

e.g. *pas de droits sociaux, pas de ressources garanties* (line 8)

c *Non* is used to negate past participles occurring alone without *avoir* or *être*, e.g. *non qualifiés*
(lines 26–7). *Non* is used to form compounds with nouns.

e.g. *non-insertion* (line 19)

3 **USE OF ARTICLES**

De is normally substituted for the partitive (*du, de la, de l'*) or the indefinite (*un, une, des*) article with the direct object of a verb in the negative, e.g. *n'a pas de droit* (line 2), *n'avez pas de droits* (line 5). Even in the absence of a verb, *pas de* + noun is the norm, e.g. *pas de droits* in line 8. *Pas un(e)* is sometimes found, but it has the particularly emphatic meaning of 'not a single one'. The definite article (*le, la, les*) remains unchanged after a negative, e.g. *Je n'aime pas le sport.* See also Chapter 14.

Other points to note in the text

- Impersonal verbs: *il s'agit de* (lines 11, 19, 32–3); *il faut* (line 17); *il y a* (line 21) (see Chapter 23)
- Present subjunctive: *que ce soit* (line 6); *une vraie sécurité sociale ... qui permette* (lines 17–18); *quel que soit* (line 19) (see Chapter 24).

Discover more about the negative

1 **NEGATION OF VERBS AND WORD ORDER**

a When considering word order, it is useful to divide negative expressions in French into two groups.

negative adverbs	*negative pronouns/determiners*
i	**ii**

i
{*pas* (= not)
{*point* (literary/archaic variant for
not, not at all)
{*nullement* (= in no way)
ne . . . {*plus* (= no longer, no more)
{*guère* (= hardly, scarcely)
{*jamais* (= never)
{*rien* (= nothing)

ii
{*personne*
{*que*
{*aucun*
ne . . . {*nul*
{*pas un*
{*nulle part* (adverb)
{*ni . . . ni*

b With a compound tense, *ne* comes before the auxiliary verb and any object pronouns which precede it, whilst *pas* or any other of the negative expressions from group **i** comes after the auxiliary verb but **before** the past participle, e.g. *Je ne l'ai jamais vu.* However, negative expressions from group **ii** **follow** the past participle, e.g. *Il n'a vu personne. Il ne l'a trouvé nulle part.*

With an interrogative inverted verb, *ne* precedes the verb in the normal way, whilst *pas* or any other of the negative expressions from list **i** follows after the subject pronoun which is attached to the verb, e.g. *N'avez-vous pas fini votre travail?*

Negative expressions from list **ii** follow the past participle as always, e.g. *N'avez-vous vu personne?*

c With a perfect infinitive, as with a present infinitive (cf. **The negative in the text, 1e,** above), the usual pattern is that *ne* and any negative expression from group **i** precede the infinitive *avoir* or *être*, whereas any negative expression from group **ii** follows *avoir* or *être*. e.g. a *Il regrette de ne pas avoir fait ce travail*; b *Il est content de n'avoir rencontré personne.*

However, examples will be found where expressions from group **i** follow *avoir* or *être*.

e.g. *Il regrette de ne l'avoir pas fait*

d With the expression *ne . . . que* (only), the second element *que* is placed immediately before the word or phrase to which the idea of 'only' applies.

e.g. *Je ne suis venu que **pour vous parler**; Vous ne le voyez que **le samedi**; Je n'ai parlé qu'**à lui***

e A sentence may begin with one of the following negative expressions as its subject: *jamais, rien, personne, aucun, nul, pas un, ni ... ni*. When this happens, *ne* remains in its normal position, before the verb and before any preceding object pronouns, e.g. *Personne ne pourra vous aider; Rien ne s'est passé*. The temptation in such cases to add *pas* after the verb must at all costs be avoided.

Note Whether they occur as subject or object of the sentence, *personne* and *rien* may be qualified by a masculine adjective or participle, which must always be preceded by *de*.

e.g. *rien de nouveau; personne d'intéressant*

f Double negatives may occur, with *ne* as usual before the verb and a combination of, e.g. *jamais* and *rien* after it. The order in which the negative expressions are listed in **i** and **ii** is the order in which they are combined in double negatives, e.g. *Il ne fait jamais rien*. The only negative expression which may be combined with *ne . . . pas* is *ni*.

e.g. *Il n'a pas besoin de votre aide ni de votre pitié*

2 USE OF *NE*

a It should be noted that increasingly *ne* is omitted in less formal varieties of spoken French, and *pas* alone carries the negative force.

b In certain set expressions, particularly in literary style, *pas* may be omitted, leaving *ne* alone to carry the negative force.

e.g. *A Dieu ne plaise; Je n'ose vous le dire; Je ne sais ce qu'il est devenu; Si ce n'était trop tard, je le lui dirais*

c *Ne* is also found alone in other contexts where, strangely enough, it does **not** negate the meaning. This expletive use of *ne* is found, for example, in comparative clauses, e.g. *Il travaille plus que vous ne le pensez* (He works harder than you think he does); after the conjunctions *avant que* and *à moins que*, e.g. *Avant que vous ne partiez, . . .* ; after expressions of fear such as *craindre, de peur que*.

e.g. *Je crains qu'il ne tombe; De peur qu'il ne revienne, je suis partie* (see Chapter 24)

3 USE OF ARTICLES

a After *ne . . . que*, the indefinite and partitive articles *un(e), des, du, de la, de l'* do **not** change to *de*.

e.g. *Il n'écrit que des poèmes; Je n'ai que du café*

b After the expression *ne . . . ni . . . ni*, no article is used.

e.g. *Je n'ai ni frères ni sœurs*

See for further information: Hawkins and Towell, pp. 369–85

Byrne and Churchill, pp. 429–57

Coffman Crocker, pp. 229–38

Ferrar, pp. 265–71

Judge and Healey, pp. 305–10

✎ **EXERCISES**

1 Rewrite the following sentences in the negative.

a Vous faites des sports.

b J'ai fini mon travail.

c Avez-vous fini votre travail?

d Pouvez-vous m'aider?

e Je vais lui en parler ce soir.

f J'ai bien compris ce chapitre.

g Je pars tout de suite.

h Savez-vous nager?

i J'ai un frère.

j Avez-vous eu le temps de le lire?

k Vous allez partir tout de suite?

l Il vous a vu arriver tout à l'heure.

m Je vais le faire.

n Je suis contente d'avoir fini ce travail.

2 Rewrite the following sentences, replacing the italicized word with a negative phrase.

a J'ai oublié *quelque chose*.

b Il part *toujours* à neuf heures.

c Le week-end, nous faisons *toujours quelque chose* d'intéressant.

d J'ai *toujours* admiré son travail.

e *Quelqu'un* vous a téléphoné.

f J'ai *un* frère *et une* sœur.

g Avez-vous vu *quelque chose*?

h *Quelque chose* va se passer ici.

i Il a *quelque* espoir.

j Il est *toujours* occupé à *quelque chose*.

k Elle va écrire *quelque chose*.

l *Quelqu'un* est venu m'aider.

m *Quelque chose* le tracasse.

n Avez-vous vu *quelqu'un*?

3 Rewrite the following sentences, adding the French equivalent of the English words given in brackets at the end.

a J'ai lu ce livre. (never)

b Nous nous sommes amusés. (not at all)

c Il y a des étudiants dans la salle. (no longer any)

d Il me reste vingt francs. (only)

e Elle prend du café. (hardly any)

f Je l'ai trouvé. (nowhere)

g Il y a un arbre dans le jardin. (not a single one)

h Nous avons étudié des pièces de théâtre et des romans. (neither . . . nor)

9 | Interrogatives

LES ALLUMÉS SONT TÉLÉGÉNIQUES

Suicides d'adeptes partis pour Sirius, OVNI censé se dissimuler derrière une comète … la délocalisation des sectes dans l'espace a déjà commencé. Comme à chaque drame, c'est l'occasion pour les télés de flatter l'Audimat.

Dans 'Le Monde de Léa', Paul Amar s'est complaisamment soumis à cette loi du spectaculaire et du fric. Ce même Amar qui s'étonne qu'on ne touche pas à la loi de 1905 protégeant la liberté de conscience!

Grâce à lui, on a eu droit à un numéro navrant de Guy Drut. Le ministre de la
5   Jeunesse, chargé des sectes, '*assume ses responsabilités*'. Au sujet des actions efficaces à mener contre les associations sectaires, il balance avec une détermination sans égale qu''à *un moment il faudra faire quelque chose*', ce qui démontre l'ampleur de sa pensée.

Durant l'émission, silence sur certains points chauds. **Pourquoi** dans l'affaire de
10 l'Ordre du Temple solaire (OTS), **n'a-t-on pas poussé** l'enquête sur les liens de cette secte avec le SAC? Drut, qui appartient au RPR (issu de l'UNR puis de l'UDR, dont le SAC était le bras armé via Pasqua), aurait peut-être pu dire quelques mots là-dessus … . Amar devait être préoccupé par autre chose, les questions à ne pas poser, par exemple.

15 Elles ont quand même été abordées en fin d'émission par des invités qui en avaient marre de jouer les potiches.

Pourquoi n'a-t-on pas dissous l'OTS? Pourquoi la famille Rostan, dont le fils était accusé d'avoir participé au second massacre, **n'a-t-elle pas été entendue** par les flics? **Pourquoi n'a-t-on pas suivi** la piste de l'argent et des éventuels
20 trafics d'armes?

Pourquoi certaines affaires traînent-elles des années avant d'arriver devant la justice, quand elles y arrivent? **Pourquoi la demande** du député Brard de créer une commission d'enquête parlementaire pour faire le point entre les sectes et les pouvoirs publics **a-t-elle été refusée** par l'Assemblée? **Pourquoi ne crée-t-on**
25 **pas** une cellule d'intervention pour que les victimes de sectes soient entendues et aidées? **Pourquoi les propositions** d'Alain Vivien reprises par le rapport de 1995 **ne deviennent-elles pas** des projets de loi? **Pourquoi ne se donne-t-on pas** les moyens adéquats? **Par manque de courage et de volonté politique?**

Cependant d'autres questions n'ont pas été posées. **A quoi sert** l'Observatoire

30 interministériel des sectes, dont la plupart des membres méconnaissent leur sujet? **Pourquoi aucune des associations anti-sectes n'y est représentée? Quelle efficacité peut-on attendre** d'un organisme dont 80% des membres sont des technocrates, des hauts fonctionnaires non qualifiés?

Quelques jours plus tard, sur France 2, dans 'Envoyé spécial', était rediffusé un

35 reportage de qualité. L'invité politique de service était Alain Gest, venu porter devant les caméras la bonne parole de son ignorance. Là encore, on n'a pas sorti les questions qui gênent. Par exemple, **pourquoi**, quelques semaines seulement après la parution du rapport parlementaire qu'il présidait (disponible à la Documentation française pour 40 F), **Alain Gest a-t-il publié** sous son nom ce même rapport (amputé de la page

40 contenant les noms des parlementaires membres de la commission) chez un éditeur privé au prix de 90,40 F? **Qu'a-t-il fait** des droits d'auteur? Un tel personnage ne doit pas manquer de causer des frayeurs aux gourous de tout poil . . . .

Xavier Pasquini, *Charlie Hebdo*, 2 avril 1997

🔍 Interrogatives in the text

1 INTONATION

The simplest way to ask a question in French is by using rising intonation at the end of the sentence, e.g. *Par manque de courage et de volonté politique?* (line 28), *Pourquoi aucune des associations anti-sectes n'y est représentée?* (line 31). This is by far the most common way of asking questions in spoken language.

2 INTERROGATIVE PRONOUNS, ADJECTIVES AND ADVERBS

a *Que/qu'* (before a vowel) followed by inversion of verb and subject = what.

   e.g. *Qu'a-t-il fait?* (line 41).

   Quoi is a stressed pronoun used after a preposition = what.

   e.g. *A quoi sert …?* (line 29).

b The **interrogative adjective** *quel(le)/quel(le)s* can be used to start a question and is followed by an inversion. *Quel(le)* agrees with the noun it qualifies.

   e.g. *Quelle efficacité peut-on attendre …?* (lines 31–2).

c The **adverb** *pourquoi* is a common word used to introduce questions both with simple tenses, e.g. *Pourquoi certaines affaires traînent-elles …?* (line 21) and compound tenses, e.g. *Pourquoi n'a-t-on pas poussé?* (lines 9–10).

3 SIMPLE AND COMPLEX INVERSIONS

a **Simple inversion**

   In the sentence *Qu'a-t-il fait* (line 41), the subject pronoun *il* and auxiliary verb *a* of the declarative sentence *Il a fait* are inverted. The same construction applies to the subject pronouns *elle* and *on*, e.g. lines 17–18, 10, following the interrogative word *pourquoi*.

b Complex inversion

When the subject of a verb is a noun, however, simple inversion is not possible. The construction known as 'complex inversion' replaces it and entails subject noun + verb + pronoun corresponding to the subject.

e.g. *Pourquoi la demande du député Brard … a-t-elle été refusée?* (lines 22–4)

  Pourquoi les propositions d'Alain Vivien ne deviennent-elles pas . . . ? (lines 26–7)

This usage is characteristic of more formal written French.

c '-t-' must be introduced between a verb ending with a vowel and a subject pronoun also starting with a vowel (*il, elle, on*)

e.g. *Pourquoi Alain Gest a-t-il publié …?* (lines 37–9)

  Pourquoi la demande a-t-elle été refusée …? (lines 22–4)

  Pourquoi n'a-t-on pas dissous l'OTS …? (line 17)

d Word order in negative questions

Note the place of *ne … pas* and *aucune … ne* in the following questions:
Pourquoi n'a-t-on pas suivi …? (line 19)

Other points to note in the text

- Relatives: *qui* (lines 2, 11, 15); *ce qui* (line 7); *dont* (lines 12, 17, 30, 32) (see Chapter 11)
- Pronominal verbs: *s'est soumis* (line 1); *s'étonne* (line 2) (see Chapter 18)
- Passive: *elles ont été abordées* (line 15); *n'a-t-elle pas été entendue* (line 18); *a-t-elle été refusée* (line 24); *soient entendues et aidées* (lines 25–6); *n'ont pas été posées* (line 29); *n'y est représentée* (line 31); *était rediffusé* (line 34) (see Chapter 19)
- *Devoir: devait être préoccupé* (line 13) = must have been preoccupied; *ne doit pas manquer de* (lines 41–2) = can't fail to cause (see Chapter 22)
- *Eventuel: des éventuels trafics d'armes* (lines 19–20), a *faux ami* meaning 'possible'/'potential', not 'eventual'
- Conjunction + subjunctive: *pour que les victimes de sectes soient entendues et aidées* (lines 25–6) (see Chapter 27)

◢◣ *Discover more about interrogatives*

USAGE

a est-ce que

A very frequent way of asking questions in French and of avoiding inversion, particularly in spoken language, is to use *est-ce que* at the beginning of a declarative sentence.

e.g. *Est-ce que vous venez ce soir?*

b In formal style the simple inversion of verb and subject pronoun can be used to ask a question, e.g. *vous revenez l'an prochain > revenez-vous l'an prochain?*

Note that in this simple inversion, verb and subject pronoun are linked with a hyphen.

c Interrogative sentences of the '*Pourquoi*' type, as seen in the text, can also start with the adverbs *combien, comment, où, quand.*

e.g. *Combien faut-il payer? Combien le voyage va-t-il coûter?*
 Comment va-t-elle y arriver? Comment cette étudiante arrivera-t-elle à payer?
 Où partez-vous en vacances? Où cette famille ira-t-elle?
 Quand serez-vous là-bas? Quand les enfants reviendront-ils?

It is also possible to use the '*est-ce que*' construction, thus avoiding inversion.

e.g. *Comment est-ce qu'elle va y arriver?*

d The pronoun *qui* can be used to start an interrogative sentence in the same way as *que* and *quoi.*

e.g. *Qui sera là demain?*

In spoken language the less formal '*est-ce que*' construction can be used in conjunction with *qui* or *que* (*que* becomes *qu'* before a word beginning with a vowel).

e.g. *Qui est-ce qui sera là demain?* = who
 Qu'est-ce que vous voulez? = what
 Qu'est-ce que c'est? = what's that?

Note There is no inversion with '*est-ce que*' forms. Contrast *Qu'a-t-il fait?* and *Qu'est-ce qu'il a fait?*

e The interrogative pronoun *lequel* (= which one) is used to start an interrogative sentence when a precise answer is required. Its various forms are: *lequel* (masc. sing.), *laquelle* (fem. sing.), *lesquels* (masc. pl.) and *lesquelles* (fem. pl.).

Lequel always agrees with the noun it refers to.

e.g. *Laquelle de ces photos préférez-vous? Lesquels de ces poèmes avez-vous lus?*

Lequel in its various forms can be combined with *à* or *de*:

à + lequel > auquel   *à + lesquels > auxquels*
à + laquelle: no change   *à + lesquelles > auxquelles*

e.g. *Auquel vous êtes-vous adressé?*

de + lequel > duquel   *de + lesquels > desquels*
de + laquelle: no change   *de + lesquelles > desquelles*

e.g. *Desquelles avez-vous peur?*

f There are a number of ways of asking informal questions in conversational French, such as the common forms *qui est-ce qui, c'est qui qui, c'est combien/comment/quand/où?*

e.g. *Qui c'est qui m'a appelé? C'est qui qui m'a appelé? C'est où qu'on va?*

See for further information: Hawkins and Towell, pp. 336–52
                                     Byrne and Churchill, pp. 189–97, 300–3, 457–69
                                     Coffman Crocker, pp. 219–28
                                     Judge and Healey, pp. 419–25
                                     Ferrar, pp. 232–9, 259–63

✎ **EXERCISES**

1 Complete the following questions with an appropriate interrogative word (*qui, que, lequel, combien, comment, où, quand,* etc.) and make the necessary changes:

a _____ est-ce que ça va coûter?

b _____ attendez-vous pour partir?

c _____ de ces deux cartes postales préfères-tu?

d _____ est-ce que tu viendras le chercher?

e _____ de ces employés allez-vous vous adresser?

f _____ n'a pas encore terminé son exercice?

g _____ de ces sacs est le plus grand?

h _____ faut-il que je prenne mon billet?

i _____ ferez-vous après ce stage?

j _____ faites-vous pour ne pas vous tromper?

2 Rewrite the questions in the text, using *est-ce que* whenever possible.

3 Rewrite the following questions, using the more formal interrogative (single or complex inversion).

e.g. *Est-ce que vous êtes prêts?* > *êtes-vous prêts?*
Est-ce que Renée a pris les billets? > *Renée a-t-elle pris les billets?*

a Est-ce qu'elle est revenue?

b Est-ce que la France est un pays surpeuplé?

c Est-ce qu'il faut envoyer cette lettre maintenant?

d Est-ce que cette décision est irrévocable?

e Est-ce que vous irez à l'opéra?

f Est-ce que cet enfant est en bonne santé?

4 Translate the following questions, using first the *est-ce que* form then the more formal inversion.

e.g. Have you finished your meal? > *Est-ce que vous avez terminé votre repas? Avez-vous terminé votre repas?*

a Are they going to build a block of flats?

b Will it rain this weekend?

c Does the party agree?

d Have they appointed a new president?

e What happens if you are wrong?

f Can you walk to the top of that hill?

g Where did you lose your passport?

h Where did she go after New York?

5 Write questions which would result in the following answers.

e.g. *Je suis allée à la pharmacie* < *Où es-tu allée?/où est-ce que tu es allée?*

a Elles sont parties hier matin.

b Je préfère celle-là.

c J'ai fait cela parce que ça me paraissait nécessaire.

d Il en a parlé à son docteur.

e C'est un diplôme de tourisme que je prépare.

f Au supermarché chercher de l'eau minérale.

6 Imagine that you are attending a job interview in French. Write eight questions you might be asked or which you might ask the interviewers.

10 | Personal pronouns

DONNEZ-MOI UN QUART D'HEURE LE SOIR, ET JE VOUS DONNERAI UNE MÉMOIRE PRODIGIEUSE

DE NOUVELLES MÉTHODES PEUVENT MULTIPLIER PAR DIX LES POSSIBILITÉS DE VOTRE MÉMOIRE

J'ai donné une mémoire excellente à des milliers de personnes qui **se** plaignaient de tout oublier. En fait, **je leur** ai simplement appris à **se** servir de leur mémoire, mais d'une façon tellement efficace qu'**ils** ont maintenant une mémoire infaillible. Dites-**vous** bien que si, aujourd'hui, **vous** êtes convaincu d'avoir une mémoire médiocre,

5 cela n'a aucune importance pour le résultat final. Car, **je vous l'**affirme et **je** peux **le** prouver, votre mémoire est en réalité dix fois plus puissante que **vous** ne **le** pensez. Votre mémoire est normale, mais **elle** ne fonctionne qu'au minimum de ses possibilités. Il existe pourtant des techniques éprouvées qui peuvent **vous** permettre de graver dans votre mémoire ce que **vous** voulez retenir, et cela, de façon

10 tellement forte que **vous** ne pourrez plus jamais l'oublier. Une bonne mémoire, ce n'est pas un don, c'est une question de techniques et ces techniques nous pouvons toutes **vous les** révéler.

Ces prouesses sont à votre portée. **Vous** avez probablement déjà vu à la télévision ces champions de la mémoire qui semblent tout savoir. Eh bien, pour retenir autant

15 de choses **ils** ont généralement des procédés de mémorisation qu'**ils se** gardent de dévoiler. **Moi, je les** connais et **je vous les** révèle tous dans la méthode que **j'**ai mise au point. C'est ainsi, par exemple, que **vous** pourrez retenir, après **les** avoir entendus seulement une fois, une liste de 40 mots quelconques n'ayant aucun rapport entre **eux**. **Vous** pourrez ausssi facilement retenir l'ordre des 52 cartes d'un

20 jeu que l'**on** aura effeuillé devant **vous**. Mais il y a mieux: **vous** pourrez instantanément dire quelle est la 15e ou la 47e carte du jeu. Tout cela **vous** paraît peut-être incroyable, et pourtant **vous** parviendrez à faire ces expériences comme tous ceux qui connaissent les techniques que **je leur** révèle.

Retenez davantage avec moins d'effort. Bien entendu, le but de ma méthode

25 n'est pas de réaliser des prouesses de ce genre, mais le fait que **vous** puissiez **les** réaliser après quelques jours seulement d'exercices amusants, montre tout ce que l'**on** peut obtenir d'une mémoire bien entraînée. Dès lors, **vous** pourrez apprendre les langues étrangères dans un temps record, retenir le nom des gens, leur visage, les rendez-vous, les numéros de téléphone, les dates, les formules, les horaires … . **Vous**

30 pourrez retenir sans notes le plan d'un discours, les idées clés d'une conférence, le

contenu d'un livre, **vous** souvenir avec précision d'un monument, d'un tableau ou d'une photo. **Vous** saurez comment emmagasiner les souvenirs dans votre cerveau, retenir ce qui **vous** est nécessaire pour votre profession ou vos études, tout cela deux fois plus vite et avec deux fois moins de fatigue.

35 *Ne **vous** privez pas de ce facteur de succès.* Avoir une bonne mémoire constitue un atout extraordinaire pour réussir dans la vie. C'est vrai pour les études, comme dans la vie professionnelle. Ne laissez pas passer cette occasion d'acquérir la mémoire parfaite dont **vous** avez besoin. Si **vous** désirez **en** savoir plus sur la méthode que **j'**ai mise au point avec le Centre d'Etudes, renvoyez simplement le

40 coupon ci-dessous, mais faites-**le** tout de suite, car actuellement **vous** pouvez profiter d'un avantage supplémentaire très intéressant.

Ça m'intéresse, septembre 1991

🔎 **Personal pronouns in the text**

1 UNSTRESSED SUBJECT PRONOUNS

Usage

a *Vous* is used in the text (e.g. *Vous avez*, line 13) as the so-called 'polite' second-person singular form, the normal form of address between people who are unfamiliar with one or another, or between whom there is some 'social distance'. *Tu* is the alternative second-person singular form which is used to address children, friends, family and professional equals. The second-person plural form is always *vous*.

b *On* is frequently used in French (i) to refer to a person or people whose identity is not known, e.g. *on aura effeuillé* (line 20) and (ii) as an equivalent for English 'you'.

e.g. *on peut obtenir* (line 27).

c In written French, in order to avoid hiatus after a vowel, *l'on* is often found rather than *on* after *et, où, qui, que, si*, e.g. *que l'on* (lines 20 and 27).

Form

The subject pronouns (I, you, he, she, it, etc.) are:

Singular: *je, tu, il, elle, on*
Plural: *nous, vous, ils, elles*

Although *on* takes a singular verb form, it is frequently plural in reference. See Usage **b** above and ***Discover more about personal pronouns*, 1b**, below.

Note The third-person singular 'neutral' pronouns *ce, cela, ça* are dealt with separately in Chapter 12.

Except in an inverted question, where it follows the verb, the subject pronoun normally appears immediately before the verb. The only words which may intervene between it and the verb are:

i the unstressed object pronouns, e.g. *je vous l'affirme* (line 5) (see **2** below)

ii the negative particle *ne*, e.g. *vous ne le pensez* (line 6).

2 UNSTRESSED OBJECT PRONOUNS

Usage

a It is important that you are able to distinguish between **direct** and **indirect objects**, in both English and in French. It is important also that you know the structure which is used with a particular French verb. This will not necessarily be the same as in English. For example, in English you teach someone (direct object) to do something, but in French the construction is *apprendre à quelqu'un à faire quelque chose*. The use of *à* + noun indicates that the noun is the indirect object, and therefore the appropriate pronoun will be an indirect object pronoun. So, in the text we find *je **leur** ai appris à se servir* (line 2).

b The pronoun *le*, as well as referring to masculine nouns, may also have a 'neutral' function, referring to general ideas or whole phrases, e.g. *je vous l'affirme, je peux le prouver* (line 5), where *l'* and *le* both refer to the whole idea that your memory is ten times more powerful than you think. Another example of 'neutral' *le* is *faites-le* (line 40), where *le* refers to the action of sending in the coupon. Sometimes, French uses 'neutral' *le* where no equivalent pronoun 'it/this' would be required in English, e.g. *que vous ne le pensez* (line 6). This is often found, as here (along with *ne*), in the second clause of a comparison, typically in formal written French (see Chapter 16).

c The pronoun *en* (line 38) should be particularly noted, since it has no exact equivalent in English. It is used to stand in the place of a phrase which begins with *de*. Here, *en savoir plus* is the equivalent of *savoir plus de détails*. *En* is very frequently used in French when there would be no equivalent in English, e.g. *Combien de pages avez-vous lu? J'en ai lu une vingtaine.*

d For the pronoun *y* which does not occur in the text, see ***Discover more about personal pronouns, 2e,*** below.

Form

The unstressed object pronouns are:

person	singular	plural	direct/indirect
first	me	nous	direct and indirect
second	te, vous	vous	direct and indirect
third masc., (him, it)	le	les	direct
neutral (it)	le		
fem. (her, it)	la		
masc., fem., mixed	lui	leur	indirect
reflexive, reciprocal	se	se	direct and indirect

There are numerous examples in the text, e.g. *se* (line 1), *leur* (line 2), *le* (line 5)

3 WORD ORDER

Position of unstressed object pronouns

a Object pronouns appear immediately in front of main verbs in simple tenses, e.g. *je les connais* (line 16). In compound tenses, object pronouns appear immediately in front of the auxiliary *avoir* or *être*, e.g. *je leur ai simplement appris* (line 2). In such cases, the past participle agrees with any preceding direct object pronouns (see Chapter 2), but there is no agreement here, because *leur* is an indirect object pronoun.

b When the object pronoun is governed by a verb in the infinitive, it comes immediately before the infinitive, e.g. *je peux le prouver* (line 5); *après les avoir entendus* (lines 17–18).

c With a positive imperative, object pronouns come immediately **after** the verb, and are attached to it by a hyphen, e.g. *faites-le* (line 40). See also Chapter 17.

Order of unstressed object pronouns when more than one is present

When more than one object pronoun is present, the order of their appearance is as indicated in the following table.

Position				
1st	2nd	3rd	4th	5th
me				
te	le	lui	y	en
se	la	leur		
nous	les			
vous				

Examples from the text are: *je vous l'affirme* (line 5); *nous pouvons toutes vous les révéler* (lines 11–12); *je vous les révèle* (line 16). For the order of pronouns in combination with positive imperatives, see Chapter 17.

4 STRESSED PRONOUNS (SUBJECT AND OBJECT)

Usage

a The stressed pronouns are often used for emphasis (see also Chapter 28), either of the subject, e.g. *Moi, je les connais* (line 16), or of the object, e.g. *Lui, je le déteste*. Unlike the unstressed pronouns, they may be separated from the verb, and so are sometimes called 'disjunctive' (or detachable, stand-alone) pronouns.

b They are also used as the object of a preposition.

e.g. *entre eux* (line 19); *devant vous* (line 20).

Form

The stressed pronouns are:

person	singular	plural
first	moi	nous
second	toi	vous
third		
(masculine)	lui	eux
(feminine)	elle	elles
(neutral)	ceci, cela, ça	
(non-specific)	soi	

Note For *ceci, cela, ça*, see Chapter 12.

Other points to note in the text

- Imperatives: *donnez-moi* (title); *dites-vous* (lines 3–4); *faites-le* (line 40) (see Chapter 17)
- Relative pronouns: *qui* (lines 1, 8, 23); *que* (lines 16, 20, 23, 39); *dont* (line 38); *ce qui* (line 33); *ce que* (line 26) (see Chapter 11)
- Comparison + *ne*: *plus puissante que vous ne le pensez* (line 6) (see Chapter 16)

Discover more about personal pronouns

1 SUBJECT PRONOUNS

a It should be noted that the third-person pronouns (*il(s)*, *elle(s)*) can refer not only to people but also to animals and things.

e.g. *Avez-vous vu mes clefs? Elles* (i.e. *les clefs) sont sur votre bureau*

b *On* is used in French for purposes other than those seen in the text: (i) as an alternative to the passive (see Chapter 19); (ii) as an alternative for *nous*, particularly in informal spoken French.

e.g. *Si on allait au cinéma ce soir?* (= How about us going to the cinema this evening?)

2 UNSTRESSED OBJECT PRONOUNS

Usage

a Other common verbs which, like *apprendre,* take **indirect** object pronouns where an English speaker might expect a direct object pronoun are: *nuire* (to harm), *obéir, plaire, ressembler, téléphoner*. The construction of the following should also be noted: *donner, envoyer, offrir, permettre, promettre, reprocher.* They all follow the pattern *promettre quelque chose à quelqu'un,* so that a direct object pronoun will be required for the thing promised, and an indirect object for the person to whom it is promised, e.g. *Il lui a promis un congé,* or *Il le lui a promis.* Note also the following verbs which all take an indirect object for the person involved + *de* + infinitive: *conseiller, défendre, demander, dire, ordonner, permettre,* e.g. *Il lui a demandé de partir.*

b When the verb *faire* is followed by an infinitive, and both it and the infinitive have direct objects, the object of *faire* becomes an indirect object.

e.g. *Je lui ai fait ranger sa chambre* (I made her tidy her room).

c 'Neutral' *le* often occurs in French with *être* + adjective, where there would be no object pronoun in English, e.g. *Moi je suis contente, mais Jean ne l'est pas.* On the other hand, use of 'neutral' *le* is **not** found in French where an English speaker might expect it in, e.g. *Je trouve difficile de comprendre cette explication* (I find it difficult to understand ...). The verbs involved are typically *croire, penser, juger,* etc.

d The pronoun *en*, which stands in the place of a phrase introduced by *de*, may be used for people or for things, e.g. *elle s'occupe des enfants > elle s'en occupe.* It should also be noted that *en* may stand not only for *de* + noun, but also for *de* + infinitive.

e.g. *J'ai envie de partir > J'en ai envie*

e The pronoun *y* stands in the place of a phrase introduced by *à, dans, en, sur*, etc., e.g. *je pense à mon travail > j'y pense; je l'ai vu dans la rue > je l'y ai vu.* Unlike *en, i*t is not normally used to refer to people. Like *en* it may stand not only for *à* + noun, but also for *à* + infinitive.

e.g. *Je tiens à partir > J'y tiens*

f A small number of verbs in French involve *y* or *en* as an integral part of their structure with no discernible specific meaning attached to the pronoun, e.g. *s'en aller* (= to go away); **en** *vouloir à quelqu'un* (= to hold a grudge against someone); *il y a* (= there is, there are).

Form

It should be noted that the unstressed object pronouns *le* and *les* **never** combine with the prepositions *à* and *de* to form *au(x)* or *du/des*, e.g. *Il m'a interdit de le faire; Il m'a autorisé à le faire.* The contracted forms *au(x)* and *du/des* represent *à/de* + definite article (see Chapter 14).

3 WORD ORDER

Position of unstressed object pronouns

When the verbs *faire, laisser, envoyer* or verbs of perception, e.g. *voir*, are followed by an infinitive, object pronouns normally appear before the first verb and **not** before the infinitive.

e.g. *Il les fait entrer; Elle m'a laissé partir*

Order of unstressed object pronouns when more than one is present

It should be particularly noted that a first- and second-person indirect object pronoun precedes any direct object pronoun, e.g. *je vous les révèle* (line 16), **but** that with the third-person indirect object pronouns, *lui* and *leur*, the order is reversed.

e.g. *il la lui donne; je le leur demande*

4 STRESSED PRONOUNS

a The stressed pronouns are used where a pronominal verb is followed by *à* + person, e.g. *Je me fie à elle.* They are also used with a small number of other verbs which take *à* + person, notably verbs of movement, e.g. *il vient à moi*; also with *penser, songer, croire, tenir*, e.g. *je pense à lui* and with *être à*, e.g. *ce livre est à lui.*

b <u>Soi</u> is the stressed form of the pronoun *se*. It may refer either to people or to things, but is <u>normally only used to refer to non-specifics, such as *on*, *chacun*,</u> such as *on est obligé de le faire soi-même*.

See for further information: Hawkins and Towell, pp. 46–81
Byrne and Churchill, pp. 134–53
Coffman Crocker, pp. 239–54
Judge and Healey, pp. 54–76
Ferrar, pp. 199–210

✎ EXERCISES

1 Study the use of the pronouns *le/l'/les* in the following examples taken from the text. What do these pronouns refer to in each case? Could **a** be described as 'neutral' *le/l'*?

  a vous ne pourrez plus jamais **l'**oublier (line 10)

  b nous pouvons toutes vous **les** révéler (lines 11–12)

  c je **les** connais (line 16)

  d après **les** avoir entendus (lines 17–18)

  e vous puissiez **les** réaliser (lines 25–6)

2 Without looking at the original, fill in the gaps with the appropriate pronoun.

  a Je____ai appris à se servir de leur mémoire.

  b Une mémoire est une question de techniques, et ces techniques nous pouvons toutes _____ _____ révéler.

  c Vous pourrez retenir après _____ avoir entendus seulement une fois une liste de 40 mots quelconques n'ayant aucun rapport entre _____.

  d Ils ont des procédés de mémorisation qu'ils____gardent de dévoiler. _____ je _____ connais, et je _____ _____ révèle tous dans la méthode que j'ai mise au point.

3 Rewrite the following, replacing the words in italics by the appropriate pronoun.

  a Vous pourrez retenir *40 mots*.

  b Vous parviendrez à faire *ces expériences*.

  c Tout ce que l'on peut obtenir *d'une mémoire*.

  d Vous pourrez vous souvenir *des noms de lieux*.

  e Ne laissez pas passer *cette occasion*.

4 Rewrite the following sentences, using (i) the *passé composé* and (ii) the *passé composé* in the negative. Pay attention to the agreement of the past participle.

  a Je vous l'affirme.

  b Je vous les révèle.

  c Il nous les montre.

  d Nous le lui demandons.

e Nous le leur disons.

f Vous leur en parlez.

5 Reply to the following questions in complete sentences, answering in both the positive and negative, and using pronouns to replace the words in italics. Refer to Chapter 8 on the negative if you are unsure about where to place the negative particles with *aller* + infinitive.

a Est-ce que vous allez parler *de cette annonce à vos amis?*

b Est-ce que vous allez montrer *cette annonce à vos amis?*

c Est-ce que vous allez demander *des conseils à vos amis?*

d M. Hardier nous révèle-t-il *ses techniques?*

6 Rewrite the following, replacing the words in italics with the appropriate pronouns.

a Avez-vous pensé à *partir en vacances?*

b Etes-vous satisfait? Non, je ne suis pas *satisfait.*

c Elle ressemble beaucoup à *sa mère.*

d Le patron a accordé un jour de congé à *tous ses employés.*

e Je m'adresse à *la concierge* quand j'ai besoin d'un tel renseignement.

f Le professeur a conseillé *aux étudiants* de bien réviser ce point.

g Je ne peux pas l'empêcher *de partir.*

h Le cadeau a beaucoup plu à *son amie.*

i Je vais donner un coup de fil à *Jean* ce soir.

j Ce que je reproche à *la vendeuse* c'est de ne pas m'avoir averti *de ce problème.*

k Elle est assise à côté de *Jean et de Marie.*

l Il a envoyé chercher *le médecin.*

m J'avais l'intention de regarder *le documentaire* ce soir.

n Il avait déjà commencé à ranger *ses affaires.*

7 Replace the gaps in the following text with the appropriate object or stressed pronouns. Indications as to which person of the pronoun to use are given where necessary.

De nouveau, la méfiance (1 pers. sing.) _m'_ a envahi. Je sens comme un danger inconnu, obscur, qui plane sur cette réunion truquée. Cette salle remplie de faux aveugles est un piège, où je _me_ suis laissé prendre . . . . Par l'étroite fente que j'ai entretenue avec soin sous le bord droit de mes grosses lunettes, je jette un coup d'œil à mon voisin le plus proche, un grand garçon blond qui porte un blouson de cuir blanc, assez chic, ouvert sur un pull-over bleu vif . . .

Il a _____ aussi (comme je m' _____ étais douté tout à l'heure déjà) fait glisser de quelques millimètres l'appareil ajusté qui _____ aveuglait, afin d'apercevoir les alentours, sur sa gauche; si bien que nos deux regards de côté _____ sont croisés, j'_____ suis certain. Une petite crispation de sa bouche (1 pers. sing.) _____ fait, d'ailleurs, un signe de connivence. Je (3 pers. sing. dir. and indir.) _____ renvoie, sous la forme du même rictus, qui peut passer pour un sourire à son adresse.

A. Robbe-Grillet, *Djinn*

8 Likewise in this text, fill in the appropriate pronouns.

Ensuite, Jean (1 pers. sing.) ___*m'*___ a offert des bonbons à la menthe. Je ___*lui*___ ai répondu que j'___*en*___ voulais bien un. Mais c'était plutôt par politesse. Alors il ___*m'*___ a touché le bras gauche, en disant:

«Tenez. Donnez-___*moi*___ votre main».

Je ___*la*___ ___*lui*___ ai tendue, paume ouverte. Il ___*y*___ a déposé une pastille à moitié fondue, un peu collante, comme ___*en*___ ont tous les enfants dans leurs poches. Je n'___*en*___ avais vraiment plus aucune envie, mais je n'osais pas ___*l'*___ avouer au donateur: une fois la pastille acceptée, il devenait impossible de ___*la*___ ___*lui*___ rendre.

Je ___*l'*___ ai donc introduite dans ma bouche, tout à fait à contrecœur. Je ___*lui*___ ai tout de suite trouvé un goût bizarre, fade et amer à la fois. J'ai eu très envie de ___*la*___ recracher. Je m'___*en*___ suis abstenu, toujours pour ne pas vexer la gamin. Car, ne ___*le*___ voyant pas, je ne savais jamais s'il n'était pas justement en train de ___*m'*___ observer.

A. Robbe-Grillet, *Djinn*

9 Translate the following into French, paying particular attention to the use of pronouns.

a It's a question of everyone for himself here.

b I find it impossible to please her.

c You remind me of her. (Use *faire penser à*.)

d Marie and Jeanne did everything themselves.

e I would like to show her this photograph and ask her what she thinks of it.

f I am trying to teach him to read.

g I advised him to catch the 12 o'clock train.

h I saw her leave this morning.

i They made him finish his work.

11 | Relative pronouns

Text

LA CARTE DU GÉNOME HUMAIN: BIENTÔT LE GUIDE MICHELIN DES MALADIES GÉNÉTIQUES

Dans toutes les espèces vivantes, de la bactérie à l'homme, on trouve, au sein de chaque cellule, un matériel très particulier **qui** contient le 'programme génétique' de l'espèce en question. Il s'agit du fameux ADN (acide désoxyribonucléique), molécule géante **qui** contient, comme sur une longue bande magnétique, l'ensemble des
5 instructions **qui** permettent de réaliser les milliers de réactions biochimiques **qui** se déroulent dans une cellule. Imaginez une immense partition musicale **dont** la lecture orchestre la vie de la cellule et toutes les réactions **qu**'elle est capable de réaliser. Tout comme une partition imprimée, ce message génétique est en lui-même inerte: il doit être 'lu' par une machinerie cellulaire dédiée à cette tâche, de la même manière que les
10 instrumentistes de l'orchestre s'associent pour déchiffrer et restituer le morceau de musique. La succession des 7 notes, diversement mais spécifiquement assemblées, **qui** forment la partition est remplacée dans l'ADN par une succession de 4 'notes' **qui** portent des noms barbares abrégés en A,T, G et C. Et, tout comme une partition se subdivise en phrases musicales, l'ADN est découpé en blocs distincts, chacun formé de
15 plusieurs milliers de notes, **qu**'on appelle les gènes. A chaque gène différent correspond une fonction différente dans la cellule. Dans une petite bactérie, il y a quelques milliers de gènes au total, regroupés sur un seul chromosome, **lequel** contient donc quelques millions de notes; chez l'homme, il y en a environ 100 000, répartis sur 23 chromosomes, **ce qui** conduit, au total, à plus de 3 milliards de notes!
20 Si la partition musicale va être lue pour donner de la musique, l'ADN, lui, est 'lu' pour donner des protéines. Ce sont les protéines codées par l'ADN **qui** constituent l'élément actif du système par toutes les réactions **qu**'elles catalysent spécifiquement dans la cellule. Qu'un 'couac' vienne se glisser dans la partition génétique, qu'une ou plusieurs notes soient erronées, et c'est la catastrophe: la protéine correspondante
25 sera défectueuse et, si la fonction **qu**'elle assurait était importante, cela pourra être dramatique pour la cellule et en conséquent pour l'organisme tout entier. Voilà **en quoi** consistent ces maladies génétiques **dont** on a beaucoup entendu parler ces dernières années: une petite altération d'un seul gène parmi des milliers d'autres et c'est une myopathie, la mucoviscidose ou une anémie grave. C'est là que se situe le
30 premier intérêt de la cartographie génétique: fournir une carte de plus en plus détaillée des chromosomes **sur laquelle** on pourra plus rapidement et plus précisément positionner les gènes responsables de maladies.

André Adoutte, Charlie Hebdo

🔎 **Relative pronouns in the text**

USAGE

a Relative pronouns are used to relate a noun or pronoun to a descriptive relative clause which follows. For example, in line 2, the relative pronoun *qui* links the noun *un matériel très particulier* (called the antecedent) to the relative clause *contient le 'programme génétique' de l'espèce en question*.

b The relative pronoun *qui* is used when the noun or pronoun is the **subject** of the verb in the relative clause, e.g. *les milliers de réactions biochimiques qui se déroulent* (lines 5–6). The pronoun *que* is used when the noun or pronoun is the **direct object** or **complement** of the verb in the relative clause, e.g. *plusieurs milliers de notes, qu'on appelle les gènes* (line 15). It elides to *qu'* before a vowel or mute 'h', as in this case.

c The direct object relative pronoun, which is frequently omitted in English, is never omitted in French, e.g. *toutes les réactions qu'elles catalysent* (line 22) – 'all the reactions (which/that) they catalyse'.

d The relative pronoun *dont* is used when the preposition *de* is involved, e.g. *ces maladies génétiques dont on a beaucoup entendu parler* (line 27). Here the verb in the relative clause *entendre parler* is constructed with *de*, i.e. one would say '*on a beaucoup entendu parler de ces maladies génétiques*'.

e When prepositions other than *de* are involved, the relative pronoun *lequel/laquelle/lesquel(le)s* is used to refer to inanimates (things), e.g. *une carte de plus en plus détaillée des chromosomes sur laquelle on pourra . . .* (lines 30–1). (With reference to animates, i.e. people, see ***Discover more about relative pronouns, e,*** below.) In English, particularly in speech, the relative pronoun is frequently omitted in such cases and the preposition is put at the end of the sentence, e.g. 'a map you can work on'. Such a construction is impossible in French.

f Occasionally, in formal written language, *lequel/laquelle*, etc., may be found as an alternative to *qui*, e.g. *un seul chromosome, lequel contient* (lines 17–18). The fact that this relative pronoun is marked for gender and number may be useful in order to avoid ambiguity. Here the masculine *lequel* must refer to *chromosome* and not to *une petite bactérie* (line 16).

g The relative pronouns *qui, que* and *dont* must be preceded by *ce* when they have no other noun or pronoun to act as an antecedent. This occurs in a number of cases (see ***Discover more about relative pronouns, i,*** below), but in particular when reference is being made not to a single noun or pronoun, but to a whole clause, e.g. *chez l'homme, il y en a environ 100 000, répartis sur 23 chromosomes, ce qui conduit . . .* (lines 18–19). Here the subject of the singular verb *conduit* in the relative clause is manifestly not either of the plurals (the 100 000 unmentioned, but understood *gènes*, or the *23 chromosomes*), but rather the whole fact that there are X genes distributed over 23 chromosomes in a single human being.

h The problem outlined in **g** above, namely the absence of an antecedent, also occurs when the relative has the meaning of 'the thing which' or 'what'. Normally this would be rendered by *ce qui, ce que, ce dont*, as appropriate, but where a preposition other than *de* is involved, the appropriate relative pronoun is *ce* (optional) + preposition + *quoi*, e.g. *Voilà en quoi consistent ces maladies* (lines 26–7) – 'This is what these illnesses consist of'.

i   In written French, it is quite common to find inversion of subject and verb in a relative clause introduced by *que, ce que, dont, où*, preposition + *lequel*, preposition + *quoi*, e.g. *Voilà en quoi consistent ces maladies génétiques* (lines 26–7). This occurs above all when the subject group, as in this example, consists of more syllables than the verb.

Other points to note in the text

- Passive: *il doit être 'lu'* (lines 8–9); *est remplacée* (line 12); *est découpé* (line 14); *va être lue* (line 20); *est 'lu'* (line 20) (see Chapter 19)
- Pronominal verbs: *se déroulent* (lines 5–6); *s'associent* (line 10); *se subdivise* (lines 13–14); *se glisser* (line 23); *se situe* (line 29) (see Chapter 18)
- Subjunctive: *Qu'un 'couac' vienne se glisser . . .*, *qu'une ou plusieurs notes soient erronées* (lines 23–4) (see Chapter 24)
- Emphasis: *Ce sont les protéines . . . qui* (line 21); *C'est là que se situe* (line 29) (see Chapter 28)
- Inversion: *Voilà en quoi consistent ces maladies* (lines 26–7); *C'est là que se situe le premier intérêt* (lines 29–30)

◭ *Discover more about relative pronouns*

a   The relative pronoun *qui* **never** elides before a vowel or mute 'h', e.g. *les gens qui habitent ici*; *l'homme qui est arrivé hier*.

b   Not only must the relative pronoun never be omitted in French, it is also usually repeated before each verb in the relative clause, e.g. *l'étudiant qui vient d'arriver et qui veut se joindre à nous*.

c   The relative pronouns *qui, que, dont* may refer to animates (people) as well as to inanimates (things), e.g. *l'homme qui est assis*; *la femme que je connais*; *la femme dont je connais le fils*.

d   Attention must be paid to word order after the relative pronoun *dont*. In English we say 'the woman whose son I know', but in French in such a case the word order 'subject, verb, object' must be followed after *dont*, thus *la femme dont je connais le fils*. However, verb–subject inversion may occur in written French after *dont* if there is no direct object, e.g. *des maladies dont sont victimes les enfants les plus vulnérables* (see **Relative pronouns in the text, i,** above.) One particular usage of *dont* should be noted. It can translate the English 'of which', 'including', e.g. *il y avait 200 nouveaux députés, dont 65 femmes*.

e   It is not possible to use *dont* if another prepositional phrase in addition to the *de* phrase is involved. In such cases, *de qui* (to refer to people) or *duquel/de laquelle/desquel(le)s* (to refer to people or things) must be used instead, e.g. *le collègue dans la voiture de qui* (or *duquel*) *j'ai laissé mon sac*; *le manteau dans la poche duquel j'ai laissé mes clefs*.

f   With prepositions other than *de*, the normal relative pronoun used to refer to people is *qui*, e.g. *les gens avec qui il est parti*; *l'homme à côté de qui elle est assise*. It is possible in formal written French to use *lequel/laquelle/lesquel(le)s* instead, but *qui* is more usual. However, after the prepositions *entre* and *parmi*, *lesquel(le)s* must always be used, e.g. *les gens parmi lesquels il vivait*. Care must be taken not to follow the common English pattern of omitting the relative pronoun in such cases, e.g. 'the people he left with'; 'the man she is sitting next to'; 'the people he lived amongst' (see **Relative pronouns in the text, e**, above)

g It should be noted that as well as agreeing in number and gender with the noun to which it refers, the pronoun *lequel* combines in the masculine singular and in the plural with the prepositions *à* and *de* to give *auquel, auxquel(le)s, duquel, desquel(le)s*.

h Also to be classed as a relative pronoun is *où*. As a relative, *où* may refer either to place or to time, translating the English 'where' or 'when', e.g. *l'usine où il travaille; le jour où il est arrivé.* The latter usage is to be particularly noted. It is not possible in French to use *quand* to translate 'when' in a relative clause. Instead French uses *le jour/moment* **où** and with an indefinite article, *un jour/un moment* **que**.

i As mentioned in **Relative pronouns in the text, g** and **h** above, when the relative pronoun has no antecedent, it must be preceded by *ce*. In order to translate the English 'what', meaning 'the thing which', it is necessary to use *ce qui, ce que, ce dont*, e.g. *ce qui m'embête c'est son manque de politesse; ce que je déteste c'est son habillement; ce dont je suis fier c'est de mon succès à l'examen.* This particular construction *ce qui, ce que, ce dont . . . c'est . . .* is used very frequently for the purpose of highlighting or emphasizing a particular element (see Chapter 28).

j It is also necessary to use relatives preceded by *ce* after the indefinite pronoun *tout* (everything), e.g. *tout ce qui me plaît; tout ce que je trouve; tout ce dont il s'agit.*

k See Chapter 24 for the use of the subjunctive in relative clauses introduced by a superlative or by an indefinite.

See for further information:	Hawkins and Towell, pp. 353–68
	Byrne and Churchill, pp. 179–88
	Coffman Crocker, pp. 258–64
	Judge and Healey, pp. 339–56
	Ferrar, pp. 224–31

✎ **EXERCISES**

1 Join the following pairs of sentences by replacing the words in italics with a relative pronoun and re-ordering the new sentence as necessary.

a La victime est un militant. *Il* luttait contre l'exploitation capitaliste et *il* défendait les salariés.

b Il défendait les salariés. Les droits *des salariés* étaient bafoués.

c La droite dénonce l'insécurité dans les villes. Les individus les plus faibles sont victimes *de cette insécurité.*

d Il a oublié de signer le document. *Cette omission* nous a surpris.

e Ils s'indignent de la politisation. Certains drames sociaux font l'objet *de cette politisation.*

f Voici l'endroit. Je vais garer la voiture *dans cet endroit.*

g Est-ce que tu connais cette femme? Il parle *à cette femme.*

h Tout le travail est à refaire. Nous avons fait *ce travail* hier.

i Il fume comme un sapeur. Elle déteste *ce comportement*.

j C'est un traitement remarquable. Il serait mort *sans ce traitement*.

2 Fill in the gaps with the appropriate relative pronoun.

    a Est-ce tout _____ vous avez fait?

    b _____ je me souviens surtout, c'est de la manière _____ ils nous ont accueillis.

    c La femme à côté de _____ elle était assise, ne lui a pas adressé la parole.

    d Il dit qu'il a déjà fini son travail, _____ je ne crois pas.

    e _____ m'irrite c'est sa façon de parler.

    f Le jour _____ ils sont arrivés il pleuvait sans cesse.

    g C'est un problème _____ nous n'avions pas pensé.

    h Les gens chez _____ elle a logé étaient très sympathiques.

    i Elle a bien du mal à découper la viande, parce que le couteau avec _____ elle coupe est très émoussé.

3 Complete the following text (which continues the main text *La Carte du génome humain,* above) with the appropriate relative pronouns *qui, que (qu'), ce qui, ce que.*

Grâce aux progrès de la biologie moléculaire, on peut désormais littéralement isoler les gènes et établir leur 'séquence', c'est-à-dire la suite des notes _____ les constituent. Possédant cette suite, on peut souvent en inférer la fonction du gène dans la cellule. Ainsi, par cette 'traque' de plus en plus rapprochée, on arrive à comprendre la cause fondamentale de la maladie, _____ , bien souvent, on ne pouvait deviner en observant simplement les symptômes chez les malades. La dernière étape, sans doute la plus difficile et _____ a suscité trop de faux espoirs, est celle _____ , de la connaissance de la cause cellulaire de la maladie, entreprend de tenter d'y remédier, c'est-à-dire vraiment de guérir. Les tout derniers résultats sont importants sur deux plans. D'abord, ils apportent des cartes beaucoup plus détaillées que celles _____ on possédait jusqu'ici. Par un énorme travail expérimental, aidé de robots automatisés et d'une informatique sophistiquée, on découpe l'ADN humain en grands fragments légèrement chevauchants, on purifie (on 'clone') chacun de ces fragments _____ l'on caractérise, c'est-à-dire qu'on y identifie des 'marqueurs' spécifiques, puis on cherche à 'rabouter' les fragments les uns aux autres de manière à reconstituer chacun des chromosomes entiers. Le progrès, ici, est que le nombre des fragments s'est considérablement accru, _____ fait que la carte finale est beaucoup plus détaillée.

4 Complete the following text with the appropriate relative pronouns *qui, que, ce qui, dont, desquels, où.*

Les trois «affaires» criminelles _____ nourrissent depuis quelques jours la controverse sur l'insécurité illustrent d'une manière exemplaire la façon _____ des événements deviennent, à travers la presse, les partis, les leaders d'opinion, les enjeux d'un débat national, et _____ des faits divers sont ainsi transformés en faits politiques.

    L'assassinat de plusieurs vieilles dames à Paris est l'occasion pour la droite de dénoncer l'insécurité dans les villes, _____ sont victimes les individus les plus faibles, _____ ne protège aucune organisation et _____ ne revendique aucune collectivité. L'attention portée aux personnes âgées est une «spécialité» des partis de droite, _____ trouvent en elles à la fois une clientèle électorale et une certaine image du peuple, perçu en dehors de toute appartenance professionnelle et de toute classe sociale, dans l'universalité de la condition humaine.

A ceux _____ croient que «tout est politique», comme à ceux _____ s'indignent de l'exploitation et de la «politisation» _____ font l'objet certains drames sociaux, il convient de répondre qu'est politique _____ est constitué comme tel, pour de bonnes ou de mauvaises raisons, par ceux _____ ont le pouvoir de le faire, au premier rang _____ figurent, bien entendu, les médias.

Le Monde, le 17 novembre 1984

5 Fill in the gaps in the following text with the appropriate relative pronouns *qui, ce qui, ce que, dont, où.*

Les amoureux invétérés des gitanes et autres gauloises, fidèles à la fumée bleutée du tabac brun, au délice de ses âcretés puissantes, se rebiffent. Non contre la sollicitude quelque peu appuyée de ceux _qui_ ne manquent pas une occasion de remarquer qu'ils détruisent leur santé («Moi, _ce que_ j'en dis, c'est pour ton bien ...»), ni même contre l'agressivité des «militants de la lutte antitabac» _dont_ la grossièreté (elle fait penser à celle du fumeur de cigare _____ naguère ne s'inquiétait pas de savoir si sa fumée gênait ses voisins ...) touche parfois à l'hystérie. Non, c'est à Michel Charasse qu'ils en veulent.

Il a diminué le diamètre de leurs cigarettes (_qui_ n'est plus de 8 mm, mais de 7,9 mm), _qui_ les prive de la savoureuse expression «tige de huit» (ou, dans les milieux plus populaires, «tronc de huit»). Diminuant de diamètre, chaque cigarette contient moins de tabac, et donc le prix a augmenté, de façon détournée, _qui_ est illégal, puisque le prix des cigarettes est taxé, et que les hausses doivent intervenir par décret. Ce faisant, il a falsifié l'indice des prix, «_ce qui_ constitue une turpitude».

Plus grave encore, il a changé le goût de leur poison favori (pour cause d'harmonisation européenne), et – selon eux – ces nouvelles cigarettes «sont dégueulasses». Pour satisfaire sa passion, le véritable amateur doit se fournir à Moscou ou à Pékin, _où_ , paraît-il, on trouve encore des «vraies» brunes. Un trafic est en train de naître, par la faute de Michel Charasse, _qui_ va ainsi «foutre en l'air» la balance commerciale de la France ...

Naïvement, j'ai interrompu mon interlocuteur au moment _où_ une véritable apocalypse économique allait surgir, comme si on n'avait pas assez de raison de s'angoisser, avec le chômage, le dollar, Maastricht, et j'en passe.

Le Monde, 22 septembre 1992

12 | Demonstratives

APRÈS LE PATRON

«Après le patron, ceux qui gagnent le plus ce sont les représentants et les vendeurs»

Préparez-vous en quelques mois à une carrière très rémunératrice
Vous pouvez gagner beaucoup d'argent dans les carrières de la vente. Aujourd'hui, pour les entreprises, le problème le plus important n'est pas de produire, c'est de vendre. La plupart des sociétés peuvent produire davantage. Mais pour **cela**, il faut
5 qu'elles vendent. Dès lors, il n'est pas surprenant qu'elles soient prêtes à payer beaucoup **ceux** qui apportent les commandes.

Une opportunité unique pour ceux qui n'ont pas de diplômes
Ce qui est merveilleux dans la vente, c'est que vous pouvez devenir un professionnel de haut niveau (donc aux revenus élevés) sans diplômes. C'est une chance inespérée
10 pour **ceux** qui doivent se reconvertir ou pour **ceux** qui n'ont pas de formation spécialisée. Voilà des situations brillantes, très bien rémunérées, et pour lesquelles on n'exige pas de diplômes.
En revanche, on vous demande de connaître la vente et ses techniques. Par chance, **ces** techniques vous pouvez les apprendre tranquillement chez vous, à votre
15 rythme (20 minutes par jour pendant quelques mois suffisent).

Vous apprendrez tout ce qu'il faut pour réussir
Ensuite, vous serez prêt à débuter dans une nouvelle carrière où le chômage est ignoré, car les entreprises recherchent avidement les bons vendeurs.
Même si vous n'avez jamais rien vendu, vous apprendrez tout ce qu'il faut pour
20 réussir dans la vente. Vous découvrirez le moyen de décrocher un rendez-vous et **celui** de vous rendre immédiatement sympathique. Vous apprendrez à développer vos arguments, à répondre à toutes les objections, à analyser vos résultats pour augmenter votre chiffre d'affaires.

Saisissez votre chance
25 Une chance se trouve à votre portée, **celle** de commencer une nouvelle carrière qui est parmi les mieux payées. Vos gains ne dépendront que de vous.
Une vie plus agréable, un intérieur plus confortable, une voiture luxueuse, des vacances de rêve, tout **cela** est à votre portée aujourd'hui. La première chose à faire est de demander le livret de documentation offert ci-dessous: il est passionnant. Il est

30 bourré d'informations qui vous intéresseront. Demandez-le tout de suite. C'est le premier geste vers le succès.

Découpez tout de suite **ce** coupon et renvoyez-le aujourd'hui même à I.F.M. 58, rue Perronet, 92200 Neuilly-sur-Seine.

Ça m'intéresse, janvier 1992

🔎 Demonstratives in the text

1 DEMONSTRATIVE ADJECTIVES

Usage

a The meaning of the demonstrative adjective is 'this' or 'that' (singular), 'these' or 'those' (plural).

b The demonstrative adjective occurs only before a noun, or before an adjective which is itself qualifying a noun, e.g. *ce coupon* (line 32). It is never found separate from a noun. (But see *Discover more about demonstratives*, **2f**, below, for literary use of the pronoun *ce*.)

Formation

a The forms of the demonstrative adjective are:

	singular	*plural*
masc.	*ce, cet*	*ces*
fem.	*cette*	*ces*

b The masculine singular form which occurs before a word beginning with a consonant or aspirate 'h' is *ce*, e.g. *ce coupon* (line 32). For the use of *cet*, see *Discover more about demonstratives*, **1a**, below.

c The plural form *ces* is used before both masculine words and feminine words, e.g. before the feminine *ces techniques* (line 14). The form *cettes* does **not** exist.

2 DEMONSTRATIVE PRONOUNS

Usage

a The demonstrative pronouns *celui, celle(s)* and *ceux* frequently refer to a specific noun with which they must agree in number and gender, e.g. *celui de* (line 21), referring back to *le moyen* and *celle de* (line 25), referring back to *une chance*. In such cases, they mean 'this/that (one)'. They are often found followed by *de*, as in this example.

b These same pronouns are also frequently found introducing relative clauses (see Chapter 11), e.g. *ceux qui gagnent* (heading). In such cases they mean 'those (people)/the one(s) who'.

c The neutral pronouns *ceci, cela* and *ça* may **not** be used to refer to a specific noun or, indeed, to people. They can only refer to things which do not have a gender, e.g. facts, statements, states of affairs and events, e.g. *pour cela* (line 4), which stands for *pour qu'elles puissent produire davantage*.

Formation

The forms of the demonstrative pronoun are:

	singular	*plural*
masc.	*celui*	*ceux*
fem.	*celle*	*celles*
neutral	*ceci, cela, ça, ce*	____

Other points to note in the text

- Relative pronouns: *qui* (line 6, etc.); *ce qui* (line 8); *lesquelles* (line 11); *où* (line 17); *ce qu'* (line 19) (see Chapter 11)
- Positive imperatives + pronouns: *Préparez-vous* (line 1); *Demandez-le* (line 30); *renvoyez-le* (line 32) (see Chapter 17)
- Emphasis: *Ce qui ..., c'est que* (line 8); *ces techniques, vous pouvez les apprendre* (line 14); *une vie plus agréable, ... tout cela* (lines 27–8) (see Chapter 28)
- Use of *de* (instead of indefinite article) after a negative: *pas de formation* (line 10); *pas de diplômes* (line 12) (see Chapter 14)
- Comparatives and superlatives: *ceux qui gagnent le plus* (heading); *le problème le plus important* (line 3); *une vie plus agréable, un intérieur plus confortable* (line 27) (see Chapter 16)
- Future tense: *serez* (line 17); *apprendrez* (lines 19, 21); *découvrirez* (line 20); *dépendront* (line 26) (see Chapter 6)

▲ *Discover more about demonstratives*

1 DEMONSTRATIVE ADJECTIVES

a The form *cet* is used before masculine singular words which begin with a vowel or a mute 'h', e.g. *cet appartement, cet ancien bâtiment, cet homme*. Note that there is only **one** feminine singular form: *cette*, e.g. *cette fleur, cette île, cette huile*. Do not be tempted to use the **masculine** form *cet* before feminine words which begin with a vowel or mute 'h'.

b The form *-ci* can be added to the noun which is accompanied by a demonstrative adjective if you wish to stress the idea of closeness in either space or time, e.g. *cette année-ci* (= this year); *ce livre-ci* (= this book). Similarly the form *-là* can be added to the noun if you wish to stress the idea of distance, e.g. *cette année-là* (= that year); *ce livre-là* (= that book). It is necessary to use these forms if a comparison is being made, e.g. *Préférez-vous ce modèle-ci ou ce modèle-là?* (= Do you prefer this style or that style?)

2 DEMONSTRATIVE PRONOUNS

a A demonstrative pronoun followed by *de* is used in French in examples like the following: *mon chien et celui de mon frère*, where English would have 'my dog and my brother's' (= the one of my brother).

b The forms *celui-ci/ceux-ci/celle(s)-ci* and *celui-là/ceux-là/celle(s)-là* are used to distinguish between 'this one/these ones' and 'that one/those ones', respectively. Such a distinction is mainly restricted to formal French.

e.g. *Quel modèle préférez-vous – celui-ci ou celui-là?*

c The pronoun forms with *-ci* may also be used to mean 'the latter' and the forms with *-là* to mean 'the former', e.g. *J'ai parlé à Marie et à sa mère; celle-ci m'a invité à dîner demain soir.* Here *celle-ci* refers to the **nearest** feminine noun, *sa mère*, and hence translates into English as 'the latter'.

d The neutral pronouns *ceci* and *cela/ça* do not mean 'this' and 'that', respectively. *Cela* and *ça* may be translated as **either** 'this' **or** 'that', and are far more common than *ceci*, which is only used to refer **forward** to something not yet mentioned.

e.g. *Je vais vous dire ceci: ne faites pas attention à lui*

e The distinction between *cela* and *ça* is one of **register**, not of meaning. *Cela* is the norm in careful written French. The contracted form *ça* is characteristic of the spoken language and of informal written French.

f The neutral pronoun *ce* (eliding to *c'* before a vowel) is used with the verb *être*. It is also found in literary usage in the phrases *ce disant* and *ce faisant* instead of *disant cela*, *faisant cela*.

See for further information:	Hawkins and Towell, pp. 41–4
	Byrne and Churchill, pp. 159–66
	Coffman Crocker, pp. 57, 255–8
	Judge and Healey, pp. 36–8,76–82
	Ferrar, pp. 211–15

✎ EXERCISES

1 Fill in the gaps in the following sentences with the appropriate demonstrative pronoun or adjective.

a Cette chambre-ci ne me plaît pas. Je préfère _____.

b Ne lui posez pas de questions. Elle n'aime pas _____.

c J'ai demandé à tous _____ qui habitent dans ____ immeuble, mais personne ne l'a vu.

d Tout _____ est vraiment très impressionnant.

e _____ fleurs-ci sont très belles, mais _____ sont vraiment ravissantes.

f Je préfère votre proposition à _____ de Jeanne.

g _____ plat-ci n'a pas l'air très bon. Choisissez plutôt _____.

h J'ai vu beaucoup de tableaux, mais je ne n'ai pas trouvé _____ dont tu m'avais parlé.

i Je vais vous dire ____: surtout ne lui en soufflez pas mot.

j Les enfants de Marie et _____ de son frère sont tous partis chez leur grand-mère.

2 Fill in the gaps in the following text with the appropriate demonstrative pronoun.

Giono, dans sa belle préface de 1952 pour «la Pléiade», parle, à propos de Machiavel, de sa «*franchise d'acier*». C'est le moins que l'on puisse dire. Exemple: «*On peut dire des hommes généralement ___ : qu'ils sont ingrats, changeants, simulateurs et dissimulateurs, lâches devant les dangers, avides de profit.*» L'homme (femme comprise) est méchant, il n'attend que le moment de donner libre cours à sa méchanceté, et si ___ ne se voit pas tout de suite, c'est qu'il se cache. Mais le temps, «*père de la vérité*», vous démontrera l'évidence. L'homme est méchant, et il n'y a aucun sauveur pour y remédier? Non. Le méchant sera donc ___ qui a osé dire ___, à la barbe de tous les tartuffes.

Le Monde des Livres, 27 septembre 1996

3 Fill in the gaps in the following texts with the appropriate demonstrative pronoun or adjective.

a Bienvenue dans l'univers des branchés américains, décrits ici par leur magazine de prédilection, *Wired*, lors d'un symposium sur l'intelligence artificielle organisé ___ été à Stanford University, en Californie. Branchés au sens propre: 'Wired', connectés, informatisés, en ligne. Ils constituent, en ___ ère de la communication, une nouvelle élite aux contours encore imprécis mais à la vitalité retentissante, qui, depuis deux ans aux Etats-Unis, impose sa dynamique propre: ___ de ___ qui ont accès à 'l'information'.

Le Monde, 1995

b Ne lisez surtout pas «l'Oiseau crocodile» avant de vous endormir. Les cauchemars ne seront pas tendres. Pas les habituels, ___ où l'on rate son bac ou son avion, ___ où l'on n'a pas rendu à temps son papier à son rédacteur en chef, non, pas les noirs, les tristes, les terribles. Mais les cauchemars de petit enfant, ___ où les forêts sont sombres et terrifiantes, ___ où le loup vous attend peut-être derrière un arbre.

Le Nouvel Observateur, février 1995

4 Likewise in the following text, fill in the gaps with the appropriate demonstrative pronoun or adjective.

L'avion d'Air Inter vient de décoller d'Orly-ouest pour Madrid. A son bord, une centaine de passagers, qui, dans la salle d'embarquement, parlaient français ou espagnol. Le commandant et le chef de cabine procèdent aux annonces rituelles: conditions et durée du vol, consignes de sécurité, etc. Dans quelles langues? Exclusivement en français et en anglais.

Au passager interloqué par l'inadéquation entre la seconde langue des annonces et ___ d'une bonne partie des passagers – qui est aussi ___ de l'aéroport de destination –, une hôtesse répond que telles sont les instructions de la direction pour tous les vols nationaux et, depuis peu, européens de la compagnie. Aux Espagnols, Néerlandais et Portugais qui regagnent leur pays, on veut bien faire la faveur de les accepter comme clients, mais certainement pas ___ de les informer dans leur langue.

Aucun des personnels de bord consultés ne semble d'ailleurs trouver incongrue, voire anti-commerciale, ___ négation des langues autres que l'anglais pour les usagers non francophones des lignes européennes d'Air Inter. On sent que le fait même de poser la question provoque une certaine commisération à l'égard de _____ qui n'a rien compris à la démocratisation du transport aérien: n'est-ce pas, finalement, un progrès que, sur le plan linguistique tout au moins, chaque passager soit traité comme un membre de la *jet set*?

Le Monde Diplomatique, mai 1995

13 | Possessives

MA MORTE VIVANTE

1   Dans **mon** chagrin rien n'est en mouvement
    J'attends personne ne viendra
    Ni de jour ni de nuit
    Ni jamais plus de ce qui fut moi-même

5   **Mes** yeux se sont séparés de **tes** yeux
    Ils perdent **leur** confiance ils perdent **leur** lumière
    Ma bouche s'est séparée de **ta** bouche
    Ma bouche s'est séparée du plaisir
    Et du sens de l'amour et du sens de la vie
10 **Mes** mains se sont séparées de **tes** mains
    Mes mains laissent tout échapper
    Mes pieds se sont séparés de **tes** pieds
    Ils n'avanceront plus il n'y a plus de routes
    Ils ne connaîtront plus mon poids ni le repos

15 Il m'est donné de voir **ma** vie finir
    Avec **la tienne**
    Ma vie en **ton** pouvoir
    Que j'ai crue infinie

    Et l'avenir **mon** seul espoir c'est **mon** tombeau
20 Pareil **au tien** cerné d'un monde indifférent

    J'étais si près de toi que j'ai froid près des autres.

    Paul Eluard

Possessives in the text

1 POSSESSIVE ADJECTIVES

a Possessive adjectives, as their name indicates, are used to indicate possession. They agree in gender (masculine/feminine) and number (singular/plural) with the noun which they precede.

e.g. *ma bouche* (fem. sing.) (line 7); *mes yeux* (masc. pl.) (line 5)

b The possessive adjective normally occurs before each noun to which it applies, e.g. *Ils perdent leur confiance ils perdent leur lumière* (line 6). It would have been necessary to use *leur* before *lumière* even if there had been no second occurrence of *perdent*, thus: *Ils perdent leur confiance et leur lumière*.

c The forms of the possessive adjectives are:

1st person	masc.	*mon* (= my)	*notre* (= our)
	fem.	*ma*	*notre*
	plural	*mes*	*nos*
2nd person	masc.	*ton* (= your)	*votre* (= your)
	fem.	*ta*	*votre*
	plural	*tes*	*vos*
3rd person	masc.	*son* (= his, her, its)	*leur* (= their)
	fem.	*sa*	*leur*
	plural	*ses*	*leurs*

2 POSSESSIVE PRONOUNS

a The possessive pronoun stands in the place of a noun and agrees with the noun to which it refers, e.g. *la tienne* (line 16) referring to *vie* (line 15).

b The forms of the possessive pronouns are:

1st person	masc. sing.	*le mien*	*le nôtre*
	fem. sing.	*la mienne*	*la nôtre*
	masc. pl.	*les miens*	*les nôtres*
	fem. pl.	*les miennes*	*les nôtres*
2nd person	masc. sing.	*le tien*	*le vôtre*
	fem. sing.	*la tienne*	*la vôtre*
	masc. pl.	*les tiens*	*les vôtres*
	fem. pl.	*les tiennes*	*les vôtres*
3rd person	masc. sing	*le sien*	*le leur*
	fem. sing.	*la sienne*	*la leur*
	masc. pl.	*les siens*	*les leurs*
	fem. pl.	*les siennes*	*les leurs*

c The definite article forms part of the possessive pronoun and must always be present. The normal contracted form of the article will be used with the prepositions *à* or *de*.

e.g. *au tien* (line 20)

Other points to note in the text

- Negatives: *rien n'est* (line 1); *personne ne viendra* (line 2); *Ni . . . ni* (line 3); *ni jamais plus* (line 4); *ne . . . plus* (line 13); *de* instead of *des* after a negative: *il n'y a plus de routes* (line 13); *ni* (line 14) (see Chapter 8)
- *Passé composé* of pronominal verbs and past participle agreement: *se sont séparés* (lines 5, 12); *s'est séparée* (lines 7, 8); *se sont séparées* (line 10) (see Chapter 2)
- Future tense: *viendra* (line 2); *avanceront* (line 13); *connaîtront* (line 14) (see Chapter 6)
- Past historic: *fut* (line 4) in contrast to imperfect: *J'étais* (line 21) (see Chapters 3 and 5)

◢◣ *Discover more about possessives*

1 POSSESSIVE ADJECTIVES

a It should be noted that possessive adjectives in French take the gender of the thing possessed, not the gender of the possessor. This goes against the grain for English speakers, who are accustomed to make the distinction between, e.g., 'his mother' and 'her mother'. In French, *sa mère* may mean either. If it is essential to distinguish between the two, you may do so by using *sa mère à lui* and *sa mère à elle,* respectively.

b When referring to parts of the body, French frequently uses a definite article where an English speaker may expect a possessive adjective.

e.g. *Elle a hoché la tête.*   She shook her head
   Elle s'est cassé la jambe   She broke her leg
   Il lui a serré la main   He shook her hand

However, when body parts are the subject of a sentence, they are usually accompanied by a possessive adjective, as in English.

e.g. *Ses mains reposaient sur la couverture.*   His/her hands rested on the blanket.
   Ses jambes fléchirent.   His/her legs gave way.

c The second-person forms *votre, vos* can be used to refer (politely) to a singular possessor or to more than one possessor.

e.g. *Voici votre billet, Madame*; *N'oubliez pas de ranger vos affaires, les enfants*

d In conjunction with indefinites such as *on, chacun, personne*, the third-person singular possessive adjectives *son, sa, ses* are normally used.

e.g. *Chacun avait apporté ses propres provisions*

e The feminine singular forms *ma, ta, sa* become *mon, ton, son* when they are immediately followed by a noun or adjective beginning with a vowel or mute 'h'.

e.g. *mon école; ton autre voiture; son hésitation*

2 POSSESSIVE PRONOUNS

a In conjunction with indefinites such as *on, chacun, personne,* the third-person singular possessive pronouns are normally used.

e.g. *Chacun avait apporté les siennes*

b *Les siens* may have the special meaning of 'one's family', whilst *Les nôtres* may mean 'with us'.

e.g. *Il n'était pas des nôtres* 'He wasn't with us'.

c Note that the pronouns *le/la nôtre* and *le/la vôtre* are written with a circumflex accent. This distinguishes them from the possessive adjectives, *notre, votre.* Note also the plural form of the pronoun, *les nôtres, les vôtres* as compared to the plural form of the adjectives, *nos, vos.*

See for further information: Hawkins and Towell, pp. 44–5

Byrne and Churchill, pp. 153–9

Coffman Crocker, pp. 53–6, 254–5

Judge and Healey, pp. 38–41, 82–4

Ferrar, pp. 219–23

✎ EXERCISES

1 Fill in the gaps with the appropriate possessive adjective.

a Je t'expliquerai *mon* idée, et après tu me diras ce que tu en penses.

b Ils nous ont offert *leurs* condoléances.

c Nous n'avons jamais vu *nos* voisins d'en face.

d Maintenant elle habite une jolie petite maison. *Son ancienne* _____ ancienne maison était plus grande, mais beaucoup moins jolie.

e Nous avons fait de *notre* _____ mieux.

f Ils ne rendent jamais visite à _____ parents.

g Vous n'avez rien dit de _____ vacances. Quels sont ____ projets?

2 Replace the words in italics with the appropriate possessive pronoun.

a J'ai oublié mon parapluie. Est-ce que je peux emprunter *ton parapluie*?

b J'ai fini ma dissertation hier soir. Quand est-ce que tu auras terminé *ta dissertation*?

c Il en a déjà parlé à ses parents. Je vais en parler *à mes parents* ce soir.

d Leurs enfants s'entendent bien avec *nos enfants*.

e Mes parents me laissent prendre mes propres décisions, mais *ses parents* sont beaucoup plus autoritaires.

f Nous avons laissé notre chatte chez une voisine. Qu'allez-vous faire de *votre chatte*?

g Notre jardin est beaucoup plus petit que *leur jardin*.

h Elle est partie avec un foulard qui n'est pas *son foulard*.

i Mes enfants sont sortis avec deux *de ses enfants*.

j Nous avons déjà vu ses photos. Est-ce que nous pouvons regarder *vos photos*?

3 Fill in the gaps in the first two stanzas of the following poem with the appropriate possessive adjectives.

L'INVITATION AU VOYAGE

_____ enfant, ___ sœur,
Songe à la douceur
D'aller là-bas vivre ensemble!
Aimer à loisir,
Aimer et mourir
Au pays qui te ressemble!
Les soleils mouillés
De ces ciels brouillés
Pour ___ esprit ont les charmes
Si mystérieux
De _____ traîtres yeux,
Brillant à travers _____ larmes.

Là, tout n'est qu'ordre et beauté,
Luxe, calme et volupté.

Des meubles luisants,
Polis par les ans,
Décoreraient _____ chambre;
Les plus rares fleurs
Mêlant _____ odeurs
Aux vagues senteurs de l'ambre,
Les riches plafonds,
Les miroirs profonds,
La splendeur orientale,
Tout y parlerait
A l'âme en secret
_____ douce langue natale.

Là, tout n'est qu'ordre et beauté,
Luxe, calme et volupté.

Baudelaire, _Les Fleurs du Mal_

4 Translate the following sentences into French, using possessive adjectives or pronouns where appropriate.

   a She liked her primary school very much.

   b Don't forget your tickets.

   c She slipped and sprained her ankle.

   d This signature is not his.

e There will be no provisions. Everyone must bring their own.

f We met one of his friends at the station.

g Have you heard from her?

h The quality of an essay does not depend on its length.

i It's his father who is going to organize the wedding.

j Everyone in turn!

k Everyone to his/her own taste.

14 | Articles and quantifiers

Text

TOUR DU MONDE

Mon cher Guillaume,

Tu me demandes, à moi qui ai bourlingué dans **tous les** pays, ce que j'ai retenu de mes expériences et qui pourrait te servir à toi, dans ta petite affaire désireuse de sortir de sa province. Souviens-toi, cependant, qu'il n'y a pas **de** «trucs» dans **la**
5 gestion **des** entreprises. **La plupart des** méthodes qui réussissent n'y parviennent que parce qu'elles correspondent à **la** culture **du** pays. Déracinées, elles peuvent se révéler stériles ou dangereuses. Te voilà prévenu.

ETATS-UNIS. Aucun pays ne marie, comme celui-là, **le** professionnalisme dans **l'**action et **la** capacité de remise en cause radicale. En général, **les** gens que nous
10 connaissons chez nous pour prendre brusquement **des** virages à 90 degrés, sont **des** instables, **des** touche-à-tout, en résumé **des** amateurs. Eh bien, **aux** Etats-Unis, ce sont **des** pros! **La** vie **des** affaires n'a pas **d'**a priori. Surveiller **l'**évolution de **la** technique, **les** variations **du** marché, **la** sophistication **des** moyens financiers, est **l'**obsession de **l'**entrepreneur américain. Il est prêt à tout – se déplacer, s'endetter, se
15 vendre, racheter, licencier, embaucher ... – pour s'adapter, et vite, à **des** réalités nouvelles.

JAPON. Que n'a-t-on dit et écrit sur **les** recettes **du** miracle japonais! **L'**obsession de **la** qualité. **La** continuité dans **des** projets à long terme. **La** discipline dans **le** travail. **L'**essentiel est ailleurs: **la** subordination naturelle de **l'**individu à **toute**
20 collectivité, qu'il s'agisse de **la** famille, de **la** nation ou de **l'**entreprise. **Le tout** vaut toujours infiniment plus que **les** parties qui le composent. Et ces parties ne se sentent valorisées que par leur appartenance à **un** tout. **Le** reste découle de cela. Ce n'est évidemment pas facile à transposer chez nous. Si **l'**Amérique organise **le** règne **du** plus fort, **le** Japon, lui, se soumet **au** règne **des** ensembles sur **les** individus.
25 ALLEMAGNE. Il y a aussi un certain patriotisme **d'**entreprise dans ce pays, mais **la** racine de **la** réussite me paraît être ailleurs: dans **le** sens **du** métier. **Un** Allemand, à quelque degré de **la** hiérarchie qu'il se situe, a **le** sentiment d'exercer **un** métier, dont il a appris **les** règles et qu'il accomplit scrupuleusement. Cela explique **les** efforts déployés par **toutes les** entreprises pour **la** formation de leur personnel. Il ne
30 viendrait pas à **l'**idée **du** syndicaliste que cette formation va aliéner **le** salarié. Ni à **l'**idée **du** patron qu'elle va pousser **le** salarié à **la** revendication.

ITALIE. Voilà **une** nation **sans Etat**. C'est-à-dire **sans règles** stables dont **l'**application serait rigoureusement contrôlée. Chacun est donc encouragé, en permanence, à s'adapter **aux** réalités **les** plus changeantes, en particulier **aux** goûts

35   **des** clients. A partir de là, on se débrouille pour les satisfaire. C'est évidemment plus
   facile à mettre en œuvre dans **les** PME que dans **les** grandes affaires.
      GRANDE-BRETAGNE. Je ne connais pas **de** pays plus étrange que celui-là. Il est à
   nos portes et il me paraît toujours plus éloigné que **le** Japon. Je n'entends rien **aux**
   Anglais. **Tout le** monde parle leur langue et personne ne les comprend. Je ne sais pas
40   comment ils travaillent et si même ils travaillent. Mais ils ont **une** façon de digérer **le**
   temps et **l'**espace qui n'appartient qu'à eux. Ils ont inventé **l'**industrie. Ils ont géré **le**
   commerce mondial. Ils savent tout et ne disent rien. Ce doit être leur force.
      J'ai conscience, mon cher Guillaume, de ne guère t'aider en te disant tout cela.
   Mais cela ne m'inquiète pas car, toi, tu es français. C'est-à-dire convaincu de tout
45   comprendre et bien décidé à n'en faire qu'à ta tête! Je te quitte, **l'**avion pour Séoul
   va s'envoler.

   Jean Boissonnat, *L'Entreprise*

🔎 Articles and quantifiers in the text

1 THE DEFINITE ARTICLE

a There are two main uses of the definite article in French:

- the 'real' definite article, equivalent of 'the' in English, and introducing a noun as being a definite, known thing, e.g. *la plupart* (line 5), *les gens* (line 9)
- the 'generalizing' definite article, with no English equivalent, e.g. *la gestion* (lines 4–5).

This generalizing sense is especially common with abstract nouns, since they are usually used in a general sense, e.g. *la qualité, la continuité, la discipline* (line 18).

b The definite article is normally used with the name of countries, e.g. *l'Amérique, le Japon* (lines 23–4), where in English there would be no article.

c The forms of the definite article are:

- masculine singular: *le* used before a consonant, e.g. *le professionnalisme* (line 8)
- feminine singular: *la* used before a consonant, e.g. *la plupart* (line 5)
- masculine or feminine singular: *l'* used before a vowel, e.g. *l'action* (line 9)
- plural: *les*, e.g. *les gens* (line 9)

The articles *le* and *les* combine with *à* to give *au* and *aux* (e.g. *au règne*, line 24; *aux Etats-Unis*, line 11) and with *de* to give *du* (e.g. *du pays*, line 6) and *des* (e.g. *des méthodes*, line 5). They must not be confused with the identical forms of the object pronoun (meaning 'him, it, them') which do **not** combine with *à* or *de*. See Chapter 10.

2 THE INDEFINITE ARTICLE

a *Un* and *une* correspond to English 'a/an', e.g. *un métier* (line 27). They introduce a singular noun as being a particular (not a general) unknown, indefinite, new thing.

An English speaker may find the idea of a plural indefinite article odd, since there is no plural of 'a/an' in English, but in French the plural *des* is used to introduce a plural noun as being particular and unknown, e.g. *des virages, des instables, des touche-à-tout* (lines 10–11), where there would be no article in English.

b The forms of the indefinite article are:

- masculine singular: *un*
- feminine singular: *une*
- plural: *des*

3 THE PARTITIVE ARTICLE

a In the singular, the partitive article is used to express an indefinite quantity of something. There are no examples in the text, but contrast *un agneau* ('a lamb') with *de l'agneau* ('some lamb') and *un café* ('a pub') with *du café* ('some coffee'). It sometimes corresponds to English 'some', or (in questions) 'any', but often English has no equivalent.

b None of the singular forms of the partitive article (*du, de la, de l'*) occurs in the text. The singular forms of the partitive article must not be confused with the identical forms of the preposition *de* plus the definite article, meaning 'of the, from the', which are found in the text.

e.g. *du pays* (line 6); *des affaires* (line 12)

For the plural form *des,* see **The Indefinite Article**, above.

c *De* is normally substituted for the partitive or the indefinite article with the direct object of a verb in the negative, e.g. *il n'y a pas de «trucs»* (line 4). The equivalent positive sentence would have read *il y a **des** trucs*. There are exceptions to this rule, however. See ***Discover more about articles and quantifiers***, below.

4 ABSENCE OF ARTICLE

a In the construction *Sans* + noun, no indefinite or partitive article is used, e.g. *sans Etat, sans règles* (line 32). However, in the construction *sans* + verb + noun, an article is used, e.g. *sans laisser la moindre trace* (without leaving the slightest trace), *sans faire de bruit* (without making any noise).

b A common construction in French is a noun + *de*, followed immediately by another noun (with no article before this second noun). In this construction, *de* + noun functions like an adjective, describing the first noun.

e.g. *patriotisme d'entreprise* (line 25)

5 QUANTIFIERS

a Tous/toutes + les + noun translates not only 'all the ...' but also 'every ...', e.g. *tous les pays* (line 2). *Tout(e)* + noun (with no article) translates 'any'.

e.g. *toute collectivité* (lines 19–20)

b *La plupart* ('The majority/most') is always followed by *de* + defininite article.

e.g. *La plupart des méthodes* (line 5)

Other points to note in the text

- Subjunctive: *qu'il s'agisse de la famille* (line 20); *à quelque degré de la hiérarchie qu'il se situe* (lines 26–7) (see Chapter 24)
- Demonstrative pronouns: *celui-là* (lines 8, 37); *cela* (lines 22, 28, 43); adjective: *ces* (line 21) (see Chapter 12)
- Relative pronouns: *ce que* (line 2); *qui* (lines 5, 41); *que* (line 9), *qu'* (line 28); *dont* (lines 28, 32) (see Chapter 11)

 Discover more about articles and quantifiers

1 THE DEFINITE ARTICLE

a French uses the definite article in its generalizing sense after verbs which express like or dislike, e.g. *J'aime le thé; Je déteste le vin.* There would of course be no article in English in such cases.

b The elided form of the singular definite article *l'* occurs before a word beginning with an inaspirate or 'mute' 'h', e.g. *l'homme, l'huile,* but before a word beginning with an aspirate 'h' no elision occurs.

e.g. *le héros; la hiérarchie* (line 27)

2 THE INDEFINITE ARTICLE

a Thinking of *des* as the plural of *un(e)* may help you to decide whether to use *des* or *les* in French. For example, *L'araignée est un insecte* becomes in the plural *Les araignées sont des insectes* (Spiders are insects).

b *Des* may sometimes correspond to 'some' or 'any' in English, e.g. *J'ai des livres* (I have some books); *As-tu des vidéocassettes?* (= Have you any video cassettes?). However, most commonly English has no equivalent (see **Articles and quantifiers in the text, 2a**, above).

3 THE PARTITIVE ARTICLE

a The partitive article (and the plural indefinite article *des*) are always omitted after the preposition *de*, e.g. *J'ai du café,* but *J'ai besoin de café; j'ai des amis,* but *j'ai besoin d'amis.*

b In careful written French, *des* becomes *de* when the adjective precedes its noun, e.g. *de grandes découvertes.* However, this rule does not apply to fixed groups like *des jeunes hommes; des petits pois.*

c It is not always the case that *de* is substituted for the indefinite or partitive article after a negative (see **3c** above). For example, you may find the emphatic *Il n'y a pas un seul arbre* instead of the more usual *Il n'y a pas d'arbre.* There are also cases where the negation applies not to the verb but to the direct object, e.g. *Je n'habite pas une maison, mais un appartement.* This is notably the case after the verb *être*, e.g. *Ce ne sont pas des étudiants.* It should also be noted that after *ne ... que*, which is not negative in sense, the rule does not apply either, e.g. *Il n'y a que des jeunes filles.*

4 **ABSENCE OF ARTICLE**

As a general rule, French nouns must usually be preceded by an article or other determiner, e.g. a possessive or demonstrative adjective, a numeral, etc. However, the following exceptions should be noted.

- with expressions of quantity, e.g. *beaucoup de*, the partitive articles and plural indefinite article (*des*) are not used, e.g. *beaucoup de thé* (a lot of tea). However, the definite article is used where appropriate, e.g. *beaucoup du thé qu'on a acheté* (a lot of the tea which we bought).
- Normally, nouns denoting professions and nationalities used with *être* (also *devenir, rester,* etc.) behave rather like adjectives so that there is no indefinite article with them, e.g. *Il est professeur; Elle va devenir infirmière*. However, where these nouns are qualified by an adjective, they do require an article, e.g. *C'est un excellent professeur*.
- Where a noun occurs in a descriptive phrase, as a so-called 'noun in apposition', explaining or qualifying a preceding noun or clause, French does not use an article, e.g. *M. Chirac, Président de la République; Madame Dupont, proviseur du lycée Balzac*.
- In written French, articles may be omittted from lists (normally three or more words), e.g. *Hommes, femmes, enfants, tous criaient*. Also after *ne ... ni ... ni* (see Chapter 8), e.g. *Il n'avait ni papiers ni argent*.

5 **QUANTIFIERS**

The quantifier *bien* is followed by *des* + plural noun.

See for further information:	Hawkins and Towell, pp. 27–41, 147–50
	Byrne and Churchill, pp. 19–34, 197, 230–44
	Coffman Crocker, pp. 1–19
	Judge and Healey, pp. 24–36, 41–5
	Ferrar, pp. 123–37, 241, 245, 247–8

✎ **EXERCISES**

1 Class discussion

Translate into English the paragraphs about the United States and about Great Britain (2 and 6). Then note down all the occasions when French usage requires an article which you have been able to omit in your English version.

2 Fill in the gaps in the following sentences with articles or with *de*, or leave a blank where necessary.

  a Beaucoup ___ étudiants trouvent la plupart ___ exercices ___ grammaire extrêmement ennuyeux.

  b Dans ___ article en forme ___ lettre, Jean Boissonnat, ___ journaliste à *l'entreprise*, passe en revue ___ différentes méthodes ___ travail dans ___ principaux pays industrialisés. Bien sûr, il ne fait pas ___ critiques de ___ France.

c Manger ___ nouilles sans ___ beurre et sans ___ sel – quelle horreur!

d ___ chats siamois montrent beaucoup plus ___ affection que ___ chats ___ gouttière.

e Beaucoup ___ hommes ___ affaires de nos jours ont ___ grands problèmes car ___ crise économique entraîne ___ dettes, ___ licenciements, et même ___ échec total de bien ___ entreprises.

f Notre gouvernement s'attend à ce que ___ étudiants fassent ___ études sans ___ moyens financiers nécessaires pour subsister.

3 Fill in the gaps in the following sentences with **either** a generalizing definite article **or** a plural indefinite article as appropriate. If in doubt as to which is appropriate, try the sentence out in the singular first, e.g. **a**: *La loutre est un animal très timide.*

a ___ loutres sont ___ animaux très timides.

b Nos étudiants sont tous ___ Ecossais.

c ___ bibliophiles sont ___ gens qui aiment ___ livres.

d ___ muscatels sont ___ raisins secs de Malaga.

4 Rewrite the following sentences, putting the italicized nouns into the plural and remembering that the plural indefinite article *des* is always omitted after the preposition *de*.

a La cuisine était pleine d'*une odeur délicieuse*.

b Elle a reçu de l'argent pour la vente d'*un article*.

c Nous avons besoin d'*un ami*.

d Elle a vécu pendant deux jours d'*un yaourt* et d'*une pomme*.

5 Fill in the gaps in the following text (written perhaps by a Belgian journalist) with articles or with *de* where necessary.

___ FRANCE. Quelle idée de critiquer ___ méthodes ___ travail chez ___ autres sans songer qu'il y aurait peut-être ___ critiques à faire sur ___ France. Cette France, qui prend Paris pour ___ centre du monde, et qui voudrait faire ___ loi à ___ Europe. Que ___ Français se souviennent que s'ils ont ___ Parlement européen à Strasbourg, c'est nous ___ Belges (qu'ils traitent souvent ___ pauvres idiots) qui avons ___ Commission Européenne. C'est Bruxelles qui est ___ deuxième centre mondial du point ___ vue du nombre ___ ambassades, ___ corps ___ presse etc. C'est à Bruxelles qu'il y a ___ bureaux européens des grands agents économiques, tels ___ syndicats et ___ patronats. Alors, que ___ Français agissent plutôt que de passer leur temps à critiquer ___ autres pays. Trop ___ paroles et trop peu ___ actions – voilà un problème bien propre à ___ France!

6 Complete the following text with articles, with a contracted form of *de* + definite article (*du/des*) or with *de*.

Au cours ___ trente dernières années, ___ habitudes alimentaires ___Français ont quelque peu changé. Ils mangent moins et de façon différente, dépensent moins pour ___ nourriture et passent toujours moins ___ temps à table. Avec ___ progrès de ___ mécanisation et de ___ automatisation, ___ Français ont besoin de moins ___ calories. De 2 500 calories en moyenne par jour il y a cinquante ans, ils en absorbent aujourd'hui 2 000 pour ___ hommes et 1 800 pour ___ femmes.

___ nombre __ heures passées à table décline également. De près de 2h 30 en 1965, il est tombé à 1h 20 en 1995. En net recul, ___ budget consacré à ___ nourriture se répartit également autrement. Certains produits traditionnels sont délaissés: ___ consommation ___ pain a ainsi diminué de moitié depuis 1965, __ achat __ légumes frais a chuté de 25%, ___ huiles alimentaires, ___ beurre, ___ sucre ou __ triperie ont vu leurs ventes s'effondrer, ___ viande poursuit son déclin au profit ___ produits prêts-à-consommer. ___ surgelés sont ___ grands vainqueurs de ces changements ___ comportement alimentaire, leur vente a été multipliée par 20 depuis trente ans.

Label France, juin 1996

7 Fill in the gaps in the following text with articles, or with *de* + article, or with *de* alone where necessary. In the case of any gap which you decide not to fill, explain why an article is not necessary.

Chaque année depuis 1970, au cœur _____ hiver,_____ principaux responsables de la planète – _____ chefs d'Etat, _____ banquiers, ____ financiers, ____ patrons des grandes entreprises transnationales – se retrouvent à Davos, _____ petite ville suisse, pour faire le point sur les avancées de l' économie _____ marché, du libre échange et _____ dérégulation. Rendez-vous _____ nouveaux maîtres du monde, le Forum économique _____ Davos est devenu, sans conteste, le centre _____ hyperlibéralisme, _____ capitale _____ mondialisation et _____ foyer principal _____ pensée unique.

Le Monde diplomatique, mars 1996

8 A Scottish friend asks you to translate the following letter which he wants to send to *L'Entreprise* in reply to J. Boissonnat's letter. You will find some useful expressions in the original text.

Sir,

   I see from a recent article in your journal ('Tour du monde', *L'Entreprise*, October, 1989) that once again you Europeans are carelessly confusing Great Britain with England. In a paragraph which purports to discuss business life in Great Britain, Jean Boissonnat talks only of the English. It would seem that, as is so often the case, the Scots and the Welsh have been forgotten. Yet we do have businesses, large and small, in Scotland and Wales, and we are both hard-working nations, which, according to your journalist, cannot be said of the English (I make no comment on that point). Obsession with quality is not a characteristic peculiar to the Japanese – we Scots share it, and this obsession, together with perseverance, energy, and good business management, have led us to produce the best whiskies and the finest woollen goods in the world. Perhaps the next time Jean Boissonnat goes on a world tour he could broaden his experience by stopping off in Scotland; we're always ready to meet the needs of a new client!

             Yours faithfully,
             Hamish Cameron,
             Edinburgh,
             Scotland

15 | Adjectives

La fraîcheur est dans l'air, explosion du printemps. Sous cette **heureuse** influence, le ton de saison: une femme **impeccable** et **lumineuse**, **pimpante** et **douce**. L'envie d'être en forme, **jolie** et **féminine**, bien dans son corps, bien dans sa tête. La netteté en **toutes** choses. Une élégance de charme «**tirée** à quatre épingles», une
5 beauté **naturelle soignée**. Des vêtements **simples**, de qualité, bien **finis**. Dessus. Dessous. Une lingerie **épurée** et **gainante**: le corps n'est plus **effacé**, il est **galbé** impeccablement. Des couleurs **fraîches**: le blanc-éclat joué avec le noir, **ultra-facile** et **chic**; le mélange **raffiné**, «bien **élevé**», du bleu **ciel**, du jaune **pâle** et du blanc; la limpidité **dynamique** du bleu **azuré**. Une apparence **parfaite**. Une **bonne** mine
10 également **harmonieuse**, **nette**; le teint **transparent**, un peu **doré**. Un maquillage **léger**, qui joue palette des fleurs, avec mesure, en **petites** touches: juste une bouche **anémone** ou juste des cils **verts**. Le cheveu **brillant**, **beau** volume, reflets **vivants**. Cette mode et cette beauté vont avec une attitude, un maintien «**irréprochables**». Une **certaine** discipline, votre participation **personnelle**, est de
15 rigueur; la «consigne»: se tenir **droite**, le cou **dégagé**, la taille **fine**. Ni sophistication, ni laisser-aller: équilibre et méthode **douce**, l'amélioration du naturel. La **bonne** formule pour réussir aisément la **belle** saison au quotidien? Un **joli** cardigan **bleu**, une **éclatante** blouse **blanche**, une jupe **droite** bien **coupée**, la jambe **claire**, une bouche **lilas** ou des yeux **pervenche**, et, pour le panache, un
20 bouquet de fleurs à la boutonnière. Le tour est alors joué, et bien joué. Vous êtes dans la **bonne** atmosphère-fraîcheur. **Vive** et **alerte**.

Marie-Claire, avril 1986

🔎 Adjectives in the text

1 AGREEMENT OF ADJECTIVES

a Most adjectives have distinctive masculine and feminine forms. All adjectives must agree in gender (masculine or feminine) and in number (singular or plural) with the noun (or pronoun) which they qualify, e.g. *des vêtements simples* (masc. pl., line 5); *une apparence parfaite* (fem. sing., line 9); *reflets vivants* (masc. pl., line 13).

b The feminine form of an adjective is normally distinguished from the masculine by the presence of a final -*e*, e.g. *pimpante* (line 2); *jolie* (line 3). In most cases, the plural is formed by adding an -*s* to the singular form. For exceptions, see ***Discover more about adjectives,*** below.

c Some adjectives double their final consonant as well as adding an -*e* in the feminine, e.g. *naturel*, fem. *naturelle* (line 5), *bon*, fem. *bonne* (lines 9, 17), *net*, fem. *nette* (line 10).

d Adjectives ending in – *ais* form their feminine in -*aîche*, e.g. *fraîche* (line 7).
Adjectives ending in -*eau* form their feminine in -*elle*, e.g. *belle* (line 17).
Adjectives ending in -*eux* form their feminine in -*euse*, e.g. *heureuse* (line 1), *lumineuse* (line 2), *harmonieuse* (line 10).
Adjectives ending in -*f* form their feminine in -*ve*, e.g. *vive* (line 21).
Adjectives ending in -*oux* form their feminine in -*ouce*, e.g. *douce* (line 16).

e Adjectives whose masculine form ends in -*e* make no further change in the feminine, e.g. *dynamique* (line 9). But adjectives and participles used as adjectives which end in -*é* add a further -*e*, e.g. *tirée*, *soignée* (lines 4–5).

f A number of adjectives (frequently ones which refer to colour) do not change their form either in relation to gender or to number, e.g. *anémone* (line 12), *lilas* (line 19), *pervenche* (line 19). These may be seen as invariable nouns which are being used adjectively. Compound adjectives of colour, e.g. *bleu ciel* (line 8), are also invariable.

g The adjective *chic* (line 8) does not have a distinctive feminine form, but it does take an -*s* in the plural.

2 POSITION OF ADJECTIVES

a Most French adjectives follow the noun, e.g. *des vêtements simples* (line 5), but there is a small group of very common adjectives (*beau, bon, jeune, joli,* etc.) which normally precede the noun, e.g. *une bonne mine* (line 9). There is another group which may appear either before or after the noun and whose meaning differs accordingly, e.g. *une certaine discipline* (line 14) = a certain (indefinite) discipline, as opposed to *une fin certaine* = a definite, certain end. Both these groups must be learnt. See references to further information below.

b Most adjectives which normally follow the noun may be placed before it instead, either for stylistic effect, e.g. *cette heureuse influence* (line 1), for emphasis, or for considerations of rhythm.

c When a noun is qualified by two adjectives, one of which normally precedes and one which normally follows the noun, they both occupy their normal position.

e.g. *un joli cardigan bleu* (lines 17–18)

d Two adjectives which normally follow the noun are linked by *et* if they each qualify the noun independently, e.g. *une femme impeccable et lumineuse* (line 2). However, if one adjective modifies not just the noun itself, but the noun + another adjective(s), then *et* is not used, e.g. *une beauté naturelle soignée* (lines 4–5). Here, *soignée* qualifies *une beauté naturelle*. The order of the adjectives is usually the reverse of the English word order, e.g. *la poésie française contemporaine* = contemporary French poetry.

Other points to note in the text

• Articles: many examples throughout the text

▲ *Discover more about adjectives*

1 AGREEMENT OF ADJECTIVES

a The adjectives *beau, fou, mou, nouveau, vieux* have a particular masculine form – *bel, fol, mol, nouvel, vieil* – which is used when the following noun begins with a vowel or mute 'h'.

e.g. *un bel homme*

b Adjectives which end in *-s* or *-x* do not change in the masculine plural form.

e.g. *des gens heureux; des murs gris*

c Adjectives which end in *-al*, with a few exceptions e.g. *banal/banals*, form their masculine plural in *-aux*. However, it should be noted that the feminine plural is regular, e.g. *les routes nationales*. Adjectives which end in *-eau* form their masculine plural in *-eaux*.

e.g. *les nouveaux villages*

d The masculine plural of the adjective *tout* is **tous.**

e Present participles which function as adjectives must agree like adjectives with the noun which they qualify.

e.g. *une histoire amusante*

f Remember **always** to make adjectives agree with the noun which they qualify, even when the adjectives appear at the beginning of the sentence/clause, and the noun follows.

e.g. *Isolées et sauvages, ces îles offrent un paysage magnifique*

g When a noun is accompanied by an adjective and also by an adjectival phrase (*de* + noun), be careful to make the adjective agree with the noun which it qualifies.

e.g. *un bain de mer rafraîchissant* (masculine agreement with *bain*)

2 POSITION OF ADJECTIVES

a The position before the noun is favoured when the adjective does not add any very significant new information.

e.g. *la blanche neige*

b Note the word order of the following, which is different from English: *les quatre premières pages; les trois derniers jours*. As a general rule, the cardinal number (1, 2, 3, etc.) comes first in such combinations.

See for further information: Hawkins and Towell, pp. 82–97

Byrne and Churchill, pp.99–113

Coffman Crocker, pp. 21–39

Judge and Healey, pp. 263–85

Ferrar, pp. 155–62

✎ **EXERCISES**

1 In the following texts, make the adjectives in brackets agree as appropriate.

Ne manquez pas de visiter cette grotte (tapissé) d'une multitude de concrétions (cristallin) et (orné) de dessins datant de plus de 20 000 ans. Découverte le 16 octobre 1920 et classée Monument Historique le 16 mai 1925, La Grotte des Merveilles s'ouvre sur le Causse de Rocamadour, (vaste) plateau (calcaire) rongé par l'écoulement des eaux (souterrain). C'est l'action (continuel) de cette eau depuis plusieurs milliers d'années qui a tapissé la grotte de (joli) concrétions où se mirent des myriades de stalactites qui, au gré des éclairages, deviennent des statues, des montagnes ou des presqu'îles. Mais le point (fort) de votre visite sera votre rencontre avec l'art du paléolithique (supérieur). Il y a plus de 20 000 ans, à la lueur des lampes en pierre où brûlait de la graisse (animal), des hommes ont fait de cette caverne un sanctuaire remarquablement (orné): mains (négatif), chevaux, cerfs sont autant de témoignages (émouvant) d'une vie (spirituel) où les limites de l'art, de la magie et de la religion sont (difficile) à discerner.

La visite du château de Biron permet de découvrir cet (exceptionnel) ensemble (architectural), et notamment la Cour (bas), la salle des Etats, les appartements (Renaissance), la chapelle et les (splendide) cuisines (voûté). Celles-ci sont certainement les plus (impressionnant) de France.

2 Rewrite the following sentences, placing the adjectives in brackets in the appropriate position and making them agree with the noun which they accompany.

a Il vient d'acheter une voiture (nouveau, américain). Il a vendu son voiture (ancien) à sa fille (aîné).

b Que pensez-vous de sa pièce (dernier) de théâtre? Elle me paraît (sensationnel).

c Elle va visiter sa tante (vieux) et lui apporter ces gâteaux (délicieux).

d Encore de ces histoires (banal)! Racontez-moi quelque chose de plus (intéressant).

e Les routes (national) sont toujours (encombré) au mois d'août.

f Elle porte une jupe (bleu foncé) et une chemise (bleu clair). (Tout) les deux sont (neuf).

g C'est un espoir (fou), mais auriez-vous un peu de crème (frais)?

h Nous avons passé une soirée (bon) chez nos amies (grec).

i Les trois pages (premier) du roman sont vraiment (passionnant).

j Je cherche un exemple (nouveau) pour illustrer ce argument (vieux).

3 Translate the following sentences into French, paying particular attention to both the position and the agreement of the adjectives.

a The site consisted of an untidy mass of old dilapidated buildings, the ruins of a former farmstead.

b These beautiful old pictures pose a very difficult conservation problem.

c It is very difficult to see contemporary French films if you live in a small provincial town in Britain.

d French foreign policy shows a certain variability.

e The high, white cliffs make a striking landmark.

f He did it on his own initiative. The first two pages are very impressive, aren't they?

g Have you read his latest book on European monetary policy?

h The large new halls of residence offer modern, practical accommodation.

16 | Comparatives and superlatives

CHAMPIONNAT D'ÉCHECS: UN GRAND MAÎTRE DE 14 ANS

Le visage poupon s'est affiné, les rondeurs de l'enfance ont laissé la place au duvet naissant de l'adolescence. Les 7 ans d'Etienne Bacrot sont loin. Loin, aussi, ce jour de 1990 où il enchaîna, vingt-quatre heures durant, 106 parties au cours d'un marathon de 'blitz' (parties rapides). Ce jour-là, les parents d'Etienne ont découvert sa
5 gourmandise pour le jeu. Depuis, ils ont appris à vivre avec son talent.

La semaine passée, à Enghien-les-Bains (Val d'Oise), Etienne Bacrot est devenu **le plus jeune** grand maître international de tous les temps. A 14 ans et 2 mois, il bat tous les records d'une discipline déjà riche en champions précoces. Sa progression, pourtant, n'est pas inattendue. Depuis **plus de** trois ans, Etienne mène une vie de
10 sportif de haut niveau. Champion du monde des **moins de** 10 ans, puis des **moins de** 12 ans – à deux reprises –, il est habitué à sillonner le monde. Et à s'entraîner plusieurs heures par jour, sous la direction de Iossif Dorfman, grand maître international d'origine russe. Depuis décembre 1995, il était déjà maître international, **le plus jeune** de tous les temps, là encore. Et il lui aura suffi de trois
15 tournois consécutifs depuis septembre dernier pour enchaîner les trois 'normes' qui lui permettent d'entrer dans le cercle des grands maîtres. Ils sont environ quatre cents dans le monde, dont **plus de** la moitié dans l'ancien bloc de l'Est.

'*Cela fait déjà quelques années qu'Etienne a un carnet de rendez-vous d'homme d'affaires*', explique son père, Stéphane Bacrot. Quand il n'est pas à Cannes, où
20 réside son entraîneur, ou en tournoi quelque part dans le monde, le jeune prodige trouve quelque temps à consacrer au collège de Bray-sur-Somme, où il est élève de troisième, avec un an d'avance. '*Au premier trimestre*, dit son père, *il a manqué les deux premiers mois. Et en décembre, il était premier de sa classe.*' Bref, l'école ne l'encombre pas. Et il en rajoute: pour accéder aux **meilleurs** livres d'échecs, il a
25 appris le russe!

Pourtant, le jeune champion est à mille lieues de l'image de bien des surdoués des échecs, introvertis et obsédés par les 64 cases. '*C'est un adolescent très équilibré, qui aime lire, jouer, qui s'intéresse aux filles*', explique Bertrand Guyard, producteur délégué de l'émission 'Etienne et mat', diffusée sur la Cinquième, dont Etienne Bacrot
30 est la vedette. '*Un ado comme les autres*', qui doit simplement réserver sur son planning les sorties avec ses copains, entre deux 'rondes' et une émission de télé!

Un adolescent, aussi, dont son entraîneur dit qu'il est '***plus fort que*** Kasparov au même âge'. Et Iossif Dorfman s'y connaît: il fut lui-même l'un des secondants du champion du monde dans ses matchs contre Karpov. Le jugement fait donc autorité,

35 mais il n'impressionne pas outre mesure Etienne Bacrot. Avec une tranquillité
    étonnante, l'adolescent assume la gloire promise et annonce son objectif:
    'Maintenant, j'espère arriver dans les dix ou quinze premiers mondiaux d'ici à deux
    ans.' Pour cela, *'il va falloir monter une équipe de grands maîtres autour de moi,*
    pour rechercher les innovations, explique-t-il. *Et travailler encore **plus**.'*
40   Etienne n'en est qu'au début. La précocité, aux échecs, n'est pas toujours garantie
    de succès. Au début de cette année, un autre grand précoce, Gata Kamsky, qui fut
    champion d'URSS à 12 ans, a annoncé sa retraite. Il a 22 ans . . . .

    E. Saint-Martin, *Le Point*

🔎 Comparatives and superlatives in the text

1 COMPARATIVES

a The comparative of superiority of an adjective is formed by placing *plus* before and *que* after
the adjective, e.g. *il est plus fort que Kasparov* (line 32). *Que* introduces the point of comparison
being made.

b Before a numeral or a fraction, *plus* is followed by *de* rather than *que*, e.g. *plus de trois ans* (line
9), *plus de la moitié* (line 17). The same applies to *moins* (comparative of inferiority).

e.g. *les moins de 10 ans* (line 10)

c *Plus* (line 39) is the irregular comparative of the adverb *beaucoup*. In this sentence the element
of comparison is implied: 'work harder than before'.

2 SUPERLATIVES

a The superlative of an adjective is formed by adding the definite articles *le/la/les* to the
comparative, e.g. *le plus jeune* (lines 6–7, 14). It expresses the notion of superiority ('the
youngest of all Masters').

b Some superlatives have irregular forms. This is the case with *meilleurs* (line 24). The adjective
bon/bonne/bons/bonnes becomes *meilleur/meilleure/meilleurs/meilleures* in the comparative and
le meilleur/la meilleure/les meilleurs/les meilleures in the superlative.

Other points to note in the text

- Relatives: *où* (lines 3, 19, 21); *dont* (lines 17, 29, 32) (see Chapter 11)
- Future perfect: *il lui aura suffi* (line 14) (see Chapter 6)
- Inversion after direct speech: *explique son père* (line 19); *explique Bertrand Guyard* (line 28);
  explique-t-il (line 39)
- Word order with numerals: *les dix ou quinze premiers* (line 37), as opposed to the English 'the first
  ten or fifteen'.
- Past tenses (*passé composé* and past historic): *Gata Kamsky qui fut champion à douze ans a
  annoncé* (lines 41–2) (see Chapters 2 and 5)

▲▲ *Discover more about comparatives and superlatives*

1 COMPARATIVES

a *Plus . . . que* as seen in the text expresses a comparison of superiority. Comparisons indicating equality or inferiority are expressed by *aussi . . . que*, e.g. *Il fait aussi chaud qu'hier* and *moins . . . que*.

e.g. *Ce dictionnaire est moins complet que le tien*

b The comparatives observed in the text are comparatives formed with adjectives. Similar constructions can be used with adverbs.

e.g. *Il s'exprime plus clairement que les autres*
Je le fais aussi rarement que possible
Ce bateau va moins vite que celui-ci

c In cases where the comparative is followed by a subordinate clause, *ne* is added before the verb in careful writing.

e.g. *C'est plus sinistre que vous ne le croyez*

d In negative sentences, *plus* and *moins* do not change but *aussi* can occasionally become *si*.

e.g. *Il n'est pas aussi riche que tu l'imagines/Il n'est pas si riche que tu l'imagines*

e The comparative can be followed by a noun. In such cases *de* must be added after *plus/aussi/moins*.

e.g. *Elle a eu moins de chance que Céline*

2 SUPERLATIVES

a As is the case with comparatives, superlatives can be formed with adjectives or adverbs.

e.g. *Elle lui rend visite le plus souvent possible.*
Note that with an adverb *le plus* is invariable.

b When an adjective precedes a noun, the same word order is kept in the superlative form of the adjective, e.g. *Le jeune grand maître > le plus jeune grand maître*. However, most French adjectives follow the noun and their superlatives follow the same pattern.

e.g. *Un acteur connu > l'acteur le plus connu*

c In cases where English uses 'in', e.g. 'The most famous person in town', French will use *de*.

e.g. *La personne la plus célèbre de la ville*

d Verbs following the superlative expressing a subjective judgement (as opposed to an objective fact) are normally in the subjunctive.

e.g. *C'est le meilleur film que j'aie jamais vu*

3 **IRREGULAR FORMS OF COMPARATIVES AND SUPERLATIVES**

a *Bon* (adjective) and *bien* (adverb) have irregular forms in the comparative of superiority and the superlative.

		comparatives	*superlatives*
adjective	bon(s)/bonne(s)	meilleur(s)/meilleure(s)	le(s) meilleur(s)/la(les) meilleure(s)
adverb	bien	mieux	le mieux

These comparatives can be placed before or after the noun.

e.g. *Les meilleurs danseurs de la compagnie/les danseurs les meilleurs de la compagnie*

b *Mauvais* (adjective) and *mal* (adverb) have regular as well as irregular forms in the comparative and superlative.

		comparatives	*superlatives*
adjective	mauvais/mauvais(e)	plus mauvais/ plus mauvaise(s) pire(s)	le(s) plus mauvais/la (les) plus mauvaise(s) le(s) pire(s)
adverb	mal	plus mal pis	le plus mal le pis

Note *plus mauvais* is more common than *pire* (which usually means 'morally worse').

Le pis is only used rarely and always as a noun, e.g. *Le pis est qu'il est parti avec l'argent.* Note the idiomatic phrase *tant pis* (never mind, too bad).

c The adjective *petit* has both regular and irregular comparatives and superlatives.

	comparatives	*superlatives*
petit(s)/petite(s)	plus petit(s)/plus petite(s) moindre(s)	le(s) plus petit(s)/la (les) plus petite(s) le(s) moindre(s)/la (les) moindre(s)

Note that *plus petit* means smaller in size, whereas *moindre* indicates that something is of less importance.

d The comparative and superlative of *beaucoup* are *plus* and *le plus*. e.g. *C'est elle qui travaille le plus. Davantage* is also used as a comparative for *beaucoup*.

e.g. *Il vous faudra travailler davantage*

e The comparative of *peu* is *moins*.

e.g. *Elle a peu de temps libre, j'en ai encore moins*

f *Inférieur à* and *supérieur à* have no comparative or superlative forms as their very meaning implies a comparison. They are often used as alternatives to *plus bas/plus haut* and are useful translations for under/over, below/above, e.g. *un salaire supérieur à la moyenne* (above-average wages).

4 'DOUBLE' COMPARATIVES

a *Plus . . . plus*   *Plus je lis les journaux, plus je m'intéresse à la politique* (the more I read the papers, the more I get interested in politics)

  moins . . . moins   *Moins je l'écoute, moins je comprends* (the less I listen to him/her, the less I understand)

These can be mixed, e.g. *Moins je mange, plus je maigris.*
Note English uses the definite article ('the more', 'the less'): French does not.

b *de plus en plus:*   *Il fait de plus en plus froid* (It is getting colder and colder)
  de moins en moins   *J'ai de moins en moins envie de travailler* (I feel less and less like working)

c *D'autant plus que, d'autant moins que*

e.g. *Elle aura d'autant plus de temps qu'elle sera en vacances* (She'll have all the more time because she'll be on holiday)

See for further information: Hawkins and Towell, pp. 97–101, 112–14
                                     Byrne and Churchill, pp. 113–24
                                     Coffman Crocker, pp. 45–53
                                     Judge and Healey, pp. 301–4
                                     Ferrar, pp. 174–80

EXERCISES

1 In the following sentences fill in the blanks with appropriate words (*plus; moins; meilleur; mieux*) in order to establish a comparison.

  a Les lessives biologiques lavent _____blanc que les lessives ordinaires; en revanche, _____ je lave mon linge, _____ les couleurs fanent.

  b On peut utiliser les produits de ce charcutier en toute confiance: il n'emploie que les viandes les _____ fraîches et les _____ grasses.

  c Il vaut _____ acheter les denrées agricoles dans leur région d'origine, les fruits et les légumes en saison étant _____ savoureux que les produits congelés, sans compter que _____ les produits voyagent, _____ ils sont.

2 In the following sentences put the adjective or adverb in brackets in the superlative. Some alterations may be necessary.

  a Je pense que le mille-feuilles est un gâteau (bon). De tous les gâteaux c'est certainement celui que j'aime (bien).

  b Le Val de Loire est une des régions de France (beau).

  c L'annonce de ce mariage nous semble être la nouvelle de l'année (sensationnel). Pour moi c'est un de mes soucis (petit).

  d L'examen a favorisé ceux qui ont lu cet ouvrage (sérieusement).

  e Elle a la peau fragile et doit veiller à employer des produits de beauté (peu irritant).

3 Translate the following sentences into French.

e.g. *Plus on a de temps libre, plus on regarde la télévision*

a The less work you do, the less you want to do.

b The less time you have, the better you have to be organized.

c The older people get, the more time they have on their hands.

d The more people watch television, the less they go to the cinema.

e He is as hard-working as she is lazy.

f He likes the cinema as much as he hates television.

4 Complete the following text by translating the words in brackets and make the necessary alterations.

POUR EN SAVOIR _____ (MORE) SUR LES NOUVEAUX PRIX DU TÉLÉPHONE

Les prix du téléphone sont modifiés à partir du 15 janvier. Des Zones Locales Elargies sont mises en place, très avantageuses pour les clients de France Télécom. Elles corrigent des inégalités et favorisent l'aménagement du territoire en plaçant l'abonné, où qu'il se trouve, au centre d'une large zone accessible au tarif local, c'est-à-dire _____ (at the cheapest/lowest rate). Il peut alors joindre à ce tarif, en moyenne _____ (seven times as many) correspondants qu'auparavant. Ces nouvelles Zones Locales répondent à la demande de la plupart des associations de consommateurs, de nombreux élus et des représentants des collectivités locales.

Ce qui ne change pas:
- le prix des appels de _____ (less than) 3 minutes vers les abonnés que vous pouviez joindre en local avant le 15 janvier,
- le prix de l'Unité Télécom: 0,73F TTC,
- tous les avantages tarifaires, à l'heure du déjeuner, après 18h et pendant le week-end,
- les tarifs du Minitel.

Ce qui augmente:
- les appels de _____ (more than) 3 minutes vers les abonnés que vous pouviez joindre en local avant le 15 janvier,
- l'abonnement. Il n'avait pas changé depuis 7 ans et passe à 45 F TTC.

Ce qui baisse:
- les appels vers les abonnés que vous ne pouviez pas joindre au tarif local auparavant et que vous pouvez maintenant appeler à ce tarif, grâce aux zones Locales Elargies. La baisse est importante puisque ces appels vous coûteront jusqu'à _____ (4 times less),
- les appels nationaux _____ (over 100 km): la baisse est d'environ 10%,
- les appels internationaux vers 140 pays: la baisse depuis le 18 décembre est _____ (more than/over) 7% en moyenne.

En conclusion, ces mesures conduisent à une baisse moyenne de 2,45 du montant des factures, _____ (more noticeable) par les abonnés de province. Globalement, les nouveaux prix de France Télécom se situent toujours parmi _____ (the lowest) d'Europe.

France Télécom

5 Complete the following text by translating the words in brackets and make the necessary alterations.

UN CIMETIÈRE MARIN AU LARGE DE TUNIS

Robert Ballard, qui découvrit les épaves du *Titanic* et du *Bismarck* est _____ (the happiest) des archéologues. Avec une équipe anglo-américaine, il a localisé en Méditerranée _____ (one of the most important) cimetières de bateaux en eau profonde.

Par _____ (more than) 800m de profondeur gisaient huit épaves, dont cinq navires de commerce romains. _____ (the oldest), baptisé *Sherky Della* par les scientifiques navigait entre la fin du IIe siècle et le tout début du premier siècle avant Jésus-Christ. 'Il est doté de trois voiles, long de _____ (more than) 30 m. Ce type de bâtiment transportait plusieurs milliers d'amphores et _____ (more than) une centaine de passagers sur son pont' explique Robert Ballard.

POUR ALLER VITE DE ROME À CARTHAGE

Ces cinq navires (_____ (the youngest/most recent) est daté du IVe siècle de notre ère) sont en excellent état. Ils ont probablement été engloutis par des tempêtes avant de se poser délicatement sur les sables. 'Les marins qui ont choisi cette route pour aller de Rome à Carthage ont pris un risque: ils ont fait le pari d'aller _____ (by the shortest route) plutôt que de naviguer le long des côtes.'

Les cargaisons n'ont jamais été livrées. Des amphores utilisées pour transporter du vin, de l'huile, des fruits; des ustensiles de cuisine et de la vaisselle en bronze: parmi ces milliers de pièces, _____ (more than) une centaine d'objets ont été remontés à la surface par les scientifiques.

Jamais encore on n'avait découvert de bateaux aussi anciens à une telle profondeur, affirment les membres de l'expédition. 'Jusqu'à présent, les travaux d'archéologie marine étaient limités à _____ (less than) 100m.'

L'équipe a bénéficié de nouvelles technologies révolutionnaires. Les épaves ont été repérées grâce à NR-1, un petit sous-marin à propulsion nucléaire de la Marine américaine équipé d'instruments de détection perfectionnés. Une partie des cargaisons a été prélevée par Jason, un engin télécommandé. Ces joujoux font rêver tous les explorateurs et les amateurs de _____ (the most beautiful) musée imaginaire du monde: le fond des mers et des océans.

Ouest France

17 | The imperative

TIEB DE DAURADE

Pour 6 personnes: 1 belle daurade ou 1 mérou, 1 bouquet de persil, 1 bouquet de coriandre, 4 gousses d'ail, 1 citron vert, 250 g de riz, 2 oignons, 2 tomates, 2 cuillerées à soupe d'huile, 2 cuillerées à soupe de concentré de tomate, 1 piment antillais, 50 g de poisson fumé africain, 3 carottes, 1 racine de manioc, 3 courgettes,
5 1 aubergine, 1 chou vert, 3 patates douces, 1 cuillerée à soupe de farine, sel, poivre. Prévoir l'huile pour la friture.

Farcissez la daurade avec un hachis de persil, de coriandre et 2 gousses d'ail. **Salez, poivrez** et **badigeonnez-le** avec le citron vert. **Mettez-le** à mariner 30 min au moins. **Faites** précuire pendant 10 à 15 mn le riz à la vapeur. **Réservez.** Pendant ce
10 temps, **préparez** le bouillon. **Hachez** les oignons épluchés et les 2 autres gousses d'ail, **mondez** et **concassez** les tomates. Dans un peu d'huile, **faites** revenir tous ces ingrédients, **ajoutez** le concentré de tomate. Quand l'huile est devenue bien rouge, **versez** 1 litre d'eau. A la reprise de l'ébullition, **ajoutez** tous les légumes lavés, épluchés, coupés en tronçons, puis le piment antillais entier (non abîmé, non
15 coupé, car cela serait alors immangeable) et, enfin, un morceau de poisson fumé africain pour donner du goût. **Laissez** mijoter ainsi 20 à 30 min jusqu'à ce que les légumes soient cuits. **Eteignez** le feu. **Retirez** les légumes et **gardez-les** dans un plat à part. **Enlevez** le poisson fumé et le piment, jetez-les. **Réservez** le bouillon qui servira à la cuisson du riz. **Farinez** la daurade et **saisissez-la** dans une friteuse à
20 l'huile bouillante. Quand elle est bien dorée, **égouttez-la** et **plongez-la** entre 5 et 10 min dans le bouillon chaud. **Réchauffez** les légumes. **Versez** le riz précuit dans une sauteuse à bord haut et **achevez-en** la cuisson en versant louche par louche le bouillon, jusqu'à parfaite consistance. **Disposez** joliment les légumes, le poisson et le riz dans un plat.

Sylvie Tardrow, *Elle*

Que faire alors si le problème n'est pas traité? Automobiliste, **apprenez** la sagesse: **conduisez** sans à-coups; **faites** régler votre voiture; **utilisez** de l'essence sans plomb; **fuyez** les embouteillages car l'habitacle de votre véhicule est aussi pollué que l'air extérieur, et **osez** le transport en commun. Piéton, **vivez** avisé: **informez-vous**

5 de la qualité de l'air; **ne vous exposez pas** aux pointes de pollution; **faites** votre jogging le matin plutôt que l'après-midi, quand les niveaux d'ozone risquent d'être plus élevés. Et éventuellement, comme Danièle Craignic, **portez** plainte contre les pouvoirs publics!

Caroline Brizard, *Le Nouvel Observateur*

The imperative in the texts

1 USAGE

Much as in English, the imperative is used to express orders and to give instructions (text 1), advice (text 2), encouragement, etc.

2 FORMATION

a Imperatives are formed from the second-person, singular and plural, and the first-person plural forms of the present indicative. The subject pronoun is deleted, as is also the final *-s* of any second-person singular verb which ends in *-es* or *-as*. All the examples in the texts are second-person plural, e.g. in text 1: *farcissez, salez, poivrez* (lines 7–8), *mettez* (line 8), *éteignez* (line 17), and in text 2: *apprenez* (line 1), *fuyez* (line 3), *vivez* (line 4).

b Pronominal verbs, like *s'informer*, keep their object pronouns in the imperative, e.g. in text 2: *informez-vous* (line 4), and *ne vous exposez pas* (line 5).

3 TREATMENT OF OBJECT PRONOUNS

a With affirmative (positive) imperatives, any object pronouns, direct, indirect or reflexive, and the pronouns *y* and *en*, follow immediately after the verb and in written French are attached to the verb by a hyphen, e.g. in text 1, *badigeonnez-le* (line 8), *gardez-les* (line 17), *saisissez-la* (line 19), *achevez-en* (line 22), and in text 2, *informez-vous* (line 4).

b With negative imperatives, any such pronouns precede the verb, just as they would with a non-imperative verb, e.g. in text 2, *ne vous exposez pas* (line 5).

Other points to note in the texts

- Infinitive as imperative: *Prévoir l'huile* (text 1, line 6). See ***Discover more about the imperative***, below
- Subjunctive: *jusqu'à ce que les légumes soient cuits* (text 1, lines 16–17) (see Chapter 24)
- *Faire* + infinitive: *faites précuire* (text 1, line 9); *faites revenir* (text 1, line 11); *faites régler* (text 2, line 2); *laisser* + infinitive: *laissez mijoter* (text 1, line 16)

▲ *Discover more about the imperative*

1 USAGE: OTHER WAYS OF EXPRESSING THE IMPERATIVE

a An infinitive may be used to express a general instruction, e.g. *Servir frais; Ne pas se pencher dehors* (see Chapter 20).

b The future tense may be used to express a polite imperative, e.g. *Vous lui en parlerez, s'il vous plaît* (see Chapter 6).

c The imperative of *vouloir* may also be used to express a polite imperative, notably in closing formulae of formal letters, e.g. *Veuillez recevoir l'expression de mes sentiments distingués.*

d Third person imperatives are formed by the use of *que* + a verb in the subjunctive, e.g. *Qu'elle s'explique* (Let her explain herself) (see Chapter 24).

2 FORMATION

a Four verbs have irregular imperative forms:

- *être*: sois, soyons, soyez
- *avoir*: aie, ayons, ayez
- *savoir*: sache, sachons, sachez
- *vouloir*: veuille, veuillez (meaning **please**)

b For reasons of euphony (pleasing sound), the second person singular imperative of verbs whose present indicative ends in *-as* or *-es* retains the final *-s* when it is followed by the pronoun *y* or *en*.

e.g. *Vas-y; parles-en; manges-en*

Note The 's' must be pronounced, making a liaison with the following vowel.

3 TREATMENT OF OBJECT PRONOUNS

a If an affirmative imperative is followed by an infinitive, any pronouns which follow the imperative are **not** linked to it by a hyphen.

e.g. *Viens me voir demain*

b With affirmative imperatives not followed by an infinitive, *moi* and *toi* are used instead of *me* and *te*, and are attached to the imperative by a hyphen in the normal way.

e.g. *Suivez-moi; Assieds-toi,* except when followed by *y* or *en*

e.g. *Donnez-m'en; Va t'en*

c When the affirmative imperative is followed by more than one pronoun, the order is: verb + direct object + indirect object + *y/en*.

e.g. *Donnez-le-lui; Servez-vous-en*

A hyphen links each element to the next.

d With negative imperatives, the pronouns precede the verb and their order is the same as with non-imperative verbs (see Chapter 10).

See for further information:	Hawkins and Towell, pp. 155–6, 273–6
	Byrne and Churchill, pp. 143, 253–4, 387–8
	Coffman Crocker, pp. 131–3
	Judge and Healey, pp. 177–81, 222
	Ferrar, pp. 49, 204–6

✎ **EXERCISES**

1 Rewrite text 2 in the *nous* form of the imperative, beginning, '*Automobilistes, apprenons ...*'.

2 Imagine that the writer of text 2 was addressing a friend and rewrite her text **in the second person SINGULAR imperative**, substituting the words '*Si tu es au volant*' for the address to '*Automobiliste*', in line 1 and the words '*Si tu vas à pied*', for the address to '*Piéton*' in line 4.

3 Replace the infinitives in italics with the *vous* form of the imperative.

a *Se calmer. S'asseoir* là et *essayer* de respirer à fond.

b *Me donner* un moment. *Ne pas me tracasser.*

c *Etre* gentil. *M'aider* à descendre la valise s'il vous plaît.

d *Avoir* patience. *Ne pas vous moquer* de lui.

e *Vouloir* répondre dans les plus brefs délais.

f *S'en aller. Me laisser* en paix.

g *Se souvenir* de son anniversaire. *Savoir* qu'il tient beaucoup à vous.

h *Se soigner. Faire* attention à votre régime et *ne pas oublier* de respecter les consignes du médecin.

i *Finir* votre dissertation. *La relire* demain.

j *Ne pas se préoccuper* de cela. *Sourire.* Il n'y a pas de problème.

k *Vendre* votre vélo. *S'acheter* une voiture.

4 Write a second version of the above sentences, using the familiar form as if you were addressing a friend, and remember to make all the necessary changes that this will entail. Omit **e** which is very formal in register.

5 Rewrite these sentences, replacing the words in italics with appropriate pronouns. Pay particular attention to word order.

a Parle *de tes études à ton père.*

b Occupez-vous *de ce travail* et faites attention à *la date limite.*

c Donnez *de l'argent au mendiant.*

d Offre *ces fleurs à ta mère.* Remercie *ta mère* de ma part.

e N'oubliez pas *la date de son anniversaire.*

f Ne venez pas demander *son adresse.* Ne cherchez pas à trouver *sa cachette.*

g Va *à la réunion.* Donne *ces papiers aux délégués.*

h Parle *de tes projets.* Explique *tes idées.*

6 Composition

A friend is going to look after your home, plants and cat whilst you are away for a week's holiday in the summer. Write him or her a short note, giving instructions **in the familiar form of the imperative**, as to e.g. when/how much to feed the cat, how often to water the plants, and encouraging him/her to help him/herself to coffee/tea/biscuits.

18 | Pronominal verbs

Toulouse, à mi-chemin entre l'Atlantique et la Méditerranée, proche des Pyrénées qu'on aperçoit depuis les hauteurs de la ville, est aujourd'hui une métropole régionale et la quatrième ville de France. Longtemps délaissée – à plus de 700 kilomètres de Paris et tenue à l'écart de la révolution industrielle – ce n'est que
5 lorsqu'elle est devenue le terrain d'envoi des pionniers de l'Aéropostale, il y a soixante-dix ans, qu'elle **s'est métamorphosée.** Les Toulousains, dès lors, ont repris confiance avec le même dynamisme qui, jusqu'au siècle d'or, avait fait d'eux des entrepreneurs exemplaires.

   Certes, Toulouse était riche de son passé. Mais jusqu'au lendemain de la guerre de
10 1914–18, elle négligea son avenir. Depuis, elle a retrouvé son âme. Et les années soixante-dix ont été celles de sa renaissance. La population de Toulouse **s'est accrue** et **rajeunie.** En effet, tolérants par tradition et toujours marqués de l'empreinte cathare, les Toulousains ont accueilli successivement des Espagnols par milliers, à la fin des années trente, puis de nombreux pieds-noirs en 1962. Ces
15 expatriés **se sont** parfaitement **intégrés.** Ce mélange de 400 000 habitants, dont les accents chantent au fil des rues aux mille facettes, est fait aussi bien d'indolence, de désinvolture et d'indocilité que de courage, d'abnégation et de volonté d'imposer un savoir-faire qui **se traduit** par la réussite d'industries de pointe … .

   Ville du futur, qui **s'épanouit** dans un paysage économique où **s'inscrivent** tous
20 les progrès, Toulouse **se tourne** volontiers vers ce qu'elle fut au cours des siècles. Heurs et malheurs, dès le début du XIIIe siècle, alternèrent au fil des ans: crise cathare, Inquisition, famines, incendies, guerres de Religion mais aussi naissance de la première académie littéraire d'Europe, les jeux floraux des troubadours. Et puis ce fut l'essor, avec le premier chemin de fer au milieu du siècle dernier, le premier envoi
25 d'un appareil de l'Aéropostale en 1919 vers le Maroc, la première liaison aérienne Toulouse-Amérique du Sud dans les années trente, la première Caravelle en 1955 et le premier Concorde il y a vingt ans. Aujourd'hui les carnets de commande chez Dassault-Breguet, Latécoère et Airbus ne cessent de **se remplir**. Et on travaille au projet Hermès de la navette spatiale européenne.
30   Telle est l'histoire de Toulouse, la ville que l'on qualifie de rose à cause des briques qui servirent jadis et servent toujours à son édification. Au cœur de la cité **se situent** le Capitole et sa place, l'une des plus belles d'Europe. Derrière la façade imposante de l'édifice **s'active** toute l'administration communale. C'est aussi là que siège le premier magistrat de la ville.

Atlas Air France, 1989

🔎 Pronominal verbs in the text

1 USAGE

a Pronominal verbs are used to indicate an action where the subject and the object are the same. These are sometimes referred to as 'reflexive verbs'.

e.g. *Ces expatriés se sont parfaitement intégrés* (lines 14–15)

b Pronominal verbs are often used as substitutes for the passive form (see Chapter 19).

e.g. *Au cœur de la ville se situent le Capitole et sa place* (= sont situés) (lines 31–2)

2 FORMATION

a All pronominal verbs are constructed with an unstressed personal pronoun (*me, te, se, nous, vous*).

e.g. **Infinitive** **se** tourner

present je **me** tourne

tu **te** tournes

il/elle **se** tourne

nous **nous** tournons

vous **vous** tournez

ils/elles **se** tournent

It is important to remember to use the appropriate pronoun and to avoid the common error of using *se* regardless of subject.

b All pronominal verbs are conjugated with *être* in compound tenses.

c Agreement of past participle in pronominal verbs

Although pronominal verbs are all conjugated with *être*, their past participles follow the rules of agreement of past participles conjugated with *avoir*, i.e. they agree with the preceding direct object (see Chapter 2).

e.g. ***Elle s'***est métamorphos**ée** (line 6)

Ils se sont intégr**és** (lines 14–15)

Other points to note in the text

- Present (lines 2, 16, 28, etc.) (see Chapter 1)
- *Passé composé* (lines 6, 10, etc.) and past historic (lines 10, 21) (see Chapters 2 and 5)
- Articles: *le, la, les, de, du, des* (see Chapter 14)
- Relatives: *qu'* (line 2); *qui* (lines 18, 19); *dont* (line 15) (see Chapter 11)
- Superlative (line 32) (see Chapter 16)

◭◭ *Discover more about pronominal verbs*

1 USAGE

a Pronominal verbs may be used reciprocally **in the plural** to describe a situation where the subjects are doing things to each other.

e.g. *Nous nous écrivons souvent*

b A number of common pronominal verbs have no particular reflexive or reciprocal meaning. These are the most frequently used.

s'abstenir	to refrain	*s'imaginer*	to imagine
s'adresser à	to address, speak to	*se méfier de*	to mistrust
s'apercevoir de	to notice	*se moquer de*	to mock, laugh at
se dépêcher	to hurry	*se noyer*	to drown
se douter de	to suspect	*se plaindre*	to complain
s'écrier	to cry out	*se presser*	to hurry
s'en aller	to go away	*se promener*	to go for a walk
s'enfuir	to flee	*se rappeler*	to remember
s'enrhumer	to catch cold	*se réfugier*	to take refuge
s'évader	to escape	*se sentir*	to feel
s'évanouir	to faint	*se servir de*	to use
se fâcher	to be angry	*se rendre à*	to go to
se fier à	to trust	*se souvenir de*	to remember

In these cases the past participle agrees with the subject.

c When a part of the body is used with a pronominal verb (e.g. *se laver les cheveux*), the possessive adjective is not used as in English. It is replaced by a definite article.

e.g. *Je me lave les cheveux*

2 FORMATION

a All moods (indicative, subjunctive, imperative) and all tenses (active and passive) are possible, as with non-pronominal verbs.

b Negatives are split and placed before and after the reflexive pronoun + verb.

e.g. *Elle **ne** s'active **pas***

except in compound tenses where the negative comes before and after *être*.

e.g. *Elle ne **s'est pas** activée*

c Agreement of past participles

Following the rule of agreement of the past participle with *avoir* (see Chapter 2), the past participle of pronominal verbs does not agree with a preceding indirect object.

e.g. *Elle s'est coupée* (*s'* is a direct object)
   Elle s'est coupé le doigt (*le doigt* is the direct object, *s'* is an indirect object = *à elle*)

With verbs like *se souvenir*, however, the past participle agrees with the subject (see Chapter 2).

Note that in the case of compound tenses, if the reciprocal pronoun is an indirect object there is no agreement, e.g. *Ils se sont écrit* but, if it is a direct object it does agree, e.g. *Ils se sont vus*.

See also Chapter 10 regarding the position of pronouns.

See for further information: Hawkins and Towell, pp. 201–8

Byrne and Churchill, pp. 295–7

Coffman Crocker, pp. 127–31

Judge and Healey, pp. 200, 203–6

Ferrar, pp. 52–3, 110–14

✎ EXERCISES

1 Complete the following sentences with an appropriate reflexive pronoun.

a Tu _____ es servi?

b Elles _____ sont assises à la même table.

c Nous _____ sommes plaints des services du chemin de fer.

d Je ne _____ sens pas bien.

e Elle _____ débrouillera toute seule.

f Ils _____ sont mariés la semaine dernière.

g Vous _____ souvenez de cet incident?

h Il _____ est encore trompé.

2 Rewrite the following sentences in the plural.

a Cette aventure s'est passée il y a très longtemps.

b Je me suis pressé le plus possible.

c Tais-toi!

d Tu te passeras de dessert ce soir.

e Je m'entends bien avec son copain.

f Le voisin s'est occupé des animaux en mon absence.

3 Complete the following text with the appropriate forms of the reflexive verbs.

LA FRANCE DANS LE MONDE

Petit pays par sa superficie et par sa population, la France a eu dans le passé un rôle de 'super-grand'. Première puissance en Europe sous Louis XIV, son influence _____ (s'étendre) à de grandes parties de la planète, jusqu'à la fin du XIXe sicle, grâce à son empire colonial et à son rayonnement culturel. Mais, depuis 1945, la France a su _____ (s'adapter) au nouveau contexte international. Avec la décolonisation entreprise par Pierre Mendès-France puis le général de Gaulle, son empire a disparu. Notre pays progressivement _____ (s'intégrer) dans l'Europe et son économie _____ (s'ouvrir) sur le monde.

    Cette mutation _____ (s'accomplir) grâce à un vaste effort de modernisation. Il

_____ (se réaliser) pendant les Trente Glorieuses, des années entre 1945 et 1975, qui ont correspondu à une expansion exceptionnelle de notre économie: politique de grands travaux (autoroutes, installations portuaires, extension du réseau ferroviaire, centrales nucléaires, etc), création de nouvelles entreprises, élévation du niveau de vie, avènement de la société de consommation. Aujourd'hui la France _____ (se situer) sur le plan économique derrière des mastodontes comme les Etats-Unis, le Japon et l'Allemagne.

4 Rewrite the following sentences in the negative form.

a Elles s'en iront sans bruit.

b Je m'intéresse aux problèmes de l'environnement.

c Tu t'es mal débrouillée.

d Il s'est rasé avant de sortir.

e Nous nous étions couchés de bonne heure.

f Vous vous ennuyez tout seul?

5 Complete the following sentences using the pronominal verbs indicated.

a J'ai eu un accident parce que la voiture devant moi.................. (s'arrêter).

b En général je .... (se lever) à sept heures et demie.

c Hier je .... (s'adresser) à l'agent de police pour un renseignement.

d Quand il sera grand il .... (se souvenir).

e Tu .... (s'énerver) dès que ....

f Nous .... (se reposer) quand nous sommes fatigués.

6 Translate the following sentences into French, using one of the pronominal verbs listed.

S'arrêter, se tromper, se brosser, s'acheter, se trouver, se vendre, se lever, se demander, se passer de, se réveiller, se rencontrer, se presser

a I bought myself a video-cassette.

b Wake up and get up!

c Unfortunately the train does not stop here.

d These toys were selling very well before Christmas.

e I wonder if this house will ever be finished.

f Brush your teeth and hurry up!

g If only we could meet.

h She has never made a mistake.

i The office is located in the new building.

j You'll have to do without the car.

19 | The passive

Text

TINTIN AU PAYS DES PIXELS

Aujourd'hui, sort l'édition de 1943 de «L'Île noire», aux planches restaurées grâce à l'informatique. Elle annonce une collection «de référence».

«L'Ile noire» a connu trois versions: en noir et blanc (1937), en couleur (1943), puis en 1965, où des modifications profondes du dessin **ont été effectuées**, comme l'indiquent ces deux vignettes de 43 et 65. La restauration concerne l'édition de 43.

Le 24 octobre, les premiers albums d'un Tintin très particulier sortaient des
5 rotatives de Casterman, à Tournai. Loin d'être un simple reprint de «L'Île noire», cette édition est le fruit d'un long travail de recherche qui vise à donner aux lecteurs un album **débarrassé** des imperfections techniques gênantes qui le suivent depuis sa sortie, en 1953. **Publié** en noir et blanc en 1937, l'album **a été mis** en couleur par Hergé pour une version **parue** en 1943. La technique de la BD **était** alors déjà bien
10 **définie**. Le dessinateur met la couleur sur un fond, le «bleu de coloriage», qui lui sert de repère. Le noir fait l'objet d'un autre film, **traité** à part. Les couleurs, elles, **sont décomposées** en photogravure sur trois films, jaune, rouge et bleu. Leur superposition, au moment de l'impression, donna la planche que l'on connaît. C'est la technique trichromie + trait.

15 *Mauvais repérages*
C'est là que les ennuis commencent. Le photograveur de l'époque ne pouvait pas fournir un travail parfait. Le papier **mis** en couleur par le dessinateur s'est dilaté de manière anarchique, obligeant le photograveur à un répérage manuel qui ne peut rattraper toutes les imperfections. Sur la presse, de nouvelles erreurs dans le repérage
20 interviennent, tandis que le contrôle de la densité de l'encrage est assez aléatoire. Les conditions de stockage du papier (de mauvaise qualité: c'est la guerre) n'arrangent pas les choses. Malgré tous les efforts de l'éditeur, ces imperfections ont suivi les premiers albums couleurs. Editeur et imprimeur ont tout essayé, avant que les progrès de l'informatique ne rendent récemment possible une restauration en profondeur.

25 *Sauvé par l'informatique*
Casterman a choisi de repartir des films originaux de 1943 (les bleus de coloriage étant incomplets). **Numérisés, détramés,** ils permettent de revenir aux couleurs d'Hergé. Intervient alors le travail de restauration proprement dit. Les films **sont** exactement **repérés**, les griffes et dégradation des couleurs **supprimés** par
30 clonage, les planches **corrigées** pixel* par pixel s'il le faut . . . **Fini** les couleurs baveuses, et les erreurs qui gênaient la lecture.

Mais comme dans toutes les restaurations, se pose le problème de ce qu'on peut corriger et ce qu'on doit laisser au nom du respect de l'œuvre. Ici, l'éditeur a guidé le technicien. Ainsi, la trace de doigt d'un photograveur de 1943 **est supprimée**, mais

35 la case que Hergé a oublié de refermer reste en l'état, comme les chaussures rouges que Tintin porte dans la planche 1 et qui deviennent marron dans les autres . . . Toujours, le souci de l'authenticité a prévalu, conservant à l'album son côté vivant, mais lui restituant des couleurs superbes: une véritable redécouverte.

Cette expérience ayant très bien fonctionné, les albums couleurs anciens **seront**

40 progressivement **restaurés**, donnant lieu à une édition dite «de référence», qui vivra à côté de celle qui existe actuellement.

Denis Sénié, *La Voix du Nord*

* pixel: la plus petite partie d'une image visible sur l'écran d'un ordinateur.

🔍 The passive in the text

1 USAGE

The use of the passive is far less widespread in French than it is in English. French, however, does use it, although with some restrictions. It also offers a number of alternatives.

a In the passive, emphasis can be changed from the subject to the object of the action (or the recipient).

e.g. *L'album a été mis en couleur par Hergé* (lines 8–9)

In this sentence the emphasis is on *l'album*. The same sentence expressed in the active voice would read: *Hergé a mis l'album en couleur*. The emphasis would then be on the subject, i.e. Hergé.

b Emphasis can be put simply on the action without mentioning who performs it.

e.g. *Les albums . . . seront . . . restaurés* (lines 39–40)

2 FORMATION

a The passive is formed by using the verb *être* in the appropriate tense and mood plus the past participle of the verb.

e.g. *des modifications profondes . . . ont été effectuées* (line 2)

Forms of the passive to be found in the text are:

the present (lines 10, 27, 28, 30, 35)
the future (line 39)
the imperfect (line 9)
the *passé composé* (line 8)
the past participle (lines 7, 8, 9, 11, 17, 27, 30).

b The past participles agree in gender and in number with the subject of the sentence.

e.g. *La technique de la BD était alors bien définie* (lines 9–10)
Les couleurs, elles, sont décomposées (lines 11–12)

3 AN ALTERNATIVE TO THE PASSIVE

Reflexive verbs can be used as an alternative to the passive (see Chapter 18).

e.g. *Mais comme dans toutes les restaurations se pose* le problème . . . (= *est posé*) (line 32)

Other points to note in the text

- *Pouvoir/devoir* + infinitive: *le problème de ce qu'on peut corriger et ce qu'on doit laisser* (lines 32–3) (see Chapter 22)
- The imperfect as a narrative tense: *sortaient* (line 4) (see Chapter 3)
- The present as a narrative tense: *met* (line 10) (see Chapter 1)
- Agreement of the past participle: there are numerous examples in the text. Note in particular *la case que Hergé a oublié de refermer* (line 35) (see Chapter 2)
- *Marron* as an adjective is invariable (line 36) (see Chapter 15)

◢ *Discover more about the passive*

1 OTHER TENSES CAN BE USED IN THE PASSIVE

These include:

the infinitive	*être publié*
the present participle	*étant publié*
the present conditional	*il serait publié*
the past conditional	*il aurait été publié*
the pluperfect	*il avait été publié*
the present subjunctive	*qu'il soit publié*
the past subjunctive	*qu'il ait été publié*

2 CASES WHERE THE PASSIVE CANNOT BE USED

There are cases where the passive is commonly used in English but cannot be used in French. This depends on the verb construction.

In English an indirect object of an active sentence can become the subject of a passive. In the sentence 'They gave the child a present', 'the child' is the indirect object. It can become the subject of the passive sentence: 'The child was given a present'. In French this construction is unacceptable.

A number of French verbs take both a direct and an indirect object. Only the direct object can become the subject of a sentence in the passive voice.

e.g. *Donner quelque chose à quelqu'un*

active voice	*On a donné un cadeau à l'enfant*
passive voice	*Un cadeau a été donné à l'enfant* (✓)
	L'enfant a été donné un cadeau (✗)

The most common of these verbs are:

apprendre quelque chose à quelqu'un			to teach sb. sth.
conseiller	"	"	to advise sb. (to do) sth.
défendre	"	"	to forbid sb. sth.
demander	"	"	to ask " "
donner	"	"	to give " "
enseigner	"	"	to teach " "
montrer	"	"	to show " "
offrir	"	"	to offer " "
pardonner	"	"	to forgive " "
permettre	"	"	to allow " "
prêter	"	"	to lend " "
promettre	"	"	to promise " "
refuser	"	"	to refuse " "
vendre	"	"	to sell " "

3 **OTHER ALTERNATIVES TO THE PASSIVE:** *SE FAIRE, SE LAISSER* + **INFINITIVE**

a *On* + an active verb

e.g. I was sent a threatening letter > *on m'a envoyé une lettre de menaces*

b i *se voir, s'entendre* + infinitive

e.g. *Il s'est vu refuser l'entrée du club*   He was refused entry to the club
Je me suis entendu dire que ce billet était faux   I was told this note was forged

ii *se faire, se laisser* + infinitive

e.g. *Il s'est fait attraper*   He was told off
Je me suis laissé dire qu'elle l'avait quitté   I was told she had left him

c An abstract noun is occasionally used in French where a passive construction is used in English.

e.g. *Nous avons vu la démolition du mur de Berlin*   We saw the Berlin Wall being pulled down

d Impersonal constructions.

e.g. *Il est strictement interdit de* . . . It is strictly forbidden to . . .

e *Se* may be used with a verb as an alternative to an English passive.

e.g. *Le champagne se consomme très frais*
Le vieux Montpellier se visite à pied

See for further information: Hawkins and Towell, pp. 198–201

Byrne and Churchill, pp. 298–300

Coffman Crocker, pp. 215–17

Judge and Healey, pp. 206–14, 225–6, 327

Ferrar, pp. 51–2, 112–14

✎ **EXERCISES**

1 Rewrite the following sentences in the active voice.

e.g. *Le chat est nourri par le voisin > le voisin nourrit le chat*

a Le couscous a été préparé par son copain.

b La gamine a été retrouvée dans la rue.

c La soirée sera organisée par les assistants.

d L'école aurait été entièrement détruite par un incendie.

e Une nouvelle pièce a été bâtie pour agrandir la maison.

f L'éditorial est écrit chaque semaine par un excellent journaliste.

2 Rewrite the following sentences, using the reflexive form as an alternative to the passive.

a On écrit les noms propres avec des majuscules.

b On mange le canard avec des petits pois.

c On joue au rugby dans le sud-ouest de la France.

d Récemment on a métamorphosé la ville de Toulouse.

e On vendait les pommes de terre très cher l'hiver dernier.

f On fera cela avec ou sans votre accord.

3 Complete the following text with verbs in the appropriate form of the passive (occasionally the past participle alone is used).

• Chaque passager peut (sur présentation de son billet de traversée à la caisse) effectuer des achats hors taxes, dans la limite des quantités indiquées page x , et ce à l'aller et au retour. Par respect des lois européennes, Brittany Ferries ne pas _____(autoriser) à vendre au-delà de ces quantités par traversée.

Nous demandons à notre clientèle de vérifier les produits _____ (acheter) , tickets et reçus au moment de l'achat, les erreurs et/ou échanges ne pouvant être _____ (prendre) en compte après avoir debarqué du navire.

• Seuls les passagers de 17 ans ou plus _____ (autoriser) à acheter de l'alcool et du tabac.

• Il ne pas _____ (autoriser) de consommer à bord les vins et spiritueux _____ (acheter) dans les Boutiques.

• Les prix _____ (indiquer) dans ce Guide sont valables à partir du 1/06/96. Ils remplacent ceux _____ (publier) dans les éditions antérieures et sont susceptibles de _____ (modifier) indépendamment de notre volonté. Les conditionnements des produits peuvent également _____ (modifier) par les fournisseurs.

• L'approvisionnement des Boutiques ne peut _____ (garantir) en permanence. Il dépend de la disponibilité des stocks chez nos fournisseurs. Certains produits ne sont pas disponibles sur tous les navires. Renseignez-vous auprès de nos hôtesses.

- La fluctuation des taux de change ne nous permet pas d'imprimer les tarifs simultanément en Francs et Livres sterling. Tous les prix à bord _____ (exprimer) donc en Livres Sterling. Pour connaître l'équivalent en Francs, il vous suffit de demander à nos hôtesses.

Brittany Ferries

4 Translate the following sentences into French, using the passive, if appropriate, or an alternative.

  a The Eiffel Tower was built in 1889.

  b This drink is advertised on the telly.

  c She was asked by the director to leave the room.

  d I was taught to play the clarinet at school.

  e The ceasefire will be signed officially tomorrow.

  f Before this incident he had been caught stealing a radio.

  g These cosmetics are sold at the duty-free shop.

  h He was asked to pay in advance.

5 Using the dates and facts outlined below, write a short account of the history of the Grand Louvre. Use the passive as much as possible.

1204	Commencement de la construction du Palais Royal du Louvre sous le roi Philippe-Auguste
	Construction continuée sous les successeurs de Philippe et terminée sous Napoléon III
1793	Ouverture des collections d'art du roi au public
XIXe siècle	Construction des extensions du Nouveau Louvre
1982	Décision d'engager le réaménagement global du Grand Louvre.
	Premier objet: la construction d'un nouveau ministère des finances dans le quartier du Bercy pour libérer l'aile nord du palais
1984	Construction d'un vaste complexe souterrain sous la cour Napoléon
1989	La Pyramide, idée de l'architecte américain Ieoh Ming Pei, domine et termine l'ensemble
1993	Fin des travaux pour célébrer le 200ème anniversaire du Louvre

6 Write a brief article for a French newspaper using the following elements and any details or developments you wish to add. Use the passive whenever possible.

Ecole maternelle – incendie – appel aux pompiers à 2h du matin – feu maîtrisé vers 3h45 – importants dégâts – plus tard un autre appel aux pompiers – une autre école – centre ville – bâtiments ravagés par feu et fumée – rentrée des classes problématique – cause probable des sinistres: un pyromane – enquête policière

20 | The infinitive and present participle

The infinitive

Text

COMMENT MIEUX PARLER UNE LANGUE ÉTRANGÈRE?

Pour un enfant de moins de 6 ans, une langue est liée à une personne. Tous les enfants «naturellement» bilingues le prouvent. A telle personne de son entourage familier, l'enfant parle de telle manière, spontanément et sans **savoir** que cette «façon de **parler**» est une langue, qu'il est bilingue. L'enfant de cet âge ne connaît pas ce que les
5 adultes appellent «la barrière linguistique». Nous avons tous pu **observer**, sur les plages par exemple, des enfants de nationalités différentes **jouer** ensemble, **discuter** et même **revenir** vers les parents, **disant**: «La petite fille a dit que . . . .» A l'école maternelle, la méthode directe est donc pleinement justifiée, à condition que la langue soit liée à une personne précise. L'enfant entend **parler,** appréhende le sens, répète. Il
10 accompagne ce qu'il dit de gestes, et son corps autant que son oreille l'aidera peu à peu à **mémoriser**. Et même s'il oublie les mots, il aura sauvé au moins une partie de ce don qu'a tout enfant qui naît: le don de **percevoir** et de **prononcer** tous les sons de toutes les langues du monde. Le don des langues, tout le monde l'a. Ce n'est que lorsqu'il n'est pas utilisé que peu à peu il s'atrophie . . . .
15   Mais que **dire** à un grand élève qui sait – on le lui a tant répété – qu'il lui manque les connaissances de base, qu'il est trop tard pour tout **rattraper**? Lui **dire** de **ne pas baisser** les bras! Car c'est le moment d'**appréhender** une autre méthode encore, de **faire** une autre découverte: celle du rapport entre une langue et une culture, celle de ce qu'une langue peut m'**apprendre** sur la mienne propre, et sur
20 moi-même. Si je vois, en effet, que pour un Allemand *la mort* est du masculin et *le soleil* du féminin, que, pour lui, un même mot désigne *la dette* et *la faute*, un autre *l'imagination* et *la vanité*, un autre encore *la fortune* et *le pouvoir*, est-ce que cela ne me dit pas déjà, pour ces quelques notions prises au hasard, quelque chose sur sa manière de **regarder** le monde? Est-ce que je ne prends pas conscience, alors, et
25 alors seulement, de ma manière à moi de **regarder** ce même monde?

Waltraud Legros, *Le Nouvel Observateur*

🔎 The infinitive in the text

1 USAGE

a Used independently
- after a question word, e.g. *Comment mieux parler?* (title); *que dire à un grand élève . . . ?* (line 15)

- as a polite command, with the sense of an imperative (see Chapter 17), e.g. *Lui dire* (line 16)
- after a preposition, e.g. *sans savoir* (line 3); *pour rattraper* (line 16)
- as complement to a noun, most usually preceded by *de*, e.g. *façon de parler* (lines 3–4); *le don de percevoir et de prononcer* (line 12); *manière de regarder* (lines 24 and 25),

Note that in the latter two cases English would use a verb form in '-ing', e.g. 'Without knowing', 'way of speaking'. The infinitive is used in French in many such instances; the French present participle is relatively rarely used (see below).

b Used after another verb

Following the verb directly with no preposition

- after a modal verb (see Chapter 22), e.g. *Nous avons tous pu observer* (line 5); *peut m'apprendre* (line 19)
- after a verb of perception, e.g. *observer ... des enfants ... jouer ensemble, discuter et même revenir* (lines 6–7); *L'enfant entend parler* (line 9). Here again French uses an infinitive where English would again use a verb form in '-ing', e.g. 'see children playing, talking . . .'

c Preceded by à and de

- after a verb of 'helping' or 'encouraging' and preceded by the preposition *à*, e.g. *l'aidera . . . à mémoriser* (lines 10–11)
- after a verb of 'telling', 'ordering' or 'advising' and preceded by the preposition *de*, e.g. *Lui dire de ne pas baisser les bras* (lines 16–17)

Note For more information on verbs which take *à* and *de* before an infinitive see Chapter 21.

2 FORM

The infinitive is the form in which a verb is listed in the dictionary. In English the infinitive is formed from 'to' + verb, e.g. 'to go'. In French, the infinitive is distinguished by its ending. There are **four** infinitive endings:

- *-er*, e.g. *parler* (line 4)
- *-ir*, e.g. *revenir* (line 7)
- *-re*, e.g. *dire* (line 15)
- *-oir(e)*, e.g. *percevoir* (line 12), boire

Other points to note in the text

- Passive: *est liée* (line 1); *est justifiée* (line 8); and subjunctive: *soit liée* (line 9) (see Chapter 19)
- Demonstratives – pronouns: *celle* (line 18); *cela* (line 22) and adjectives: *ce* (line 12); *cette* (line 3); *cet* (line 4); *ces* (line 23) and relative: *ce que* (lines 4, 10, 19) (see Chapter 12)
- Personal pronouns: *le prouvent* (line 2); *on le lui a tant répété; il lui manque* (line 15); *Lui dire* (line 16) (see Chapter 10)
- Impersonal verbs: *il lui manque* (line 15); *il est trop tard* (line 16) (see Chapter 23)

▲ *Discover more about the infinitive*

1 USAGE

In addition to the uses seen in the text, the infinitive may also be:

a **Used independently**

- as a verbal noun, functioning as the subject of a sentence, e.g. *Travailler tout le temps n'est pas bon pour la santé*; *Corriger leurs fautes sans les décourager, voilà le problème*. One may even find one infinitive acting as the *complement* of another, e.g. *Voir c'est croire* (seeing is believing). See also Chapter 21 text, lines 7–9 and 9–10. Note that here again French uses an infinitive where English would use a verb form in '-ing'
- after the preposition *à* often appears as an approximate alternative to a conditional clause, e.g. *A en juger d'après les apparences* . . . (To judge by/If we are to go by appearances . . .)
- following a noun, preceded by *à*, e.g. *une chambre à louer*; *un repas à emporter*
- following adjectives used in impersonal constructions, e.g. *Il est impossible de comprendre cela*; *C'est impossible à comprendre*
- following an adjective, preceded by *à/de*, e.g. *Je suis prêt à partir*; *Je suis content de vous voir.*

b **Used after another verb**
With no preposition

- after a verb expressing 'liking', 'wishing', 'hoping', e.g. *Je veux partir*; *J'adore danser*; *J'espère le voir*
- after a verb of motion, e.g. *Je viens vous voir*; *Je suis allé le chercher*. See also Chapter 6 for the use of *aller* + infinitive to refer to future events
- after *sembler, paraître*, etc., e.g. *Elle semble se contenter de très peu*
- after the verbs *laisser* and *faire* (sometimes called 'factitives' or 'causatives'), e.g. *Je les ai laissés jouer*; *Ils ont fait construire une maison* (they had a house built). It is to be noted that in this latter example English uses a past participle – 'built' – where French must always have an infinitive. For the use of object pronouns with this construction, see Chapter 10.

Preceded by à/de

For further details of verbs which take *à/de* before a following infinitive, see Chapter 21.

c **The perfect infinitive**

After the preposition *après*, French uses a past infinitive where English would normally use a present participle, e.g. *Après avoir écrit sa dissertation* . . . (After writing (or having written) . . .).

2 FORM

- a There is also a past (or perfect) infinitive, which is formed from the infinitive of *avoir* or *être* as appropriate, + past participle, e.g. *avoir surmonté* (see Chapter 21 text, line 11), *être sorti*. The past participle of *être* verbs agrees with the subject, e.g. *Après être partis, ils* . . . (After having left, they . . .).
- b The passive infinitive is formed from the infinitive of *être* + past participle, e.g. *être félicité* (to be congratulated) (see Chapter 21 text, line 14).

See for further information:	Hawkins and Towell, pp. 277–304, 400–1
	Byrne and Churchill, pp. 327–37
	Coffman Crocker, pp. 208–15
	Judge and Healey, pp. 191–7
	Ferrar, pp. 75–84

✎ EXERCISES

1 Complete the following sentences by using the correct form of the perfect infinitive (with *avoir/être* as appropriate) and making any necessary agreement of the past participle.

  a Après (étudier) _____ ce texte de près, j'ai commencé à en être vraiment obsédé.

  b Après (lire) _____ cet article, je comprends mieux le problème.

  c Après (se laver) _____ elle est allée se coucher.

  d Elle a pris la décision d'aller vivre en Amérique après y (aller) _____ une seule fois.

  e Après (se plaindre) _____ au directeur, elle est retournée à son travail.

  f Après (mettre) _____ le gâteau au four, je me suis rendu compte que j'avais oublié un ingrédient essentiel.

2 Translate the following sentences into French, using infinitives wherever possible.

  a He heard her put her key in the lock.

  b They hope to spend the summer in France.

  c Do not lean out. (notice found in some French trains)

  d Serve chilled. (seen on wine bottles)

  e To see him sitting chatting, you'd think he had no work to do.

  f She has gone to look for your file.

  g Without wishing to offend you, I really must refuse.

  h In order to finish his work he stayed in his office until 7 p.m.

  i Following too strict a diet is not a good idea.

  j What are we to do? How are we to find her?

  k I don't understand your way of working.

  l I am inclined to think that she is right.

  m She had her hair cut yesterday.

  n After I've done the washing up, I'm going to make the bed.

For a review exercise, combining work on the infinitive with work on the present participle and gerund, see the end of this chapter.

The present participle and the gerund

Text

PRÉSERVER L'AIR, C'EST PROTÉGER NOTRE SANTÉ

La pollution de l'air est devenue un véritable problème de santé publique dont Corinne Lepage, ministre de l'Environnement, a pris la mesure dès son arrivée au Gouvernement. Durant l'été et l'automne 1995, elle a animé un groupe de travail **rassemblant** tous les acteurs socio-économiques concernés. Résultat: un projet de
5 loi, élaboré dans la concertation, qui pose les jalons fondamentaux de la prévention et de la protection. Présenté le 3 avril 1996, il reconnaît le droit «à respirer un air sain». Pour la première fois dans la législation de l'environnement, la santé est au cœur d'une loi.

Un sondage du ministère de l'Environnement, paru le 2 avril dernier dans *Le*
10 *Parisien*, l'a montré: Les Français très préoccupés par la qualité de l'air sont prêts à changer leur mode de déplacement: prendre moins la voiture au profit des transports en commun, la laisser au garage en cas de forte pollution, utiliser le vélo, pratiquer le co-voiturage, etc.

Prenant en compte les impératifs de santé publique comme les aspirations des
15 Français, le Gouvernement est passé aux actes: la nouvelle loi imposera des plans de déplacement urbains. Selon Corinne Lepage, c'est la disposition la plus importante pour réduire la pollution (grâce à la gestion de la circulation). Ces plans permettront aussi de résoudre d'autres problèmes de la ville comme le bruit ou le manque d'espace.

20 **OBJECTIFS**
- prévenir et réduire la pollution de l'air, **en choisissant** des véhicules peu **polluants**,
- surveiller l'ensemble du territoire et en informer les citoyens,
- protéger notre santé **en encadrant** la circulation, en cas de pics de pollution.

La Lettre du gouvernement

🔍 The present participle and the gerund in the text

1 USAGE

Present participle

a The verb form ending in -*ant* may be used as an adjective to qualify a noun, e.g *des véhicules peu polluants* (lines 21–2). When used in this way, it agrees with the noun, as can be seen in this masculine plural example. (It may also be used as a noun, with normal feminine and plural forms, e.g. *les polluants; une débutante*.)

b The form in -*ant* is also used as a present participle to form subordinate clauses. When used in this way, as a verb to describe an action, not as an adjective to describe a state, there is no agreement; the form is invariable, e.g. *rassemblant* (line 4); *prenant* (line 14). Both the present participles in the text are clearly functioning as verbs, since each is followed by a noun object, e.g. *Prenant en compte* **les impératifs** (line 14); *un groupe de travail rassemblant* **tous les acteurs socio-économiques** (lines 3–4). The fact that a form in -*ant* is functioning as a verb and not as an adjective may also be evident from the presence of a **following** adverb or adverbial phrase, e.g. *des enfants jouant patiemment*. If it were functioning as an adjective, the adverb would **precede**, e.g. *des jeux extrêmement amusants*.

c The present participle may function as an alternative to a relative clause, e.g. in lines 3–4, *un groupe de travail rassemblant* means *un groupe de travail qui rassemble*.

Gerund

d The gerund (present participle preceded by *en*) is often used where in English we would say 'by doing something', e.g. *en encadrant* (line 24). It should be noted that it is only possible to use *par* + infinitive in French after the verbs *commencer* and *finir*, e.g. *Il a commencé par se présenter*.

2 FORM

a Present participle

The present participle is formed from the stem of the first-person plural (*nous*) form of the present indicative by deleting -*ons* and adding -*ant*, e.g. *rassemblant* from *rassemblons* (line 4); *prenant* from *prenons* (line 14); *choisissant* from *choisissons* (line 21).

b Gerund

The gerund is formed by adding the preposition *en* in front of the present participle, e.g. *en encadrant* (line 24).

Other points to note in the text

- Infinitive: *Préserver, protéger* (title); *respirer* (line 6); *changer* (line 11); *prendre* (line 11); *laisser* (line 12); *utiliser, pratiquer* (line 12); *réduire* (line 17); *résoudre* (line 18); *prévenir, réduire* (line 21); *surveiller, informer* (line 23); *protéger* (line 24)
- Passé composé, including *est devenue* (line 1); *est passé* (line 15) (see Chapter 2)
- Past participles: *concernés* (line 4), *élaboré* (line 5); *présenté* (line 6); *paru* (line 9); *préoccupé* (line 10)
- Superlative: *la disposition la plus importante* (line 16) (see Chapter 16)

⛰ *Discover more about the present participle and the gerund*

1 USAGE

Present participle

a With some participles used as adjectives to describe position or state, French uses a **past** participle where an English speaker might expect a present participle, e.g. *Il était assis* = He was sitting. Similarly: *couché, étendu* (lying); *accroché, pendu, suspendu* (hanging); *agenouillé* (kneeling); *appuyé* (leaning).

b As a verb form, the present participle is used **much less frequently** in French than is the English form in '-ing'. It should be noted in particular that French prepositions are followed by the **infinitive** (see above), e.g. *Sans savoir l'heure* = Without knowing the time. The **only** preposition in French which is followed by the present participle is *en*.

c As a verb, the present participle may function as an alternative to a subordinate clause expressing cause, e.g. *Ayant beaucoup de travail en ce moment, je n'ai pas le temps de sortir* means much the same as *Comme j'ai beaucoup de travail . . . .*

d The existence of a few set verbal expressions with invariable present participles should be noted. They include: *argent comptant* = in cash; *ce disant* = in so saying; *chemin faisant* = on the way; *strictement parlant* = strictly speaking.

e The use of the perfect participle (see **2b** below) may be illustrated by the following: *Ayant fini ses examens, il partit en vacances* = Having finished his exams, he went off on holiday. Here the participle functions as an alternative to *Après avoir fini* or *Parce qu'il avait fini*.

Gerund

a The gerund – *en* + present participle – may only be used to refer to the subject of the sentence. So, for example, *Je l'ai vu en sortant de la bibliothèque* can only mean 'I saw him as I was leaving the library'. By contrast, the present participle may in theory refer to the subject or object, so that e.g. *Je l'ai vu, sortant de la bibliothèque* may mean EITHER 'I saw him as I was leaving the library', OR 'I saw him as he was leaving the library'. In practice, if it referred to the subject, the word order would most probably be *Sortant de la bibliothèque, je l'ai vu*.

b As well as being the equivalent of the English 'by + -ing', the gerund may also render the idea of 'in, upon, while + -ing'.

e.g. *En faisant la vaisselle, elle pensait à ce qu'elle allait faire le lendemain* = While doing . . . .

c Preceded by *tout*, the gerund is also used to express the fact that one event is taking place all the while that another is proceeding, e.g. *Tout en écoutant le conférencier, elle griffonnait discrètement sur un bout de papier* = All the while she was listening to the lecturer, she was quietly doodling on a piece of paper. In other contexts, *tout* + gerund may express the idea 'although ...', e.g. *Tout en reconnaissant ses qualités, je suis porté à croire que ...* = Although I recognize his qualities, I am inclined to think that . . . .

2 FORM

a There are just three irregular present participle forms to be noted:

- avoir > ayant
- être > étant
- savoir > sachant

b The existence of a compound form, a perfect participle, meaning e.g. 'having finished', 'having left', should also be noted. It is formed from the present participle of the auxiliary *avoir* or *être* as appropriate and the past participle of the verb.

e.g. *ayant fini; étant parti*

See for further information:	Hawkins and Towell, pp. 402–5
	Byrne and Churchill, pp. 337–44
	Coffman Crocker, pp. 133–5
	Judge and Healey, pp. 182–6, 189–91
	Ferrar, pp. 85–8

✎ EXERCISES

1 Rewrite the following sentences, using a present participle instead of the phrase in italics. A model is given for you to follow.

e.g. *Comme elle est* infirmière, elle sait faire des pansements. > Etant infirmière, elle sait faire des pansements.

a *Comme il est* étudiant, il doit passer des examens.

b *Comme elle a terminé* sa dissertation, elle va sortir ce soir.

c Je vois un groupe d'enfants *qui jouent* sur la plage.

d *Puisque j'ai* deux heures de libre cet après-midi, je vais visiter l'exposition.

e Devant nous, nous voyons une longue file de voitures *qui avancent* très lentement.

f *Comme je sais* que tu es très sérieux, je suis sûr que tu réussiras.

g *Comme je rougis* facilement, je me sens très mal à l'aise.

h Dans la salle commune, il y avait des étudiants *qui répétaient* une pièce de théâtre.

2 Fill in the blanks in the following text as appropriate with either the present participle or the gerund of the verb indicated.

Joachim du Bellay, le poète des *Regrets*, fut le premier écrivain à prendre vigoureusement fait et cause pour la langue française (publier) _____ en 1549 *Défense et illustration de la langue française*, à vanter ses vertus comme langue de culture mais aussi de littérature. Ainsi, avec son manifeste – dont nul n'aurait pu prédire à une époque dominée par le latin l'incroyable postérité – rompait-il avec la tradition médiévale (inaugurer) _____ le mouvement du classicisme promis à un bel avenir. (Ce faire) _____ , il établissait un principe fondamental toujours d'actualité: l'égalité de toutes les langues.

Le Monde de l'éducation, juillet–août 1996, p. 61

3 Translate the following sentences into French, using a present participle or a gerund in each.

a Living on a remote island, they led a very peaceful life.

b Having decided to leave the next day, he felt a lot happier.

c On returning home she began to prepare her meal.

d Although I would like to help you, I don't really know how.

e While browsing among journals in the library, she had come across some very interesting articles.

f All she could see was a long queue stretching all along the street.

g He paid for his trip to Australia by working as a waiter.

✎ **REVIEW EXERCISE (infinitive, present participle and gerund**

Fill in the gaps in the following text with **either** an infinitive, preceded where necessary by *à* or *de*, **or** by a present participle, **or** by a gerund. The verbs which you are to use are given in numbered sequence at the end of the text.

UN ENTRETIEN AVEC JEAN DUVERGER: VERS LE BILINGUISME

Le bilinguisme scolaire précoce, plaide Jean Duverger, est la meilleure manière

1 _____ vers le plurilinguisme.

«*Dans un pays monolingue comme la France, à quel âge pensez-vous qu'il conviendrait*

2 _____ **3** _____ *un enseignement bilingue des enfants?* »

4 _____ d'enfants issus de familles elles aussi monolingues (français), je crois

utile **5** _____ que le langage soit, chez ces enfants, bien installé, ce qui demande

à peu près quatre ans. Il ne faut pas **6** _____ le langage, qui est une fonction, avec la

langue, outil de l'environnement à travers lequel cette fonction se met en place. Or

7 _____ un deuxième code avant que l'enfant ait acquis un comportement de

parler, on prend le risque **8** _____ en état d'insécurité linguistique préjudiciable à

l'apprentissage de sa langue maternelle et à son développement cognitif. La période la plus

favorable me semble donc **9** _____ entre quatre et sept ans.

Quelles sont les conditions de réussite d'un enseignement bilingue?

Il est d'abord capital de ne surtout pas **10** _____ la première langue, sinon on ne

fera pas des enfants bilingues mais des semi-lingues, des enfants qui ne joueront bien ni de l'un ni

de l'autre code. Pour **11** _____ une deuxième langue, il faut également

immédiatement lui **12** _____ du sens: on joue dans cette langue, on lit des histoires à l'enfant,

on fait avec de la musique et des activités motrices, bref, on l'utilise d'emblée. On ne l'apprend

surtout pas «à vide» pour ne **13** _____ qu'après. Il faut que l'enfant ait besoin de cette

deuxième langue pour **14** _____ sa vie d'écolier comme il a eu besoin de la première pour

15 _____ **16** _____ avec son entourage. C'est **17** _____ qu'on apprend

18 _____ , c'est aussi **19** _____ qu'on apprend **20** _____

et cette deuxième langue va **21** _____ un véhicule d'enseignement pendant la scolarité

primaire, les deux langues **22** _____ équitablement les apprentissages de l'école.

Dans des filières bilingues mises en place en Europe (de l'Ouest, centrale et orientale), au Proche et

au Moyen-Orient et, plus récemment, en Asie du Sud-Est, on enseigne en français et non pas le

français. C'est pourquoi on peut alors **23** _____ de français «langue seconde» et non pas

«langue étrangère»: une langue avec laquelle on s'est construit des apprentissages et une identité

ne nous est jamais vraiment étrangère.

Le Monde de l'Education, juillet–août 1996

---

1. aller. 2. faire. 3. débuter. 4. s'agir. 5. attendre. 6. confondre. 7. introduire. 8. le mettre.
9. se situer. 10. évacuer. 11. introduire. 12. donner. 13. s'en servir. 14. vivre. 15. pouvoir.
16. communiquer. 17. marcher. 18. marcher. 19. parler. 20. parler. 21. devenir. 22. se partager.
23. parler.

21 | Verbs with *à* and *de*

Text

Arrivé en 6ᵉ ou en 4ᵉ, l'enfant a appris l'essentiel du fonctionnement de sa propre langue. **Invité à réfléchir, à analyser, à déduire** dans toutes les matières, **il a tout à fait raison de ne pas accepter** qu'en cours de langue **on lui demande de retomber** en enfance, **de simplement** répéter du par cœur et **de trouver** cela
5 drôle. Il est à l'âge où **il a envie de savoir** comment cela fonctionne, qu'il s'agisse d'une radio, d'une sauterelle ou d'une langue. Il aime démonter, jongler avec les éléments, inventer d'autres combinaisons. Lui refuser des explications sous prétexte de sauver sa spontanéité ou de ne pas vouloir l'effaroucher avec la grammaire, réputée difficile, est ignorer que l'enfant aime justement la difficulté. Vouloir
10 l'appâter avec «L'Allemand facile» et «l'Anglais sans peine» est lui refuser d'avance toute satisfaction d'avoir surmonté la difficulté, d'avoir grandi un peu. Bien sûr, pour vraiment apprendre de manière libre et créative, il doit **avoir** droit à l'erreur. **Il ne s'agit pas de donner** libre cours à l'à-peu-près ni au laxisme. Mais **s'il peut arriver à l'élève d'être félicité** pour une «excellente erreur!», il ne se sentira pas
15 réduit à la stratégie du moindre risque, et la note ne sera pas verdict redouté, mais récompense, encouragement, repère.

Waltraud Legros, *Le Nouvel Observateur*

Verbs + *à*/*de* in the text

1 WITH *À*

Many verbs in French cannot be directly followed by an infinitive. A substantial number take an infinitive preceded by *à*, e.g. *inviter quelqu'un à faire quelque chose*. So, in the text, *invité à réfléchir* (line 2).

2 WITH *DE*

a Another substantial group of verbs and verbal expressions take an infinitive preceded by *de*.

e.g. *il a envie de savoir* (line 5)

b Of the verbs which take *de*, an important group takes the construction: verb + indirect object (*à quelqu'un*) + *de* + infinitive.

e.g. *on lui demande de retomber* (lines 3–4)

c The impersonal verb *il s'agit* takes *de* before an infinitive.

e.g. *il ne s'agit pas de donner* (lines 12–13)

See also Chapter 23.

3 VERBS WITH TWO DIFFERENT USAGES

An example of a verb with two different usages is *arriver*. In its impersonal usage ('to happen'), it takes *de*, e.g. *il peut arriver à l'enfant d'être félicité* (lines 13–14), but when it is used personally with the meaning 'to manage to do something', it takes *à*.

e.g. *je suis arrivé à résoudre le problème*

4 GENERAL NOTE

When a verb which takes a preposition is followed by two or more infinitives, the preposition must be repeated before each of the infinitives.

e.g. *invité à réfléchir, à analyser, à déduire* (line 2)

Other points to note in the text

- Infinitive used in a noun phrase: *Lui refuser . . . est ignorer* (lines 7–9); *Vouloir . . . est lui refuser* (lines 9–10)
- Perfect infinitive: *avoir surmonté, avoir grandi* (line 11)
- Passive infinitive: *être félicité* (line 14) (see Chapter 19)
- Impersonal verbs: *Il ne s'agit pas de donner* (lines 12–13); *il peut arriver* (lines 13–14); and subjunctive: *qu'il s'agisse d'* (line 5) (see Chapter 23)

◭ *Discover more about verbs + à/de*

---

1 WITH À

a As an aid to memory (see also Exercise **1** below), it is helpful to try to group verbs which take *à* according to meaning. For example:

- verbs of beginning and continuing, e.g. *commencer à; se mettre à; continuer à*. But see also 3 below
- verbs of dedication, effort, e.g. *se dévouer à; se fatiguer à*
- verbs of intention or purpose, e.g. *chercher à; persister à.*

Note *passer/perdre son temps à faire quelque chose* where English would use a present participle, 'to spend/waste one's time doing something'

- verbs of success, e.g. *arriver à; réussir à*
- verbs of unwillingness, e.g. *hésiter à; renoncer à*
- verbs of forcing, e.g. *forcer à; obliger à* (but see also 3 below)
- verbs of accustoming, encouraging, e.g. *habituer quelqu'un à; encourager quelqu'un à.*

The reference grammars listed below give fuller details than can be provided here.

b There are just two verbs, *apprendre* and *enseigner,* which take the construction: verb + **indirect object** + *à* + infinitive.

e.g. *Il apprend à son fils à conduire*

c The use of *avoir* and *être* + infinitive is to be noted, e.g. *J'ai une lettre à écrire; C'est une occasion à ne pas manquer.* Also the impersonal verb *rester.*

e.g. *Il me reste à écrire deux lettres*

2 WITH *DE*

a Again as an aid to memory, it is helpful to try to group verbs which take *de* according to meaning. For example:

- verbs of advising for or against, e.g. *persuader quelqu'un de faire quelque chose; avertir quelqu'un de faire quelque chose.* Many of these verbs take an indirect object, e.g. *conseiller à quelqu'un de faire quelque chose*
- verbs of asking for and trying to, e.g. *prier/supplier quelqu'un de; essayer de; tâcher de*
- verbs of blaming, accusing, e.g. *accuser de, soupçonner de*
- verbs of 'self-congratulation', e.g. *se flatter de, se féliciter de*
- verbs of ordering and forbidding, most of which take an indirect object, e.g. *ordonner à quelqu'un de faire quelque chose; défendre à quelqu'un de faire quelque chose*
- verbs of fearing, e.g. *craindre de, avoir peur de*
- verbs of forgetting, omitting, e.g. *oublier de; omettre de*
- verbs of planning, e.g. *proposer de; projeter de*
- verbs of pretending, e.g. *faire semblant de; feindre de*
- verbs of finishing, stopping, e.g. *cesser de, finir de*
- verbs of hurrying, e.g. *se dépêcher de; se presser de*
- verbs of delight or regret, e.g. *se réjouir de; regretter de*
- verbs of allowing, admitting, e.g. *permettre (à qn) de; choisir de; convenir de; décider de*
- verbs of denial, e.g. *s'abstenir de; refuser de.*

b The idiomatic usage of *venir* + *de* + infinitive should also be noted. This occurs only in the present and imperfect tenses.

e.g. *Je viens de recevoir ta lettre* = I have just received your letter
Il venait d'arriver = He had just arrived

3 VERBS WITH TWO DIFFERENT USAGES

a The verb *continuer* is found with both *à* and *de.* The use of *de* avoids hiatus after a verb form ending in '-a', e.g. *il continua de le faire.* The same thing also occurs, but more rarely, with the verb *commencer.*

e.g. *Il commença de pleuvoir*

b Note the difference in meaning between:

- *il commence **à** apprendre* = he is beginning **to** . . . and *il a commencé **par** lui demander pardon* = he began **by** . . .

- *il a fini **de** préparer le repas* = he has finished preparing . . . and *il a fini **par** les remercier de leur attention* = he finished **by** . . . (and idiomatically 'at long last/finally he . . .). Similarly, *achever* and *terminer*.

c Note also the difference in meaning between the following:

- *Il a décidé de partir* = He has decided to leave and *Il s'est décidé à partir* = He has made up his mind to leave. Similarly, *résoudre de/se résoudre à*
- *Il a essayé de le comprendre* = He tried to understand it and *Il s'est essayé à faire de la peinture* = He tried his hand at painting.

d Note also the following:

- Active: *on m'a forcé/obligé **à** passer l'examen*
- Passive: *je suis forcé/obligé **de** passer l'examen.*

See for further information: Hawkins and Towell, pp. 281–92, 298–304 (ref. index)

Byrne and Churchill, pp. 398–422

Duffy, pp. 4–10

Coffman Crocker, pp. 213–15

Judge and Healey, pp. 326–7

Ferrar, Appendix A, pp. 272–6

✎ **EXERCISES**

1 Fill in the gaps in the following sentences with the appropriate preposition *à* or *de*. In many of the sentences **a pair or a group of verbs** of similar meaning is given. Each verb in the pair/group takes the same preposition. As you work through the exercise, try to categorize each group for your own reference, e.g. verbs of 'fearing' + *de* + infinitive, etc. This should help you to remember them more easily and use them more confidently.

a Arrivé en 6ᵉ ou en 4ᵉ l'enfant {a appris _____ manier sa propre langue.

{a réussi

{excelle

b Les professeurs ont tort ____ demander aux élèves ___ répéter du par cœur.

c On accuse/blâme les professeurs _____ dispenser un enseignement inutile.

On reproche aux professeurs _____ dispenser un enseignement inutile.

On en veut aux professeurs _____ dispenser un enseignement inutile.

d Les enfants {tiennent _____ savoir comment cela fonctionne.

{s'intéressent

e Les enfants s'amusent/se plaisent/prennent plaisir ____ jongler avec les éléments.

f Les professeurs dédaignent/évitent/négligent/omettent/refusent ____ donner des explications aux élèves.

g Les professeurs s'abstiennent/se gardent/se retiennent _____ donner des explications aux élèves.

h Ils affectent/prétextent/font semblant _____ ne pas vouloir effaroucher les enfants.

i Les enfants se flattent ___ tout comprendre.

Les enfants se félicitent/se vantent _____ avoir tout compris.

Les professeurs se font forts ___ bien expliquer la grammaire.

j Les enfants ont tendance/tendent ____ perdre tout intérêt si on leur défend/interdit ____ demander des explications.

k Il faut amener/encourager les enfants ____ demander des explications.

l Souvent les enfants hésitent/répugnent/tardent ____ parler, de peur de faire une erreur.

m Les professeurs passent/perdent leur temps ____ vouloir épargner les difficultés aux élèves.

Les professeurs se consacrent/persistent _____ vouloir épargner les difficultés aux élèves.

n Les enfants essaieront/tâcheront ____ surmonter les difficultés si on leur en donne l'occasion.

o On {a commencé _____ étudier le problème de plus près.
    {s'est mis

p On se dépêche/s'empresse/se presse ____ y trouver une solution.

2 Fill in the gaps in the following short texts with the appropriate preposition. There is one case where **no** preposition is needed. Again, try to categorize verbs which take *à* and verbs which take *de* according to meaning.

Pour les ongles longs, qui craignent davantage les chocs, Brenda Abrial, manucure, conseille ___ passer une couche de vernis à l'intérieur de l'ongle: ça l'enrobe, ça le protège et, en plus, c'est aussi joli à l'envers qu'à l'endroit. Et pour améliorer la tenue du vernis et sa brillance, Brenda recommande __ appliquer par-dessus, tous les deux jours, une fine couche de vernis transparent.

Vous cherchez ___ faire un cadeau original? Les parfumeries Marie-Jeanne Godard mettent à votre disposition leur service Interparfumeries, le même principe qu'Interflora. Vous choisissez votre cadeau et vous donnez l'adresse du destinataire. Un courrier l'invitera ____ venir ____ le chercher dans la parfumerie de la chaîne (il y en a soixante-huit) la plus proche de son domicile.

News Beauté, *Elle* n° 2653, 4 novembre 1996, p. 74

3 Make up a pair of sentences in each of the following cases to illustrate the difference in meaning between the two verbs listed.

a décider de; se décider à

b résoudre de; se résoudre à

c finir de; finir par

d essayer de; s'essayer à

e obliger à; être obligé de

f forcer à; être forcé de

g arriver à; il arrive de

h venir + no preposition; venir de

i demander à; demander de

INSPECTEURS DES FINANCES, FRANCS-MAÇONS, ARISTOS, EX-TROTSKISTES, GAYS, FEMMES, CORRÉZIENS DE PARIS . . .

CES RESÉAUX QUI GOUVERNENT LA FRANCE

La France est hypercâblée, mais pas comme on le croit: elle est devenue un gigantesque entrelacs de réseaux d'hommes et d'intérêts. Un écheveau clanique qui ne cesse de prendre de l'ampleur grâce à la crise, ou à cause d'elle. Certains groupes sont plus puissants ou plus occultes que d'autres, dans la réalité ou dans

5 l'imaginaire. Gare à la fantasmagorique vision lepéno-trotskiste qui **voudrait** nous faire croire que le pouvoir est manipulé. Par qui? par les capitalo-mondialistes de Davos, par les francs-maçons ou par les juifs. L'histoire n'obéit pas à une théorie policière, ni le gouvernement de la France à d'obscurs comploteurs. Mais cela n'empêche pas une hiérarchie complexe à la tête de laquelle règnent ces fameux

10 énarques inspecteurs des Finances. Ces derniers **doivent** d'ailleurs compter avec d'autres sous-ensembles qui se serrent les coudes, passent des alliances, se développent et meurent. Il en naît beaucoup plus qu'il n'en disparaît, et les réseaux archaïques parviennent à se revivifier. Il y a plus de clans dans ce pays que de fromages . . . .

15 Il s'agit là d'une spécialité bien française: souvenons-nous de l'Ancien Régime, où les suzerains **devaient** aide et assistance à leurs vassaux. Les tribus politiques, les écuries présidentielles fonctionnent aujourd'hui sur un modèle similaire. Dans certaines organisations patronales, un parrain planifie et suit la carrière de ses filleuls. Les structures en réseau ne sont pas forcément à l'origine d'un monde stratifié. Les

20 réseaux ont aussi une fonction démocratique: favoriser l'ascension sociale, tirer vers le haut ceux que l'ordre établi **voudrait** maintenir en bas. Cet aspect positif est évidemment plus facile en période d'expansion, car les solidarités **peuvent** alors servir de tremplin. En période de crise, elles constituent *le* filet de sécurité, l'organisation dont on attend assistance au sens plein. Ce n'est plus de l'ANPE que le

25 chômeur espère un emploi, mais de ses réseaux constitués par affinités, expériences et intérêts. Car, des affiliés au club de foot ou de pétanque aux collectionneurs de papillons en passant par les anciens du lycée, les homosexuels militants, les ex-trotskistes, ou les anciens de Saint-Gobain, chacun se raccroche aux toiles d'araignée qu'il **peut** pour ne pas sombrer . . . . En commençant par la famille, qui s'élargit: le

30 petit-cousin redécouvre son grand-oncle pour obtenir un coup de main salvateur.

Si la France n'explose pas, elle le **doit** en grande partie à ces cordes de rappel qui

empêchent tout un chacun de dévisser et qui permettent à certains de trouver une place où grimper. Solidarité dans le malheur, à défaut d'espoir en un progrès commun . . . . Ce ne sont pas les clans qui sont responsables de la panne de
35 l'ascenseur social. Ce ne sont pas les lobbies qui sont coupables d'excès de pouvoir: ce sont les politiques qui le leur ont abandonné. Chirac l'avait très bien dit en rappelant que les intérêts individuels ne **devaient** pas faire passer à la trappe l'intérêt de tous. Le radical corrézien qu'il était, toujours attentif aux clientèles **savait** de quoi il parlait . . . . Récemment encore, le président a reparlé, bien et fort, de ce
40 sens du collectif à retrouver qui dépasserait les particularismes de ces technocrates en particulier qui **devraient** être renvoyés à leur technocratie.

Nicholas Domenach, l'Evénement du Jeudi

🔎 Devoir, pouvoir and vouloir in the text

These are often referred to as 'modal auxiliaries' or 'modals'. They normally express the attitude of a person (the subject) towards the action being discussed, i.e. whether the subject *must* do x, *can* do x, *wishes* to do x, *knows* how to do x, etc.

These are the verbs used most commonly to translate the English 'would', 'could', 'should', 'may', 'might', 'ought to' and 'must'.

Devoir

1 USAGE

a *Devoir* can be followed by a direct object. In this case it means 'to owe'.

e.g. *Les suzerains devaient aide et assistance* (line 16)
Elle le doit (line 31)

b In all other cases *devoir* is followed by a direct infinitive (i.e. an infinitive without *à* or *de*) and has one of the following meanings:

i   An obligation to do something (no choice).
e.g. *Ces derniers doivent ... compter avec ...* (line 10)
(The latter have to reckon with/take account of)

ii   A moral obligation (must do **x**).
e.g. *Les intérêts individuels ne devaient pas* (line 37)
(Personal interests must not)

iii   Criticism or reproach
This is expressed in the conditional form
e.g. *Ces technocrates qui devraient être renvoyés à . . .* (lines 40–1)
(These technocrats who should be sent back to . . .)

2 FORMATION

present	future	past historic	present participle	past participle
je dois	je devrai	je dus	devant	dû
tu dois	tu devras	tu dus		
il doit	il devra	il dut		
nous devons	nous devrons	nous dûmes		
vous devez	vous devrez	vous dûtes		
ils doivent	ils devront	ils durent		

Pouvoir

1 USAGE

Pouvoir + the infinitive can express the ability someone has to do something.

> e.g. *Car les solidarités peuvent alors servir de tremplin* (lines 22–3)
> > (The networks can be used as springboards)
>
> > **Note** *le pouvoir* = power (lines 6, 35).

2 FORMATION

present	future	past historic	present participle	past participle
je peux	je pourrai	je pus	pouvant	pu
tu peux	tu pourras	tu pus		
il peut	il pourra	il put		
nous pouvons	nous pourrons	nous pûmes		
vous pouvez	vous pourrez	vous pûtes		
ils peuvent	ils pourront	ils purent		

Vouloir

1 USAGE

Vouloir + the infinitive expresses 'wanting' or 'wishing'.

e.g. *La vision . . . qui voudrait nous faire croire* (lines 5–6)
> (The vision which would have us believe)
> *Tirer vers le haut ceux que l'ordre établi voudrait maintenir en bas* (lines 20–1)
> (would like to maintain …)

2 FORMATION

present	*future*	*past historic*	*present participle*	*past participle*
je veux	je voudrai	je voulus	voulant	voulu
tu veux	tu voudras	tu voulus		
il veut	il voudra	il voulut		
nous voulons	nous voudrons	nous voulûmes		
vous voulez	vous voudrez	vous voulûtes		
ils veulent	ils voudront	ils voulurent		

Other points to note in the text

- Relative pronouns: *qui* (lines 2, 5, 11, etc.); *que* (line 21); *laquelle* (line 9); *où* (line 15); *dont* (line 24); *quoi* (line 39) (see Chapter 11)
- Demonstrative adjectives: *ce* (lines 13, 39); *cet* (line 21); *ces* (lines 9, 10, 40)
  Demonstrative pronoun: *ceux* (line 21) (see Chapter 12)
- Personal pronouns: *en* (line 12)
- Word order: *le leur* (line 36) (see Chapter 10)

▲ *Discover more about devoir, pouvoir, vouloir, savoir*

1 DEVOIR

a *Devoir* can express a supposition or probability.

e.g. *Il doit être au courant* (He must know)
   Ils ont dû se perdre (They must have got lost)

b *Devoir* can also express the idea that someone is supposed or scheduled to do something.

e.g. *Je dois aller chez le médecin pour les inoculations* (I am supposed to go to the GP for the jabs)
Note *le devoir* = duty.

c When expressing criticism/reproach, the English 'should have' is translated by the past conditional of *devoir* + infinitive, not by a compound tense of the main verb as in English.

e.g. *Tu aurais dû me le dire* (= You should have told me)

2 POUVOIR

a *Pouvoir* can indicate permission to do something.

e.g. *Tu peux partir maintenant* (You may go now)

b *Pouvoir* can indicate a possibility or probability (frequently in the conditional).

e.g. *Il peut arriver d'un jour à l'autre* (He may arrive any day)
   Il pourrait être là dès ce soir (He could be here by this evening)

You need to beware that in some circumstances the English 'may'/'might' are translated into French not by a tense of *pouvoir*, but by a subjunctive of the main verb, e.g. *De peur qu'il ne nous entende* (= for fear that he may/might hear us); *quoi que tu dises* (= whatever you may/might say) (see Chapter 24).

c *Pouvoir* is also used frequently for a polite request (often in the conditional).

e.g. *Pouvez-vous me passer le sel?* (May I have the salt?)
Pourriez-vous m'envoyer le paquet à domicile? (Could you/Would you send the parcel to my home address?)

d Translation of 'could' into French

This can present problems for an Anglophone. It is helpful to try to rephrase the verb as either 'was/were able' **or** 'would be able'.

e.g. She could reach it (= she was able to reach it) > *elle **pouvait** l'atteindre*
She could reach it (if she stood on a chair) > *elle **pourrait** l'atteindre*

3 VOULOIR

Vouloir is often used in the conditional to express a polite request.

e.g. *Je voudrais un verre d'eau, s'il vous plaît* (I'd like a glass of water, please)

4 SAVOIR

a Usage

Savoir + infinitive expresses the ability to do something, the know-how.

e.g. *Je sais jouer de la guitare* (I can play the guitar)

Savoir can be followed by an object. In this case it means 'to know'.

e.g. *savait de quoi il parlait* (lines 38–9) (knew what he was talking about)

b Formation

present	*future*	*past historic*	*present participle*	*past participle*
je sais	je saurai	je sus	sachant	su
tu sais	tu sauras	tu sus		
il sait	il saura	il sut		
nous savons	nous saurons	nous sûmes		
vous savez	vous saurez	vous sûtes		
ils savent	ils sauront	ils surent		

See for further information: Hawkins and Towell, pp. 262–71
Byrne and Churchill, pp. 383–7, 398–9
Coffman Crocker, pp. 273–5
Judge and Healey, (*devoir*) pp. 125, 161–2, 173 ; (*pouvoir*) pp. 125, 161–2, 174; (*vouloir*) pp. 125–6; (*savoir*) p. 229
Ferrar, pp. 117–22

✎ **EXERCISES**

1 Complete the following text, using the verbs indicated in the appropriate tense.

On _____ (pouvoir) croire que chacun obtient son poste par pur mérite. Ce n'est pas toujours le cas! Vous _____ (devoir) savoir qu'il existe toutes sortes de réseaux qui facilitent la vie de ceux qui _____ (vouloir) trouver un emploi. Cela _____ (pouvoir) être les francs-maçons, les femmes ou encore les Corréziens de Paris. S'il _____ (savoir) où s'adresser, le chercheur d'emploi _____ (pouvoir) ouvrir des portes qui lui seraient fermées autrement. Ceux qui _____ (vouloir) avancer _____ (devoir) se trouver des amis quelque part!

2 Read the following text, then fill the gaps using *devoir, pouvoir, vouloir* or *savoir* in the appropriate form.

Hier je _____ aller à une réunion où je _____ faire la connaissance de mon homologue dans la société rivale. Malheureusement je ne pas _____ m'y rendre car il y avait une grève des autobus, ce que je ne _____ pas. Je _____ y aller à pied mais c'était trop tard. Je _____ rencontrer cet homme pour essayer de _____ quelles sont ses stratégies car ils ont beaucoup de succès dans cette entreprise. Je _____ trouver une autre occasion.

3 Translate into French, using *devoir, pouvoir, vouloir* or *savoir*.

  a I was unable to arrive on time.
  b He ought to be more careful.
  c I would like to know the truth.
  d He could have tried, at least!
  e She owes him 200 F.
  f Can you help me?
  g I will know by tomorrow.
  h I should have revised the tenses.
  i She must know this.
  j I would like to leave in half an hour.

4 Translate into French.

  a I would like a drink.
  b They should wait a bit longer.
  c Could I leave a message?
  d They couldn't tell me.
  e That would be great!
  f She should be here by now.

5 Translate into French.

  a I should have remembered there was a film on tonight.
  b I couldn't have lost it!
  c It would have been near impossible.

   d You shouldn't have opened this letter.

   e No, they would have phoned.

   f It could have happened.

6 Write eight sentences using different tenses of *devoir/pouvoir/vouloir* on the following theme: 'Ce que le gouvernement peut/doit/veut faire'.

e.g. *Le gouvernement n'a pas pu empêcher la grève.*

23 | Impersonal verbs

En décembre prochain, le coup d'envoi sera donné à l'opération Biosphère II. **Il s'agit** du projet écologique le plus ambitieux qui ait jamais été entrepris. Pendant deux ans, huit chercheurs vivront sous un globe à l'intérieur duquel sera reconstituée une mini-planète.

5   C'est à l'American Institute of Ecotechnics qu'a mûri, au début des années quatre-vingts, l'idée de construire Biosphère II.

    Pour concrétiser ce projet, **il a fallu** que 200 personnes, dont 30 savants internationaux, s'adonnent pendant cinq ans à un travail acharné.

    Copie miniature de la Terre, Biosphère II est aujourd'hui fin prête. Plantée en plein
10 désert de l'Arizona, elle prend la forme d'une serre géante de trois hectares (l'équivalent de trois terrains de football) dans laquelle vivent des millliers d'espèces animales et végétales auxquelles viendront s'adjoindre huit humains.

    Sous cette structure de verre, les savants ont tenu à installer un concentré de planète où rien ne manque. Pas étonnant, dès lors, que la réalisation de Biosphère
15 ait coûté plus de cent millions de dollars. **Il faut** reconnaître qu'on n'a pas lésiné sur les moyens.

    La partie la plus élevée de la serre renferme une forêt tropicale . . . A côté, une savane tropicale a été importée d'Afrique, d'Amérique latine et d'Australie. . . . L'élément aquatique n'a pas été oublié. . . . Bien entendu, **il y a** aussi une plage de
20 sable et, même, une machine à vagues . . .

    Les spécialistes ont veillé à ce qu'**il règne**, dans la serre, un climat tropical, car celui-ci est adapté aux conditions ambiantes et il permet le développement d'une importante diversité d'espèces.

Actualquarto

🔍 Impersonal verbs in the text

1 USAGE

a *falloir*, which expresses necessity, only exists in impersonal forms. It is found here followed by:

- an infinitive, e.g. *il faut reconnaître* (line 15) = We must/you have to admit
- by a clause introduced by *que* and with the following verb in the subjunctive, e.g. *il a fallu que 200 personnes. . . s'adonnent* (lines 7–8) (see also Chapter 24).

b *il y a* , meaning either 'there is' or 'there are', also exists only in the impersonal form. It is followed by a noun or a series of nouns, e.g. *il y a aussi une plage de sable et même une machine à vagues* (lines 19–20). The important thing to note is that, like other impersonal verbs, it is always in the singular, even though it may translate the English 'there are' and be followed by a plural noun, e.g. *il y a des verres sur la table* = there are some glasses on the table.

c *Il s'agit de* (see lines 1–2), again, is only ever used impersonally. It is difficult to give one single English translation of it which will fit all contexts, but in general terms it means 'it is a question/a matter of', or 'it is about'. English often uses a personal subject (i.e. one referring to a specific noun) instead. So, for example, we might translate *'Il s'agit du projet écologique . . .'* (lines 1–2) by 'This (i.e. Biosphère II) is the most ambitious environmental project . . .'. English speakers must take particular care to avoid using *s'agit de* with a specific subject in this way. See **Discover more about impersonal verbs, 1c,** below.

d Verbs which may and indeed which usually do take a specific personal subject can also sometimes be used impersonally, e.g. *il règne . . . un climat tropical* (line 21). This usage corresponds here to the English 'There reigns . . .'.

2 FORM

a A number of verbs exist only in an impersonal form. They can only take as their subject the singular pronoun *il*, used impersonally and not referring to any specific person or thing.

e.g. *il s'agit (+ de)* (lines 1–2); *il faut* (line 15); *il y a* (line 19)

b *Il y a* (line 19) is formed from the infinitive *(y) avoir*, though it translates the English 'there is/are' from the verb 'to be'.

c These verbs can be used not just in the present tense, but in the full range of tenses, indicative and subjunctive.

e.g. *il a fallu* (line 7)

Other points to note in the text

- Passive: *sera donné* (line 1); *ait été entrepris* (line 2); *sera reconstituée* (line 3); *n'a pas été oublié* (line 19) (see Chapter 19)
- Subjunctive: *ait été entrepris* (line 2); *s'adonnent* (line 8); *ait coûté* (line 15); *il règne* (line 21) (see Chapter 24)
- Relative pronouns: *qui* (line 2); *duquel* (line 3); *dont* (line 7); *dans laquelle* (line 11); *auxquelles* (line 12); *où* (line 14) (see Chapter 11)
- Pronominal verbs: *s'adonnent* (line 8); *s'adjoindre* (line 12) (see Chapter 18)

◣ *Discover more about impersonal verbs*

1 USAGE

a In addition to the uses illustrated in the text, *falloir* may also occur followed by a noun, e.g. *il faut de l'argent* = Money is needed. Used in this way, the verb may be preceded by an indirect object pronoun, e.g. *Il nous faut de l'argent.* This is to be contrasted to English usage, which would undoubtedly be personal here, i.e. 'We need money'.

b *Il y a* has a number of idiomatic uses:

- *il y a/avait deux ans* = two years ago/before
- *Combien y a-t-il d'ici à Londres?* = How far is it from here to London?
- *Qu'est-ce qu'il y a?* = What is the matter?
- followed by *à* + infinitive, or more commonly by *de quoi* + infinitive.

e.g. *Il y a à faire dans le garage* = There are things to do in the garage
   Il y a de quoi manger dans le frigo = There is plenty to eat in the fridge

Note also the familiar expression *Il n'y a pas de quoi* = Don't mention it.

c English speakers must avoid the temptation to use *s'agit de* with a specific subject. To translate 'This film/book is about . . .' you must say *Dans ce livre/film il* s'agit de . . . . Such phrases as *Ce film s'agit de* are unacceptable. Although usually followed by a noun, it should be noted that *il s'agit de* may also be followed by an infinitive, e.g. the idiom *il s'agit de faire vite* = we must act quickly; the thing to do is to act quickly.

d The very well-known group of verbs used to describe the weather, e.g. *Il pleut, Il neige*, are further examples of impersonal verbs. They, like the verbs discussed above, can also be conjugated in the full range of tenses.

e The weather is also frequently described with an impersonal use of the verb *faire* + an adjective or noun.

e.g. *Il fait beau, Il fait du vent*

f Verbs which usually take a specific personal subject, but which are also sometimes used impersonally, include: *arriver, exister, se passer, convenir, manquer*, e.g. *Il s'est passé quelque chose d'extraordinaire* = Something extraordinary has happened. Notice that in this usage the verb must, like all other impersonal verbs, remain in the singular, even when followed by a plural noun.

e.g. *Il manque deux fourchettes; Il existe deux modèles*

g The verb *être* can be used impersonally, in set expressions, e.g. *Il est dommage que*. For further examples of such expressions, see Chapter 24.

h The verb *être* can also be used impersonally as an alternative, usually in formal written French, to *il y a*, e.g. *Il est des choses que l'on ne comprendra jamais*. Fairy stories may begin with *Il était une fois* as an alternative to *Il y avait une fois*.

2 FORM

a *Falloir* is an irregular verb, and the following forms should be noted.

indicative	*subjunctive*
il faut (present)	*(qu') il faille* (present)
il faudra (future)	*il ait fallu* (perfect)

il faudrait (conditional)   *il fallût* (imperfect)

il fallait (imperfect)   *il eût fallu* (pluperfect)

il a fallu (*passé composé*)

fallu (past participle, used to form
   all compound tenses)

il fallut (past historic)

b *s'agir de* conjugates as a regular *-ir* verb, thus.

indicative   **subjunctive**

il s'agit (present)   *il s'agisse* (present)

il s'agira (future)

il s'agirait (conditional)

il s'agissait (imperfect)

This verb, exceptionally among impersonal verbs, is also found in the present participle, *s'agissant.*

c As noted above, the verb *il y a* is formed from the infinitive (*y*) *avoir* and **not** from *être*. It is vital to remember this when conjugating the verb in its full range of tenses, thus:

indicative   **subjunctive**

il y a (present)   *il y ait* (present)

il y aura (future)   *il y ait eu* (perfect)

il y aurait (conditional)   *il y eût* (imperfect)

il y avait (imperfect)   *il y eût eu* (pluperfect, v. rare)

il y a eu (*passé composé*)

il y avait eu (pluperfect)

il y eut (past historic)

It is particularly important to note that in compound tenses, the auxiliary used is *avoir*, and that the past participle is *eu* (from *avoir*), **not** *été* (from *être*).

See for further information: Hawkins and Towell, pp. 208–11

                                        Byrne and Churchill, pp. 249–52

                                        Judge and Healey, pp. 202–3, 230

                                        Ferrar, p. 218

EXERCISES

1 Complete the following sentences with the impersonal verbs indicated in the appropriate tense and mood. You will find it useful to consult Chapter 6 on the future, Chapter 7 on the conditional and past conditional, and Chapter 24 on the subjunctive.

 a Paul nous a dit qu'il ne (s'agir) _____ pas de lui reprocher ses difficultés. Il (falloir) _____ plutôt l'aider à s'en sortir. (**imperfect** in reported speech)

 b Si l'on y avait pensé plus tôt, il (y avoir) _____ moins de dégâts.

c Je ne pense pas qu'il (falloir) _____ lui dire comment le faire. Selon son professeur il (s'agir) _____ plutôt de le laisser se débrouiller.

d Si le patron ne se montre pas plus raisonnable, il (y avoir) _____ une grève.

e Je ne savais pas qu'il (y avoir) _____ une manifestation hier.

f Jeanne était en train de préparer le dîner, quand tout à coup il (y avoir) _____ une coupure de courant.

g Il nous a expliqué les événements de la veille. Il (s'agir) (pluperfect) _____ d'une brouille avec son voisin.

h Si vous ne pouvez terminer l'exercice ce soir, il (falloir)_____ le faire demain.

i Si je savais ce dont il (s'agir) _____, il ne me (falloir) _____ pas vous le demander.

j Craignant qu'il ne (s'agir) _____ d'un accident, j'ai couru à la fenêtre.

k Nous sommes partis aussitôt que possible, mais il (falloir) _____ deux heures pour arriver chez lui. Il nous a expliqué qu'il (falloir) _____ prendre l'autoroute si nous avions voulu faire plus vite.

2 Translate the following into French, using impersonal verbs wherever possible.

a It is twenty kilometres from here to the sea.

b Something very odd has happened.

c It is advisable to wait a few minutes. Three students are missing.

d There are things to do at home. I need to get back as soon as possible.

e They need more time to complete the work.

f The government must deal with this problem.

g Do you know what his book is about?

h It was very windy and the climbers had to turn back before reaching the top of the mountain.

i You'll find there is plenty to drink.

j I have been waiting here for half an hour. (Use *il y a . . . que,* and see Chapter 1.)

3 Oral work (pair work)

Working with a partner, and using the impersonal expression *il s'agit de* or *il s'agissait de*, take it in turns to tell one another about the subject matter of:

a a film which you have seen recently

b a book which you have read recently

c an exhibition or a lecture/talk which you have been to recently.

4 Composition

Write a short note to a friend explaining why you were unable to meet him/her as arranged last night. Use *il faut; il faudra; il fallait; il a fallu; il aurait fallu* wherever possible and as appropriate. The following skeleton may give you some ideas: Mother ill. Had to stay at home and call the doctor. Then had to go to late night chemist's to pick up prescription. You should have thought to phone your friend, but you genuinely forgot. You'll have to arrange another meeting again soon.

24 | The subjunctive (present and perfect)

The present subjunctive

«Comment t'appelles-tu?

Je m'appelle Jean, monsieur.

Tu habites dans ce quartier?

Non, monsieur, j'habite dans le quatorzième.»

5   Nous nous trouvons pourtant à l'autre bout de Paris. Bien que de multiples raisons
puissent exister pour expliquer la présence ici de cet enfant, je m'étonne qu'il
traîne ainsi, dans la rue, si loin de son domicile. Sur le point de lui poser une
question à ce sujet, j'ai peur soudain que mon indiscrétion ne lui **paraisse** étrange,
qu'il ne s'en **alarme**, et même qu'elle ne le **fasse** fuir … .

10   «Rue Vercingétorix», précise le gamin, de sa voix qui passe brusquement de l'aigu
au grave, en plein milieu d'un mot aussi bien.

Le nom du chef gaulois me surprend: je crois qu'il y a justement une rue
Vercingétorix qui donne sur cette avenue-ci, et je ne pense pas qu'il y en **ait** une autre
ailleurs, dans Paris en tout cas. C'est impossible que le même nom **soit** utilisé pour

15   deux rues différentes de la même ville; à moins que deux Vercingétorix n'**existent**
aussi dans l'histoire de France. Je fais part de mes doutes à mon compagnon.

«Non», répond-il sans hésiter, il n'y a qu'un seul Vercingétorix, et une seule rue à
Paris. Elle se trouve dans le quatorzième arrondissement.»

Il faut donc que je **confonde** avec un autre nom de rue? … C'est assez fréquent

20   que nous **croyions** ainsi à des choses tout à fait fausses; il suffit qu'un fragment de
souvenir venu d'ailleurs s'**introduise** à l'intérieur d'un ensemble cohérent resté
ouvert, ou bien que nous **réunissions** inconsciemment deux moitiés disparates, ou
encore que nous **inversions** l'ordre des éléments dans un système causal, pour que
se **constituent** dans notre tête des objets chimériques, ayant pour nous toutes les

25   apparences de la réalité … .

Mais je remets à plus tard la résolution de mon problème de topographie, de peur
que le gamin ne **finisse** par se lasser de mes questions. Il m'a lâché la main, et je
doute qu'il **veuille** me servir de guide encore longtemps. Ses parents l'attendent
peut-être pour le déjeuner.

30   Comme il n'a plus rien dit depuis un temps assez long (assez long pour que j'en
prenne conscience), je crains même un instant qu'il ne **soit** déjà **parti**, et qu'il ne **faille**
désormais que je **poursuive** seul ma route, sans son providentiel soutien. Je dois avoir
l'air désemparé, car j'entends alors sa voix, rassurante en dépit de ses sonorités étranges.

«Il ne semble pas, dit-il, que vous **ayez** l'habitude de marcher seul. Voulez-vous
35 que nous **restions** ensemble encore un peu? Où allez-vous?»

La question m'embarrasse. Mais je dois éviter que mon guide improvisé ne s'en
aperçoive. Pour qu'il ne **sache** pas que je ne sais pas moi-même où je vais, je
réponds avec assurance, sans réfléchir: «A la gare du Nord.»

A. Robbe-Grillet, *Djinn*

The present subjective in the text

1 USAGE

a The subjunctive is normally used only in subordinate clauses, and its use is triggered by a
particular signal in the rest of the sentence. The trigger may fall into one of three categories.
The two principal categories are:

- a verb – either a personal verb, e.g. *je m'étonne* (line 6) or an impersonal verb, e.g. *il faut*
  (line 19)
- conjunction, e.g. *à moins que* (line 15); *pour que* (line 23).

For details of the third category, see ***Discover more about the present subjunctive,*** below.

b The verbs which trigger a subjunctive in the subordinate clause fall into a number of general
categories:

Impersonal verbs

- an expression of necessity, e.g. *il faut donc que je confonde* (line 19); *il suffit qu'un fragment
  ... s'introduise* (lines 20–1)
- an expression of judgement, e.g. *c'est assez fréquent que nous croyions* (lines 19–20)
- an expression of possibility/impossibility (as contrasted to probability + indicative), e.g.
  c'est impossible que ... soit (line 14); *il ne semble pas ... que vous ayez* (line 34)

Personal verbs

- an expression of personal desire, an intention that something should or should not happen,
  e.g. *éviter que mon guide ... ne s'en aperçoive* (lines 36–7); *Voulez-vous que nous restions*
  (lines 34–5). Note that in the latter instance, English would use an infinitive – Do you want
  us to stay? It is not possible to use an infinitive in French after *vouloir* and many other verbs
  of similar meaning **unless** the subject is the same in both halves of the sentence, e.g. *je veux
  rester* = I want to stay myself, **but** *je veux que nous restions* = I want us to stay. See also **2,
  Avoidance of the subjunctive**, below.
- an expression of emotion, e.g. surprise: *je m'étonne qu'il traîne* (lines 6–7) and fear: *j'ai peur
  ... que mon indiscrétion ne lui paraisse étrange ...* (line 8); *je crains que* (line 31)
- an expression of doubt or disbelief, e.g. *je doute qu'il veuille* (lines 27–8). This extends to
  verbs of thinking and saying when used negatively (and interrogatively), e.g. *je ne pense pas
  qu'il y en ait* (line 13). **But**, it is important to note that verbs of thinking and saying **only**
  take the subjunctive when they are negative or interrogative. In spoken French, they are
  frequently followed by the indicative even when they are interrogative.

c It will be noted that after certain verbs, namely *craindre, douter* and *éviter, ne* occurs before the verb in the subjunctive. This is a feature of careful written French. It is not to be understood as a negative. See also the note after **d** below.

d The following **conjunctions** trigger the use of the subjunctive:

- *bien que de multiples raisons puissent exister* (lines 5–6)
- *pour que se constituent* (lines 23–4; also 30–1; 37)
- *à moins que deux V. n'existent* (line 15)
- *de peur que le gamin ne finisse* (lines 26–7)

Note In careful written French, *ne* usually follows *à moins que* and *de peur que*. It does **not** make the verb negative. Contrast: *de peur que le gamin n'arrive* = for fear that the kid will arrive ... with *de peur que le gamin n'arrive* **pas** ... = for fear that the kid will **not** arrive ... .

e Where a trigger (either verb or conjunction) is followed by a sequence of two or more verbs, *que/qu'* must be repeated before each verb, and each verb must be in the subjunctive, e.g. *j'ai peur que mon indiscrétion ne lui paraisse étrange, qu'il ne s'en alarme, et même qu'elle ne le fasse fuir ...* (lines 8–9). See also *il suffit que ...* (lines 20–1)

f A more complex situation arises in lines 31–2. Here there are two verbs in the subjunctive following and dependent on *je crains*. The second of these, *il faille* (from *falloir*) then introduces another subordinate clause in which the verb *poursuive* is subjunctive because it follows *il faille* – an expression of necessity.

2 AVOIDANCE OF THE SUBJUNCTIVE

Where the subject of the verb is the same in both halves of the sentence, it is necessary to use an infinitive in French rather than a subjunctive, e.g. *je réponds ... sans réfléchir* (lines 37–8). Here it is the same subject, *je*, who is both replying and not thinking. Contrast *je réponds sans qu'il ait le temps de réfléchir,* where there is a different subject in the second half of the sentence, so that the conjunction *sans que* + subjunctive must be used.

3 FORMATION

a For the *je, tu, il/elle* and *ils/elles* forms, take the third-person plural form of the present indicative minus the *-ent* as the stem, and add the following endings:

je	*-e*
tu	*-es*
il	*-e*
ils	*-ent*

The *nous* and *vous* forms of the present subjunctive are identical to the imperfect indicative (see Chapter 3).

There are multiple examples of the present subjunctive in the text.

b A few verbs have an **irregular stem** throughout the present subjunctive. **The endings, however, are the same for all French verbs except *avoir* and *être*.**

- *avoir: aie, aies, ait* (line 13), *ayons, ayez* (line 34*), aient*
- *être: sois, sois, soit* (line 31), *soyons, soyez, soient*
- *faire: fasse, fasses, fasse* (line 9), *fassions, fassiez, fassent*
- *falloir: faille* (line 31)
- *pouvoir: puisse, puisses, puisse, puissions, puissiez, puissent* (line 6)
- *savoir: sache, saches, sache* (line 37*), sachions, sachiez, sachent*

c The verb *vouloir* has an irregular stem in the *je, tu, il* and *ils* forms, but not in the *nous* and *vous* forms. Thus: *veuille, veuille, veuille* (line 28*), VOULIONS, VOULIEZ, veuillent.*

4 USE OF THE PRESENT TENSE

a The tenses of the subjunctive most commonly used in speech and writing are the present and the perfect. There is no such thing as a future subjunctive, so that the present subjunctive covers instances where if the verb were indicative a future might be expected, e.g. *j'ai peur ... que mon indiscrétion ne lui paraisse étrange* (line 8) = I am afraid that my indiscretion will/may appear strange to him. Similarly, *de peur que le gamin ne finisse* (lines 26–7) = for fear that the kid will/may end up ... .

b The perfect subjunctive (see below) is used in instances where reference is made to prior events and where a present subjunctive would not convey this reference to the past, e.g. *je crains même qu'il ne soit déjà parti* (line 31) = I am afraid that he may already **have left**. The present subjunctive *qu'il ne parte* would mean 'I fear that he may leave'.

Other points to note in the text

- Perfect subjunctive: *il ne soit déjà parti* (line 31) (see below for more information)
- Articles: *de multiples raisons* (line 5) (see Chapter 14)
- Negative: *il n'a plus rien dit* (line 30) (see Chapter 8)
- Pronouns: *lui poser une question* (line 7); *il s'en alarme* (line 9); *il y en ait* (line 13) (see Chapter 10)
- *faire* + infinitive: *le fasse fuir* (line 9)
- Gerund: *ayant* (line 24) (see Chapter 20)

Discover more about the present subjunctive

1 USAGE

a As stated above, the subjunctive is used almost exclusively in subordinate clauses. However, it is occasionally found **in a main clause**, functioning as a third person imperative (see also Chapter 17 on the imperative).

e.g. *Qu'il se débrouille tout seul* = Let him manage on his own
   Que Dieu nous protège = May God help us!

In certain set expressions, the introductory *que* may be omitted.

e.g. *Vive le roi* = Long live the King

Sauve qui peut = Every man for himself

b We have seen above (***The present subjunctive in the text***) two of the three categories of trigger which occasion use of the subjunctive in a subordinate clause. The remaining category is a particular type of antecedent + relative pronoun *qui/que/où*. (The term 'antecedent' means simply the noun/pronoun occurring before the relative pronoun and to which the pronoun refers: see Chapter 11.) Within this third category there are three main subdivisions.

- **a superlative expression** (as subjective view, not as objective statement of fact): *le plus ... qui/que; le moins ... qui/que, le premier,le dernier, le seul, l'unique ... qui/que*, e.g. *C'est la plus jolie maison que l'on puisse souhaiter*. Contrast the use of the indicative in: *C'est le dernier livre qu'il a écrit*.
- **a negative** e.g. *il n'y a personne qui puisse vous aider*
- **an indefinite**: *quelqu'un qui/que ...; un(e)* (e.g. *chambre*) *qui/que ...* **but** only in the following case, when a desirable something or someone is being sought and does not necessarily exist, is the subjunctive used, e.g. *Je cherche un étudiant qui puisse traduire cet article en allemand*. However, if the something or someone is known to exist, the **indicative** is required, e.g. *Je connais quelqu'un qui pourra vous aider*.

c Impersonal verbs + subjunctive

Expressions of improbability/impossibility/possibility are followed by the subjunctive, but expressions of probability are followed by the indicative. Contrast the following:

Il est probable qu'elle arrivera demain She probably will arrive tomorrow

*Il est **peu** probable qu'elle arrive demain* It is unlikely that she will arrive tomorrow

Note also the contrast between:
Il semble qu'elle comprenne It seems that she may understand
*Il **me** semble qu'elle comprend* It seems to me that (= I am of the opinion that) she understands

d Personal verbs + subjunctive

Note that verbs of saying and believing are normally followed by an **indicative**, e.g. *Je pense/crois qu'ils sont déjà partis*. It is only when they are used **negatively** or **interrogatively** that they are followed by a subjunctive, e.g. *Je ne pense pas qu'ils soient toujours là*. The verb *espérer* (to hope) behaves in the same way. A positive expression of hope takes the indicative; a negative or interrogative expression takes the subjunctive.

In contrast, *s'attendre* (to expect) is always followed by the subjunctive, e.g. *Je m'attends à ce qu'il arrive ce soir* = I am expecting him to arrive this evening. Note once again the use of *que* + subjunctive where English has an infinitive. Note also the use of *à ce que* to introduce the subordinate clause and compare *s'attendre à quelque chose*.

e Conjunctions

Most conjunctions of time, e.g. *depuis que; pendant que* take the indicative, but three conjunctions, all referring to events which have not yet taken place, all take the subjunctive: *avant que; en attendant que; jusqu'à ce que*. Although foreign learners of French are usually recommended to use the indicative after *après que*, it is not uncommon to find a subjunctive, presumably because it is associated in people's minds with *avant que*.

Other conjunctions which trigger the subjunctive are:

- concession: *malgré que, quoique* (*bien que* in the text)
- condition: *à condition que, pourvu que*
- purpose: *afin que, de façon que, de manière que, de sorte que* (*pour que* in the text)
- restriction, denial: *non que* (not that); *sans que*
- expression of fear: *de crainte que*, (*de peur que* in the text)
- *soit que* (whether)

The three conjunctions listed as 'purpose' only take the subjunctive when they express a deliberate intent/purpose. When they express an accidental or incidental result or consequence, they take the indicative. Contrast:

Elle est partie de sorte que je ne peux pas lui demander son avis
Elle a rangé les documents de sorte que les enfants ne puissent pas les abîmer

f The following 'universal' expressions also take the subjunctive:

qui que: e.g. *qui que vous soyez* = whoever you may be
quoi que: e.g. *quoi que vous fassiez* = whatever (pronoun) you do
quel(le) que: e.g. *quel que soit son emploi du temps* = whatever (adjective) his timetable may be
où que: e.g. *où que vous alliez* = wherever you go
pour/si/aussi/quelque + adjective: e.g. *pour désagréable que ce soit* = however unpleasant it may be

Note the distinction between:
quoique (1 word) + subjunctive – e.g. *quoiqu'elle soit malade* = although she may be ill.
quoi que (2 words) + subjunctive – e.g. *quoi qu'il fasse* = whatever he does

g Note also the construction *que* ... *ou* + subjunctive (whether ... or)

Qu'il nous réponde ou non, cela m'est égal. Whether he replies or not, it's all the same to me.
Qu'ils viennent ou qu'ils ne viennent pas, je leur téléphonerai demain. Whether they come or not, I'll phone them tomorrow.

2 FORMATION

There are three more verbs with irregular stems to be noted.

aller: aille, ailles, aille, ALLIONS, ALLIEZ, aillent
pleuvoir: il pleuve
valoir: vaille, vailles, vaille, VALIONS, VALIEZ, VAILLENT

It should be noted that *aller* and *valoir* only have an irregular stem in the *je, tu, il* and *ils* forms. In this respect they behave like *vouloir* (see **The present subjunctive in the text, 3c**).

3 USE OF TENSES

It is only in very careful written French that you are likely to encounter or need to use the imperfect and pluperfect subjunctives. See Chapter 25 for more information on these. Elsewhere the present subjunctive (or perfect subjunctive to refer to prior events – see below) should be used.

4 ENDNOTE

Most subordinate clauses introduced by *que* do **not** take the subjunctive. Do not be tempted to use the subjunctive, for example, after conjunctions such as *alors que, parce que, pendant que, puisque* or after positive statements of fact such as *il est évident que, il dit/pense que*.

See for further information:	Hawkins and Towell, pp. 155, 245–62
	Byrne and Churchill, pp. 358–87
	Coffman Crocker, pp. 181–200
	Judge and Healey, pp.131–53, 221
	Ferrar, pp. 50, 92–9

EXERCISES

1 Complete the following sentences in six different ways, supplying in turn the present subjunctive form of each verb listed.

   a Il faut que tu _____ (réfléchir; partir; s'en aller; recommencer; boire; se lever).

   b Elle veut que nous _____ (sortir; finir; chanter; faire un effort; apprendre ce poème; s'en aller).

   c Il est nécessaire qu'il _____ (travailler; maigrir; boire; pouvoir se détendre; prendre une douche; en savoir les résultats).

   d Nous désirons que vous _____ (se charger de cette tâche; finir votre travail; prendre l'apéritif avec nous; avoir le temps d'y penser; être prêt(s) à 19 heures).

2 Fill in the gaps in the following text with the appropriate present subjunctive forms of the verbs given in brackets.

Pour que le football (redevenir) _____ un super rendez-vous sportif, il faut que tout le monde y (mettre) _____ du sien. Il faut que les responsables des clubs (faire) _____ retomber la pression. Il faut que les joueurs (respecter) _____ les règles, ou (être) _____ sanctionnés. Il faut que les supporters (savoir) _____ qu'il y a des limites à ne pas dépasser.

Okapi

3 Study the following sentences and decide whether the verb in italics is **indicative** or **subjunctive**. If you think it is subjunctive, identify the **trigger** which has occasioned use of the subjunctive.

   a Je m'étonne que vous *travailliez* encore.

   b Il est peu probable qu'il *arrive* ce soir.

   c Ils sont partis sans que nous *entendions* le moindre bruit.

   d Je veux qu'ils *voient* mon nouvel appartement.

e Il fait trop chaud pour que je *travaille* dehors.

f Pendant qu'il *regarde* la télévision, elle lit le journal.

g Connaissez-vous un endroit où l'on *trouve* de ces fleurs?

h Elle dit qu'il *travaille* trop.

i Je ne pense pas qu'il *habite* très loin d'ici.

j Il est évident que vous *chantiez* mieux que lui.

4 Complete the following sentences with the correct form (indicative or subjunctive as appropriate) of the verb in brackets.

a Il semble que vous (avoir) _____ raison.

b Il est juste qu'il (être) _____ puni.

c Il est probable qu'elle (arriver) _____ demain.

d Je ne crois pas qu'il (savoir) _____ nager.

e Je resterai ici jusqu'à ce qu'il (partir) _____ .

f J'espère que vous (avoir) _____ tout ce qu'il vous faut.

g Je viendrai vous chercher à l'aéroport, pourvu qu'elle me (permettre) _____ de m'absenter du bureau.

h Je croyais qu'il (être) _____ malade.

5 Translate the following sentences into French. If the subject of both verbs in the sentence is the same, use an infinitive; if the verbs have different subjects, use the **subjunctive.**

a I want to change my job.
I want him to change his job.

b Before you leave, may I ask you a favour?
Before leaving, I gave her a ring.

c She is frightened of travelling alone.
He is afraid of her having an accident.

d He left without saying goodbye.
She left without his seeing her.

6 Translate into French, using the subjunctive where appropriate.

a Whatever you do, you can never please him.

b Although we like the town, we are not sorry to be leaving.

c He wants you to give him a ring tonight.

d He is the most outstanding student I know.

e Whatever his reasons may be, there can really be no excuse.

f He has ordered that the prisoners be released.

g I am afraid that he may come back later.

h Are you saying that he is lying?

i We are going to have lunch on the terrace unless it rains.

j It is possible that they may know the results already.

k He hopes that she will be back tonight.

l Whether he knows it or not, he is going to be elected president of the organization.

7 Oral work (pair work)

a Working with a partner, discuss what the government should do to improve conditions in higher education. Try to use expressions such as: *il faut que, il faudrait que, il est essentiel que, il est grand temps que, il est important que* + subjunctive as much as possible.

b Discuss how possible/probable it is that the following will happen:

- you will go to France this year
- you will win the National Lottery
- you will become a teacher
- contact will be established with alien life on another planet.

Try to use expressions such as *il est possible que, il est peu probable que, je ne crois pas que* + subjunctive where appropriate. Remember, however, that such expressions as *il est probable que, je crois que* take the indicative.

c Imagine that you have received the following items of news. Discuss your emotional reaction to each item:

- your parents are moving to a new area
- a friend has won a large sum of money in the National Lottery
- you have won a holiday in the Caribbean
- a friend has been involved in a road accident.

Remember to use the subjunctive after, e.g., *craindre que, je suis content/désolé que, je regrette que*, etc., but to use the indicative after, e.g., *espérer que*.

The perfect subjunctive

Text

«Mais non, se dit-il, ça ne peut pas être le rendez-vous de ce soir. Ce soir n'est pas encore venu et le rendez-vous a déjà eu lieu. C'était donc hier soir, probablement . . . . Quant à ces deux scènes où figure le même gamin, il faut que la seconde **ait été** antérieure, puisque, dans la première, l'enfant gît sur son lit de mort . . . . Mais
5 d'où viennent ces images?»

A. Robbe-Grillet, *Djinn*

The perfect subjunctive in the text

1 USAGE

The perfect subjunctive is used where reference is made to prior events, and where the present subjunctive would not convey this reference to the past. For example, *il faut que la seconde ait été antérieure* = the second (scene) must **have happened** first. By contrast, the present subjunctive, *il faut que la seconde **soit antérieure**,* would mean 'the second (scene) must happen first'.

2 FORMATION

The perfect subjunctive is formed from the present subjunctive of *avoir* or *être* as appropriate, followed by the past participle.

e.g. *ait été* (lines 3–4)

Other points to note in the text

- *Passé composé: n'est pas encore venu, a déjà eu lieu* (lines 1–2)
- *gît* (line 4): third-person present tense of *gésir* (to lie). Rarely used, except in the inscription (on tombstones) *ci-gît* – here lies

See for further information: Hawkins and Towell, pp. 250–1

Byrne and Churchill, pp. 379–82

Coffman Crocker, pp. 200–1

Judge and Healey, p. 224

Ferrar, p. 51, 97–9

EXERCISE

Fill in the gaps in the following sentences as appropriate with either the present subjunctive or the perfect subjunctive of the verbs in brackets.

a Je suis content qu'il (finir) _____ sa thèse.

b Il est possible qu'elle (arriver) _____ déjà.

c Je regrette que nous (ne pas pouvoir) _____ assister à la réunion hier.

d Voulez-vous que je vous (dire) _____ maintenant ce que j'en pense?

e C'est le plus beau jardin que je (voir) _____ jamais.

f A moins qu'ils ne (partir) _____ déjà, je crains que je ne (être) _____ obligé de les inviter ce soir.

25 | The subjunctive (imperfect and pluperfect)

The imperfect subjunctive

Text

Tout cela paraissait absurde à Simon Lecœur; pourtant il redoutait, obscurément, qu'il **existât** une signification précise à ces simulacres, bien que celle-ci lui **échappât** . . . . Le mannequin assassiné gisait à l'endroit exact où se trouvait Djinn lors de leur brève entrevue de la veille; quoique Simon se **rappelât** parfaitement
5 l'avoir vu, cette fois-là, au rez-de-chaussée . . . . A moins qu'il ne **confondît** à présent les deux scènes successives, celle avec Djinn et celle avec le mannequin.

Il décida de s'en aller au plus vite, de peur que d'autres énigmes ne **vinssent** encore compliquer le problème. Il en avait suffisamment, déjà, pour plusieurs heures de réflexion. Mais, de toute manière, plus il y réfléchissait, moins il en apercevait le fil
10 conducteur.

A. Robbe-Grillet, *Djinn*

The imperfect subjunctive in the text

1 USAGE

a The subjunctive, no matter what its tense, is triggered, as we saw in Chapter 24, by a variety of verbs, including verbs of fearing, e.g. *il redoutait . . . qu'il existât* (lines 1–2) and by a number of conjunctions, e.g. *quoique* (line 4); *à moins que* (line 5); *de peur que* (line 7).

b The tenses of the subjunctive most commonly used in speech and in writing are the present and perfect. The imperfect (and pluperfect – see below) subjunctives are becoming increasingly rare, **except in the third-person singular in literary contexts** such as we have here. The text includes just one example of a third-person plural, *vinssent* (line 7); the remaining imperfect subjunctives are all third-person singular.

c In literary contexts, the following sequence of tenses is observed. The tense of the subjunctive is determined by the tense of the verb in the main clause.

Main clause		Subordinate clause
Group 1		
Present		present subjunctive
Future	} indicative	perfect subjunctive
Perfect		

Group 2

imperfect		QUE	imperfect subjunctive
past historic			pluperfect subjunctive
conditional	}		
pluperfect			

So, in the text, because the verb *redoutait* (line 1) in the main clause is imperfect (group 2), the two verbs in the subordinate clause, *existât* and *échappât* (lines 2–3), are both in the imperfect subjunctive. Similarly, *vinssent* (line 7) is imperfect subjunctive, because the verb in the main clause *décida* (line 7) is past historic (also group 2).

2 FORMATION

Take as the **stem** the second-person singular of the past historic (see Chapter 5), **remove the final -s**, then add the following endings:

je	-*sse*
tu	-*sses*
il	-^*t*
nous	-*ssions*
vous	-*ssiez*
ils	-*ssent*

You will notice that except for the third-person singular which ends in -*t*, these are in fact the same endings as the present subjunctive, with the addition of the 'infix' -*ss* in all cases, **except** the third-person singular, which has a circumflex accent over the vowel instead.

There are **no exceptions** to the above pattern. Even *avoir* and *être* conform.

Other points to note in the text

- Demonstrative pronouns: *celle-ci* (line 2); *celle* (line 6) (see Chapter 12)
- Pronouns: *y* (line 9) and *en* (lines 8, 9) (see Chapter 10)
- Perfect infinitive: *l'avoir vu* (line 5) (see Chapter 20)
- Comparative: *plus … moins* (line 9) (see Chapter 16)

◣ *Discover more about the imperfect subjunctive*

USE OF TENSES

In less formal French the sequence of tenses outlined above is not observed. The present subjunctive is used in the subordinate clause instead of the imperfect subjunctive, e.g. *Je craignais qu'il ne lui arrive* (instead of *arrivât*) *un accident* (I was afraid that he might have an accident).

See for further information: Hawkins and Towell, pp. 155, 250–1

Byrne and Churchill, pp. 379–82

Coffman Crocker, pp. 201–3

Judge and Healey, pp. 150–1, 221–2

Ferrar, p. 50, 97–9

✎ **EXERCISE**

Fill in the gaps in the following sentences with the appropriate form of the imperfect subjunctive. Note that these are all literary extracts. What do you notice about the person of the verb in all the examples?

a Elle attendait que la fin du repas le (rendre) _____ à son travail ou à son oisiveté. Elle attendait encore, seule avec Fanny, que celle-ci (laisser) _____ glisser de ses genoux le livre, ou (s'éveiller) _____ , fraîche, – 'Quoi de neuf, Jane?' – de sa sieste. (Colette, *La Seconde*).

b Emue, elle fredonnait à mi-voix, pour qu'il (ne pas entendre) _____ que le fil de sa voix vacillait comme un jet d'eau sous le vent . . . . (Colette, *La Seconde*)

c Il fallait donc que celui qui surveillerait la petite rue, dès qu'il verrait l'auto, (faire) _____ signe aux deux autres. (Malraux, *La Condition Humaine*)

d La présence d'un marchand d'antiquités, dont le magasin s'ouvrait juste en face de la rue, l'aiderait; à moins que l'homme (ne pas appartenir) _____ à la police. (Malraux, *La Condition Humaine*)

e La rue était trop étroite pour qu'elle [la voiture] (tourner) _____. (Malraux, *La Condition Humaine*)

f Souen attendrait que Peï (sortir) _____. (Malraux, *La Condition Humaine*)

g Il aurait été normal qu'Elisa (rester) _____ encore quelques jours couchée, mais du moment qu'on peut se tenir debout pourquoi perdre son temps au lit . . . . (M. Bourdouxhe, *La Femme de Gilles*)

h Elle se glissa doucement hors du lit, passa un vêtement, elle ne se chaussa pas tout de suite de peur que le bruit de ses pas (ne éveiller) _____ Gilles. (M. Bourdouxhe, *La Femme de Gilles*)

The pluperfect subjunctive

Text

A mesure que les transports de Julien rassuraient sa timide maîtresse, elle reprenait un peu de bonheur et la faculté de juger son amant. Heureusement, il n'eut presque pas, ce jour-là, cet air emprunté qui avait fait du rendez-vous de la veille une victoire, mais non pas un plaisir. Si elle **se fût aperçue** de son attention à jouer un rôle,

5   cette triste découverte lui **eût** à jamais **enlevé** tout bonheur. Elle n'y **eût pu** voir autre chose qu'un triste effet de la disproportion des âges.

Quoique Mme de Rênal n'**eût** jamais **pensé** aux théories de l'amour, la différence d'âge est, après celle de fortune, un des grands lieux communs de la plaisanterie de province, toutes les fois qu'il est question d'amour . . . .

10   Quand il restait à Mme de Rênal assez de sang-froid pour réfléchir, elle ne revenait pas de son étonnement qu'un tel bonheur existât, et que jamais elle ne s'en **fût doutée.**

Stendhal, *Le Rouge et le noir*

🔎 The pluperfect subjunctive in the text

1 USAGE

a The subjunctive, no matter what its tense, is triggered, as we have seen in Chapter 24, by a variety of verbal expressions, including expressions of emotion such as surprise, e.g. *elle ne revenait pas de son étonnement qu'un tel bonheur existât et que jamais elle ne s'en fût doutée* (lines 10–12). The subjunctive is also triggered by a number of conjunctions, e.g. *Quoique Mme de Rênal n'eût jamais pensé . . .* (line 7).

b The pluperfect subjunctive, like the imperfect subjunctive, is becoming increasingly rare, **except in the third-person singular in literary contexts** such as we have here. All the pluperfect subjunctives in the text are third-person singular.

c In literary contexts the sequence of tenses outlined above (see ***The imperfect subjunctive in the text,*** **1c**) is followed. Thus, for example, because the main clause verb *revenait* (line 10) is imperfect (group 2), it is followed by an imperfect subjunctive *existât* and a pluperfect subjunctive *s'en fût doutée.* This second verb is pluperfect rather than imperfect subjunctive, because it refers to a prior state of affairs, i.e. 'she could not get over her amazement that such happiness existed and that she **had never** suspected it before'.

d In literary and somewhat archaic style, the pluperfect subjunctive may be used in either or both halves of a conditional sentence in place of the pluperfect indicative and past conditional. For example, *Si elle se fût aperçue . . . cette triste découverte lui eût enlevé* (lines 4–5), which in more standard French would be *si elle s'était aperçue . . . cette triste découverte lui aurait enlevé.* This is a construction which you need to be able to recognize when reading literary texts, but it is not one which you should normally try to imitate. For the normal pattern of tenses in conditional sentences, see Chapter 7.

2 FORMATION

The pluperfect subjunctive is formed from the imperfect subjunctive of *avoir* or *être* as appropriate (see Chapter 2), plus the past participle.

e.g. *se fût aperçue* (line 4); *eût enlevé* (line 5); *eût pu* (line 5)

Other points to note in the text

- Imperfect subjunctive: *existât* (line 11)
- Past historic: *eut* (line 2) as opposed to subjunctive *eût* (lines 5, 7)

◢◣ *Discover more about the pluperfect subjunctive*

USE OF TENSES

In less formal French the strict sequence of tenses outlined in **The imperfect subjunctive in the text, 1c** is not followed. The perfect subjunctive is used in the subordinate clause instead of the pluperfect subjunctive, e.g. *Je craignais qu'ils ne soient* (instead of *fussent*) *déjà partis* (I was afraid that they might already have left).

See for further information:	Hawkins and Towell, pp. 250–1
	Byrne and Churchill, pp. 379–82
	Coffman Crocker, pp. 203–4
	Judge and Healey, pp. 151, 224
	Ferrar, p. 51, 97–9

✎ EXERCISES

1 Fill in the gaps in the following sentences with the appropriate form of the pluperfect subjunctive. Identify in each case the trigger which makes use of the subjunctive necessary (see Chapter 24 above). Pay careful attention to the placing of any adverb.

a Il était content qu'elle (achever) _____ sa thèse avant la date limite.

b Il était possible qu'elle (arriver) _____ déjà.

c Il craignait qu'elle (se tromper) _____ déjà de chemin.

d Quoique il (ne jamais penser) _____ à la mort, depuis la mort de son père ses attitudes avaient changé.

e Il avait beaucoup regretté qu'elle (ne jamais aller) _____ en Amérique.

2 Read the following text, paying particular attention to the occurrences of the pluperfect subjunctive highlighted in bold. What tense of the indicative could be substituted in these cases?

Il aimait ses songes, qu'il cultivait, et n'**eût trahi** pour rien au monde les relais qui l'attendaient. A la première halte, alors qu'il entendait encore les klaxons sur l'avenue, il rencontra des visages tournoyants et extensibles, familiers, difformes, qu'il traversa comme il **eût traversé** en saluant çà et là, une foule bénigne. Tournoyants, convexes, ils s'approchaient d'Alain en grossissant. Clairs sur un champ sombre, ils devenaient plus clairs encore, comme s'ils **eussent reçu** du dormeur lui-même la lumière.

Colette, *La Chatte*

3 Rewrite the following highly literary conditional sentences in more standard French, substituting the appropriate tenses of the indicative for the pluperfect subjunctive.

   a Si elle eût su le résultat, elle s'en fût réjouie.

   b Si elle se fût montrée plus sympathique, il se fût confié à elle.

   c S'il y eût pensé, il eût pu lui épargner cet ennui.

26 | Prepositions

NICE, BAIE DES ARTS

Ils sont tous là, **sans** histoire et **sans** défilé: Ben, César, Yves Klein, Arman ou Martial Raysse. On ne sait plus s'ils sont nés **à** Nice ou y ont été attirés **par** le soleil. Comme leurs ascendants, les Picasso, les Chagall, les Matisse. Il y a ce musée **d'**art moderne et **d'**art contemporain qui fait figure **de** Beaubourg local, **à** deux pas **des** avenues

5 roulantes et **du** Paillon – la rivière **d'**ici – recouvert. **De** l'extérieur, le bâtiment effraie, choque, tranche **sans** effort **avec** l'architecture balnéaire années 50, les villas maures, le côté rococo fin **de** siècle qui règnent, **avec** un vrai charme rétro, au-dehors. **Au** septième étage, **sur** un terre-plein conçu comme un pont **de** bateau un peu glissant, s'offre la plus belle vue **sur** la ville et les collines plantées **de** pins et **d'**oliviers.

10 Nice, **dans** ses ors **d'**hiver doux, ses stucs et ses palais, garde le charme **d'**une ville **de** toutes les époques. On s'attendrit **sur** son passé **de** ville italienne **en** longeant les ruelles qui mènent **au** cours Saleya. Rue Droite, rue Sainte-Réparate, les couleurs sont rouges comme **en** Ligurie. Le palais Lascaris, comme les églises **du** Jésus et **de** la Miséricorde, la cathédrale et son campanile, le tribunal et l'opéra, joue la carte **du**

15 baroque.

Jusqu'en 1860, l'antique Nikaia hésita **sur** son destin. Elle appartint, **avec** tout son comté, **au** riche domaine **de** la famille de Savoie, flirta **avec** le Piémont, campa jalousement **sur** ses frontières. Elle n'est française que **depuis** un peu plus d'un siècle. Elle demeure cosmopolite, tendre, douce, méditerranéenne, ouverte **à** toutes

20 les influences. Paul Morand, **dans** un poème **des** années 20, notait que *'l'azur PLM [y] a un goût d'aloès'* et que *'les villas khédivales n'ont RIEN A LOUER'* – **en** majuscules **dans** le texte.

Sur le plateau **du** Mont-Boron, un demi-siècle plus tard, rien ou presque n'a changé. Même si les palais maures, **avec** leurs tours hautes comme des minarets, ont

25 été divisés **en** appartements qu'occupent les pensionnaires **de** l'Opéra local. **Vers** Cimiez, les hôtels Régina, Majestic ou Impérial ont perdu de leur superbe. La statue **de** la reine Victoria, recevant l'offrande **en** fleurs **des** habitants d'ici, rappelle que les Anglais venaient y passer l'hiver, soigner leurs bronches **dans** l'arrière-pays embaumé **de** pins maritimes, visiter les vergers plantés **d'**oliviers ou encore musarder

30 **des** plages douces **aux** arènes.

Le musée Matisse, **d'**un rouge pompéien tranchant **sur** le vert cru **du** jardin et le bleu tendre **du** ciel, y abrite tout l'œuvre sculpté du maître et bon nombre **de** ses œuvres mystiques – celles **de** la chapelle **de** Vence. L'inspiration biblique de Chagall, **en** son musée, n'est pas loin non plus. Ni l'église russe dédiée **au** tsar Nicolas II. **De**

35 là **à** dire que Nice respire un air **de** sainteté, il n'y a qu'un pas qui fait oublier la rumeur **des** 'affaires'. Envolé le souvenir **de** Spaggiari, **de** Médecin, **de** Fratoni, **de** Renée Leroux, **du** casino Ruhl, **de** l'atmosphère **d'**une 'Affaire intime'. C'est là que Max Gallo écrivit aussi son beau livre *Que sont les siècles pour la mer?* Là que Louis Nucera poursuit la magie populaire **de** l'*Avenue des diables bleus*.

40 Ville **d'**art, cité littéraire, Nice a vu naître Le Clézio et Dominique Garnier (*La femme publique*), Ben et Moretti. On peut l'aimer **pour** ses musées – celui **des** Beaux-Arts, dit Jules-Chéret, comme celui **d'**Art naïf, sis **dans** une jolie villa rose – comme **pour** la beauté baroque **de** ses demeures 1880. On peut l'aimer **pour** elle-même. Le temps d'un week-end **dans** l'un **des** hôtels **du** front de mer, La Pérouse ou Beau Rivage,

45 Negresco ou Westminster, ou **dans** l'un **de** ses palais kitsch, tel le rococo Château **des** Ollières. Baie **des** Anges, elle reste. Baie **des** arts, elle demeure, **avec** force.

Gilles Pudlowski, *Le Point*

🔎 Prepositions in the text

1 USAGE

A preposition is a word which is placed before another word or phrase in the sentence, usually a noun, pronoun or verb and which establishes a relationship of meaning between the two (place, direction, time, manner, cause, etc.).

2 À AND *DE*

The prepositions *à* and *de* which are the most common, combine with the definite articles *le/les* to become *au/aux/du/des*.

e.g. *au septième étage* (lines 7–8), *aux arènes* (line 30), *du casino Ruhl* (line 37), *Baie des arts* (line 46)

All other prepositions remain invariable.

De elides to *d'* when followed by a vowel e.g. *ce musée d'art moderne* (line 3).

In very many cases *de* is used to introduce a phrase qualifying the noun/pronoun previously stated, e.g. *la statue de la reine Victoria* (lines 26–7), *celles de la chapelle de Vence* (line 33), etc.

3 PREPOSITIONS EXPRESSING LOCATION

a *à* is used with towns, e.g. *à Nice* (line 2) = in Nice

It is also used to indicate a precise location e.g. *au septième étage* (lines 7–8) = on the seventh floor (see also **4** below)

b *de* e.g. *à deux pas de* (line 4) = two steps away (from)
   de l'extérieur (line 5) = from the outside

c *sur* e.g. *sur le plateau* (line 23) = on the plateau
   une belle vue sur la ville (line 9) = a beautiful view over the town

d *dans* usually indicates a precise location e.g. *dans un poème* (line 20) = in a poem
dans l'un des hôtels (line 44) = in one of the hotels

e *en* In some cases *en* = *dans* e.g. *en son musée* (line 34)
en is also used with regions of feminine gender, e.g. *en Ligurie* (line 13), but *dans* is used with
regions of masculine gender, e.g. *dans le Périgord*.

Note that *en* must not be used with a definite article.

4 PREPOSITIONS EXPRESSING DIRECTION

à, de . . . à   e.g. *qui mènent au cours Saleya* (line 12) = which lead to . . .
des plages aux arènes (line 30) = from the beaches to . . .
à and *de* are also used with towns: *Je vais à Nice, je viens de Paris*.

5 PREPOSITIONS EXPRESSING TIME

a *en* is used to express a precise date, e.g. *en 1860* (line 16) = in 1860.

b *jusque*, e.g. *jusqu'en 1860* (line 16) = until 1860.

c *de*, e.g. *une ville de toutes les époques* (lines 10–11) = a city of all times
un poème des années 20 (line 20) = a poem from/written in the 1920s.

d *depuis*, e.g. *elle n'est française que depuis un peu plus d'un siècle* (lines 18–19) = it has only been
French for a little over a century.

Note that the sequence of tenses is different in French and in English. In French the **present
tense** must be used with *depuis* to express the English form 'has been doing . . . for' (see
Chapter 1).

6 PREPOSITIONS EXPRESSING MANNER

a *avec*, e.g. *avec un vrai charme* (line 7) = with real charm. In this example the indefinite article
(*un*) is used with a noun accompanied by an adjective (*vrai*). In line 46, however, where the
noun is not qualified by an adjective, no article is required, e.g. *elle demeure avec force* (= she
remains strongly).

b *sans*, e.g. *sans effort* (line 6) = without effort.

Note that no article is used before *sans*.

c *en*, e.g. *en majuscules* (lines 21–2) = in capital letters.

7 PREPOSITIONS EXPRESSING CAUSE

a *par*, e.g. *attirés par le soleil* (line 2) = attracted by the sun.

b *de*, e.g. *embaumé de pins* (line 29) = fragrant with the scent of maritime pines.

c *pour*, e.g. *on peut l'aimer pour ses musées* (line 41) = you can love it for/because of its museums.

8 PREPOSITION EXPRESSING CHANGE/TRANSFORMATION

en, e.g. *ont été divisés en appartements* (lines 24–5) = have been divided into flats.

9 À AND *EN*

Some prepositions, i.e. *à, en,* can be used with verbs.

a *à* + infinitive e.g. *A LOUER* (line 21) = to let.

b *en* + present participle. This is known as a gerund (see Chapter 20).
e.g. *en longeant les ruelles* (line 11) = while walking along the narrow streets

10 PREPOSITIONS GOVERNING MORE THAN ONE NOUN

When a preposition governs more than one noun, it is considered good practice to repeat the preposition before each of the nouns, e.g. **sans** *histoire et* **sans** *défilé* (line 1).

Envolé le souvenir **de** *Spaggiari,* **de** *Médecin,* **de** *Fratoni, etc.* (line 36).

Other points to note in the text

- Pronominal verbs: *s'offre* (line 9); *s'attendrit* (line 11) (see Chapter 18)
- Past historic: *hésita* (line 16); *appartint* (line 16); *flirta* (line 17); *campa* (line 17); *écrivit* (line 38) (see Chapter 5)
- Imperfect: as a narrative tense, e.g. *notait* (line 20); indicating repetition, e.g. *venaient* (line 28) (see Chapter 3)
- *années 50* (line 6), *années 20* (line 20): there is no plural on the numeral in French.

◢◣ *Discover more about prepositions*

1 EXPRESSIONS OF LOCATION

a *à, au(x)* As well as the name of a town (see line 2), *à* governs names of countries in the masculine, e.g. *Je serai à Madagascar/au Maroc/aux Etats-Unis.*

b *en* We have seen that *en* governs feminine names of regions. This also extends to feminine names of countries, e.g. *en France; en Italie* as well as continents, e.g. *en Europe, en Amérique.*

Note that most countries ending with 'e' are feminine.

c *dans* is used for geographical areas such as mountain ranges, e.g. *dans le Massif Central; dans les Pyrénées* as well as French departments, e.g. *dans le Var.*

It is also used instead of *en* (see **1b** above) when the name of the country is further qualified e.g. *dans la France des années 60; dans l'Afrique post-coloniale.*

d *de* can denote the origin. With a feminine name it remains as *de,* e.g. *Il vient de Grèce;* with a masculine name it becomes *du,* e.g. *Elle revient du Japon;* with a plural name it becomes *des,* e.g. *Ils arrivent des Pays-Bas.*

e *par* indicates a notion of transit (= through, via) e.g. *Elle est passée par Los Angeles/par la Nouvelle-Zélande.*

2 EXPRESSIONS OF TIME

a *en/dans*

En indicates the amount of time necessary to do something, e.g. *Je peux le faire en une heure* (= I can do it in an hour/it'll take me an hour to do it), whereas *dans* indicates a deadline, the time after which something will occur, e.g. *Je peux le faire dans une heure* (= I can do it/start it in an hour's time).

b *depuis, pendant, pour*

Depuis indicates a period of time up to the moment referred to (past or present), e.g. *Il habite/habitait chez nous depuis un an.* (See also *Prepositions in the text,* **5d,** above.)

pendant is used for an actual period of time, e.g. *J'ai travaillé en entreprise pendant un mois.*

pour is used for intended periods of time, e.g. *Je suis ici pour trois mois.*

3 EXPRESSION OF MANNER

de = in, e.g. *elle était habillée de noir* (she was dressed in black)
　　　　　d'une certaine façon/manière (in a certain fashion/manner)

4 COMMON PREPOSITIONS NOT IN THE TEXT

a Single prepositions: *après, avant, chez, contre, derrière, dès, entre, parmi, sous.*

b Compound prepositions: *à cause de, à côté de, à l'exception de, au-dehors de, au-dessous de, au-dessus de, auprès de, aux environs de, en face de, grâce à, jusqu'à, près de.*

5 PREPOSITIONS + INFINITIVE

A is not the only preposition to govern infinitives. These can also be preceded by *après/de/pour/sans.*

e.g. *après avoir fait ses adieux* (= after she made her goodbyes)
　　　elle a peur de traverser la rue (= she is afraid of crossing the road)
　　　pour finir son repas (= to finish her/his meal)
　　　il traversa la rue sans regarder (= he crossed the road without looking)

Compound prepositions are also used with infinitives. These include **afin de, avant de, à moins de** (see also Chapter 27).

6 ABSENCE OF PREPOSITION

Where English has a preposition i.e. in/on to indicate the day, time of day or date, French does not use a preposition, e.g. *(le) lundi, le soir, le lundi soir, le 8 septembre.*

7 IDIOMATIC USE

The use of French prepositions can be particularly **idiomatic** and is frequently a source of error amongst English speakers as there are so many *faux amis*. The foolproof answer is to learn them individually!

See for further information: Hawkins and Towell, pp. 305–35

Byrne and Churchill, pp. 498–535

Coffman Crocker, pp. 67–83

Judge and Healey, pp. 321–38

Ferrar, pp. 250–1, 277–87

✎ EXERCISES

1 Complete the following sentences with the correct prepositions indicating place/direction (à/au, dans, de, en, par, sur).

a J'ai mis le pain _____ la corbeille _____ la table.

b Il vient _____ Genève _____ Suisse.

c Elle habite _____ Bretagne.

d Au retour je passerai _____ Londres.

e Je vais _____ la boulangerie.

f Ces arbres se trouvent _____ Afrique.

g Ce vol va _____ Paris _____ Ankara.

h Les Pyrénées sont situées _____ France et _____ Espagne.

i Elle part en vacances _____ Agadir _____ Maroc.

j Ils ont vécu _____ la France de l'après-guerre.

2 Complete the following sentences with the correct preposition of time (à, après, dans, depuis, en, jusqu'à, à partir de).

a _____ un an j'aurai mon diplôme.

b _____ 1944 les Forces Alliées ont libéré la France.

c Le train part _____ 15.00 heures.

d Il est au lit _____ une semaine.

e C'est très rapide: ça se fait _____ cinq minutes.

f Il est arrivé _____ eux. En fait il était le dernier.

g Je commencerai à préparer le repas _____ un quart d'heure.

h J'attendrai _____ _____ demain avant d'aller à la banque.

i Il a écrit ce poème _____ les années trente.

j La réception est _____ 8 heures.

3 Without looking at the original, complete the text with the appropriate prepositions.

NICE, BAIE DES ARTS

Ils sont tous là, sans histoire et _____ défilé: Ben, César, Yves Klein, Arman ou Martial Raysse. On ne sait plus s'ils sont nés _____ Nice ou y ont été attirés _____ le soleil. Comme leurs ascendants, les Picasso, les Chagall, les Matisse. Il y a ce musée d'art moderne et _____ art contemporain qui fait figure de Beaubourg local, _____ deux pas _____ avenues roulantes et du Paillon – la rivière d'ici – recouvert. _____ l'extérieur, le bâtiment effraie, choque, tranche _____ effort _____ l'architecture balnéaire années 50, les villas maures, le côté rococo fin _____ siècle qui règnent,

_____ un vrai charme rétro, au-dehors. _____ septième étage, _____ un terre-plein conçu comme

un pont _____ bateau un peu glissant, s'offre la plus belle vue _____ la ville et les collines

plantées _____ pins et _____ oliviers.

Nice, dans ses ors d'hiver doux, ses stucs et ses palais, garde le charme _____ une ville _____

toutes les époques. On s'attendrit _____ son passé de ville italienne _____ longeant les ruelles qui

mènent _____ cours Saleya. Rue Droite, rue Sainte-Réparate, les couleurs sont rouges comme

_____ Ligurie. Le palais Lascaris, comme les églises du Jésus et de la Miséricorde, la cathédrale et

son campanile, le tribunal et l'opéra, joue la carte du baroque.

_____ _____ 1860, l'antique Nikaia hésita sur son destin. Elle appartint, _____ tout son comté,

_____ riche domaine de la famille de Savoie, flirta _____ le Piémont, campa jalousement _____

ses frontières. Elle n'est française que _____ un peu plus d'un siècle. Elle demeure cosmopolite,

tendre, douce, méditerranéenne, ouverte _____ toutes les influences. Paul Morand, _____ un

poème _____ années 20, notait que *'l'azur PLM [y] a un goût d'aloès'* et que *'les villas khédivales

n'ont RIEN _____ LOUER'* – _____ majuscules _____ le texte.

_____ le plateau du Mont-Boron, un demi-siècle plus tard, rien ou presque n'a changé. Même si

les palais maures, _____ leurs tours hautes comme des minarets, ont été divisés _____ appartements

qu'occupent les pensionnaires de l'Opéra local. Vers Cimiez, les hôtels Régina, Majestic ou Impérial

ont perdu de leur superbe. La statue _____ la reine Victoria, recevant l'offrande en fleurs des

habitants d'ici, rappelle que les Anglais venaient y passer l'hiver, soigner leurs bronches _____

l'arrière-pays embaumé _____ pins maritimes, visiter les vergers plantés _____ oliviers ou encore

musarder _____ plages douces _____ arènes.

Gilles Pudlowski, *Le Point*

4 Fill the blanks in the text with one of the following prepositions: *à/au/aux, avant (de), dans,
d'/de/des, depuis, en, par, pour, sans,* and make the necessary changes.

L'OBSERVATOIRE DE LA PLANÈTE TERRE

_____ 1975, les scientifiques du Worldwatch Institute de Washington nous donnent chaque année

'l'Etat _____ la planète', un portrait grand-angle de notre biosphère et _____ ses problèmes.

L'équipe pluridisciplinaire du Worldwatch fait le point du navire Terre _____ dix ans. Sans

simplicité, _____ alarmisme, _____ illusions et _____ respect des pouvoirs et _____ préjugés.

L'idée de l'unité _____ la planète sous-tend les travaux annuels des spécialistes de Worldwatch,

physiciens, chimistes, océanographes, biologistes, etc. On sait _____ exemple que trop souvent les

produits chimiques _____ synthèse ont contaminé l'environnement. Mais comment mieux illustrer

ces nuisances que _____ l'observation de deux chercheurs américains? Ils ont trouvé _____ les

graisses d'ours polaire de l'Arctique des traces évidentes de ces polychlorobiphényles utilisés _____

les années 30 (_____ être interdits) dans la fabrication _____ plastiques, _____ vernis et _____

cires. Le chemin fait rêver, que ces résidus avaient dû accomplir _____ arriver sur la banquise

_____ le corps d'un ours blanc, après avoir été utilisés _____ Etats-Unis _____ l'industrie.

Le rapport 1994 du Worldwatch dénonce, une fois de plus, la pollution _____ océans, la

destruction sauvage _____ forêts, la déraison des systèmes de transport. _____ l'édition de cette

année, on apprend dans le détail que ce que les agriculteurs gagnent _____ hygiène de santé (plein air, rythme des travaux, exercice physique, etc), ils le perdent – et au-delà – _____ l'empoisonnement que leur infligent les pesticides, les engrais chimiques, les produits _____ base _____ plomb. D'autres nouvelles récentes font frémir: on désarme, c'est promis, c'est juré! Mais comment faire disparaître les armes nucléaires _____ milliers, les sous-marins atomiques, les armes chimiques, le gigantesque arsenal _____ la mort? Les chercheurs de Worldwatch résument la situation: ce matériel est 'dangereux _____ produire, dangereux _____ utiliser, dangereux _____ détruire'.

Claude Roy, *Le Nouvel Observateur*

5 Fill the blanks in the text with one of the following prepositions: *à/au/aux, à côté de, dans, d'/de/des, en, par, à partir de, pour, sur* and make the necessary changes.

SUR LES QUAIS

_____ Lyon, le 8 décembre, tout le monde est descendu _____ la rue. Mais il ne s'agissait ni de grève ni de manifestation, mais d'une grande fête. Cette année, en plus, le '8 décembre', cette soirée tant appréciée _____ les Lyonnais, est tombée un dimanche. Résultat: plus de trois cent mille personnes qui déambulaient _____ les rues.

L'origine de cette célébration est l'inauguration _____ une statue de la Vierge, érigée _____ 1852, _____ la colline de Fourvière qui domine Lyon. Elle commémore également l'anniversaire d'un pèlerinage, qui avait eu lieu le 8 septembre 1643, _____ remercier Marie d'avoir sauvé Lyon _____ la peste. Suite à une crue de la Saône qui avait empêché l'achèvement _____ la statue à temps, la fête avait été déplacée au 8 décembre 1852, jour de la Fête de l'Immaculée Conception.

Ce jour-là, les Lyonnais ont illuminé leurs balcons _____ milliers de petits lampions, et sont descendus _____ la rue. La tradition demeure. _____ sept heures du soir, les balcons s'éclairent progressivement, chaque fenêtre ayant plusieurs petits lumignons. _____ les rues les guirlandes _____ Noël ajoutent, elles aussi, leurs lumières et les vitrines décorées _____ magasins attirent le regard _____ leurs couleurs riches et festives.

_____ la place Carnot, on trouve un petit marché _____ santons, ces figurines traditionnelles _____ crèches de Provence. Par contre _____ la Place Louis Pradel, _____ l'Opéra, le spectacle est bien plus moderne: d'énormes ballons gonflés _____ forme _____ croissants de lune, _____ cônes et _____ sphères, changent de couleurs toutes les quelques secondes et se balancent doucement, poussés _____ les enfants qui les entourent. Un paysage gigantesque et magique où même l'adulte se sent de nouveau un enfant.

Bien-dire

27 | Conjunctions

'LA FRANCE EST UN PAYS FANTASTIQUE!'

'La dépression française', 'Les Français ne connaissent pas leur bonheur': deux titres dans les magazines **ou** revues récemment publiés.

Le premier est de Guy Sorman. Selon l'auteur, le pire pour la France est désormais certain. Le gouvernement s'attaque aux Français qui entreprennent. Le mal causé par
5 les surtaxes imposées aux grandes entreprises va déferler en cascade sur toutes les autres, même les plus petites. Ce système ne peut avoir été conçu que par les grands commis de l'Etat, ceux-là même qui ont lancé de grandes entreprises nationalisées (SNCF, banques, etc.) dans de folles dépenses. Ils savent gaspiller **mais** ils n'ont jamais rien fait pour gagner, à l'abri qu'ils sont dans leurs administrations.

10 **'Les Français débordent d'énergie'**
Le second article est écrit par un écrivain britannique, Théodore Zeldin: 'Vous, Français, vous ne connaissez pas votre bonheur. Vous disposez d'atouts fantastiques. Pourtant, vous vous sentez frustrés. Vous voulez tous un emploi plus intéressant, des responsabilités, plus de temps à consacrer à votre famille, à vos amis. **Or**,
15 aujourd'hui, on a rarement tout cela!' La France, dit-il, n'est pas une exception, **car** ce sentiment est général dans les sociétés occidentales. **Mais**, 'dans les autres pays, les structures sociales bougent, **tandis que** chez vous tout semble bloqué . . . . Votre élite a pris de mauvaises habitudes. Aveuglée par sa réussite, elle a cru qu'elle n'avait pas de leçons à recevoir de l'étranger . . . . Vous ne pouvez plus vivre isolés
20 intellectuellement, économiquement.'

Comment en sortir? Selon l'auteur, en réalité, **si** les Français jeunes ne croient plus à la politique, ils manifestent leurs convictions d'autre manière. Ils s'engagent, par exemple, dans des associations caritatives, ils débordent d'énergie. Pour Zeldin, 'la France reste un pays fantastique, en avance dans toutes sortes de domaines. Pour la
25 qualité de la vie, l'éducation, le revenu par habitant, la France se situe dans le peloton de tête des grands pays. Vous ne connaissez pas votre bonheur.' **Et** l'auteur conclut: '**Pour que** les choses changent, **que** les Français arrêtent de se prendre la tête en se demandant tous les matins qui ils sont **et** ce qu'ils vont devenir, qu'ils agissent au lieu de réfléchir. Le monde ne va pas attendre qu'ils aient trouvé les
30 réponses à leurs questions.'

On voit la convergence des deux analyses et en même temps les contradictions qui nous habitent: trop de bureaucratie, pas assez d'autonomie, trop d'administration entravant la rapidité de réactions et l'adaptation nécessaire. Des désirs, que l'on

voudrait trop souvent voir satisfaits par l'Etat, **mais** en même temps une volonté
35 d'initiative de plus en plus forte. Tout cela peut paraître peu cohérent **mais** coexiste
tant bien que mal. **Cependant**, les possibilités sont là. Il s'agit de faciliter leur mise
en œuvre.

Moins d'Etat, plus d'initiative

Le nouveau gouvernement semble s'orienter définitivement vers la réalisation d'une
40 seule monnaie européenne. 'Cet enjeu historique, écrit Olivier Duhamel, est plus
important que le taux de majoration exceptionnelle de l'impôt sur les sociétés. L'euro
vaut bien quelques francs de plus.'
 Nombreux sont ceux qui en conviendront et seront d'accord avec cette politique, **à
condition cependant que** les dépenses de l'Etat soient vraiment réduites, **que**
45 l'étatisme recule, **que** soit libéré, encouragé, soutenu réellement et partout l'esprit
d'initiative.

François Régis Hutin, *Ouest-France*

🔍 Conjunctions in the text

1 PREPOSITIONS AND CONJUNCTIONS

In French a conjunction differs from a preposition in that a preposition normally governs a noun,
pronoun or infinitive whereas **a conjunction introduces a clause** (with a finite verb, i.e. a verb
marked for tense and person, unlike the non-finite infinitive, gerund and participles) e.g. in the
sentence *Ils savent gaspiller mais ils n'ont jamais rien fait pour gagner* (lines 8–9), *pour* is a
preposition introducing the infinitive *gagner* and *mais* is a conjunction joining two clauses in the
sentence.

Note that in English prepositions and conjunctions often have the same form. This is not the case
in French, e.g. 'without': without her (preposition) = *sans elle;* without her knowing
(conjunction) = *sans qu'elle le sache.*

2 COORDINATING CONJUNCTIONS

a Coordinating conjunctions can join together two or more main clauses in a sentence.

e.g. *Tout cela peut paraître peu cohérent **mais** coexiste tant bien que mal* (lines 35–6).

They can also join elements of a clause, such as nouns, e.g. *magazines **ou** revues* (line 2) or two
subordinate clauses, e.g. *qui ils sont **et** ce qu'ils vont devenir* (line 28). In this case *et* joins two
relative clauses.

b A coordinating conjunction cannot be placed at the beginning of a sentence.

c Coordinating conjunctions always take the indicative.

3 SUBORDINATING CONJUNCTIONS

These introduce a subordinate clause in which the verb can be either in the indicative or the subjunctive, depending on the conjunction used.

a Subordinating conjunction + indicative

e.g. *Si les Français jeunes ne croient plus* (line 21) *si* + indicative = if

tandis que chez vous tout semble bloqué (line 17) *tandis que* + indicative = whereas

b Subordinating conjunction + subjunctive

e.g. *Pour que les choses changent* (line 27) *pour que* + subjunctive = so that

à condition cependant que les dépenses de l'Etat soient réduites, que l'étatisme recule, que soit libéré . . . (lines 43–5) *à condition que* + subjunctive = on condition that

c *car*

Car cannot start a sentence. It can only be used to start a second or further clause.

e.g. *La France . . . n'est pas une exception, car ce sentiment est général* (lines 15–16)

Car is used here as a 'link' word between the main clause and *ce sentiment est général*. Because of its hybrid status, *car* is often classified in grammars as a coordinating conjunction (see **2** above).

d Where a subordinating conjunction applies to more than one clause, the conjunction is not usually repeated but it is replaced by *que*, e.g. *à condition que les dépenses soient vraiment réduites, que l'étatisme recule, que soit libéré . . .* (lines 43–5).

Note that the verbs which follow *que* are in the same mood as the verbs following the conjunctions. In the previous example the verbs following *que* are in the subjunctive, as is *soient* following *à condition que*.

Other points to note in the text

- Comparatives and superlatives: *le pire* (line 3); *plus de temps* (line 14); *de plus en plus forte* (line 35); *plus important que* (lines 40–1); *quelques francs de plus* (line 42) (see Chapter 16)
- Pronominal verbs: *s'attaque* (line 4); *vous vous sentez frustrés* (line 13); *s'engagent* (line 22); *se situe* (line 25); *se demandent* (line 28); *il s'agit* (line 36); *s'orienter* (line 39) (see Chapter 18)
- *Pouvoir, vouloir, savoir*:   *peut* (lines 6, 35); *pouvez* (line 19)

                                                       voulez (line 13); *voudrait* (line 34)

                                                       savent (line 8) (see Chapter 22)
- Negatives: *ne . . . pas* (lines 1, 12, 15, 19)

                                            ne . . . jamais (lines 8–9)

                                            ne . . . plus (lines 19, 21) (see Chapter 8)
- Subjunctive: *qu'ils agissent* (lines 27–8); *attendre qu'ils aient trouvé* (line 29) (see Chapter 24)
- Word order: *à l'abri qu'ils sont* (line 9); *nombreux sont ceux qui* (line 43); *que soit libéré, encouragé, soutenu réellement et partout l'esprit d'initiative* (lines 45–6) (see Chapter 28)

Discover more about conjunctions

a *Ni* is a coordinating conjunction meaning 'nor'. When repeated it is the equivalent of 'neither . . . nor'. Note that it must be used with *ne*, e.g. *Elle **ne** mange **ni** viande **ni** poisson* (see Chapter 8).

b Coordinating conjunctions can join elements of a clause such as verbs and nouns (see **Conjunctions in the text, 2**). They can also join adjectives, e.g. *Cet enfant est pâle **et** maigre* and adverbs, e.g. *elle parle vite **mais** clairement*.

c Other subordinating conjunctions + indicative. The more common ones are:

alors que = when, whereas	*depuis que* = since (time)
à mesure que = as	*lorsque* = when
à peine ... que = hardly/scarcely . . . when	*parce que* = because
après que = after	*pendant que* = while
aussitôt que = as soon as	*puisque* = since (cause)
comme = as	*quand* = when
dès que = as soon as	

Note purists will insist that *après que* must be followed by the indicative. More and more commonly, however, *après que* is heard followed by the subjunctive in the same way as *avant que* (see Chapters 24 and 27).

d Other subordinating conjunctions + subjunctive (see Chapter 24).

The more common ones are:

afin que = so that	*jusqu'à ce que* = until
à moins que = unless	*pourvu que* = provided that
avant que = before	*quoique* = although
bien que = although	*sans que* = without
de peur que = for fear that	

e Some conjunctions can govern **the indicative or the subjunctive,** depending on their meaning. This is the case for: *de façon que; de manière que; de sorte que.*

When they indicate a result, a consequence, these conjunctions are followed by the indicative.

e.g. *Elle a pris un taxi de sorte qu'elle est arrivée à l'heure* (She took a taxi with the result that she was on time [hence the verb in the indicative].)

When they indicate a purpose they are followed by the subjunctive.

e.g. *Elle est partie très tôt de sorte qu'elle puisse passer par le bureau principal* (She left very early, in order to call at the headquarters [hence the subjunctive].)

See for further information: Hawkins and Towell, pp. 386–401

Byrne and Churchill, pp. 535–44

Judge and Healey, pp. 146–8, 317–20, 357–78

Ferrar, pp. 251–8

✎ EXERCISES

1 Fill the blanks by using an appropriate coordinating conjunction (*et, ou ni, mais*).

  a Je ne l'ai pas vue _____ elle par contre, elle m'a vue.

  b Je ne l'ai pas vue _____ lui non plus.

  c J'ai besoin de repos _____ de sommeil.

  d Elle n'aime pas le couscous _____ les plats épicés.

  e Vous pouvez y aller par le train _____ en car.

  f Il a raison _____ j'approuve sa décision.

  g Comme vous voudrez: demain _____ la semaine prochaine.

  h Moi je n'ai pas pu y aller _____ un membre de la famille y était.

2 Choose the most appropriate conjunction in the list provided to fill the blanks, and make the necessary changes.

à moins que, avant que, depuis que, dès que, jusqu'à ce que, pendant que, pour que, pourvu que, puisque, sans que

  a _____ vous le voyez, vous m'appelez!

  b Je veux bien le faire _____ ce ne soit pas trop difficile.

  c Elle a réussi à le réparer _____ il y ait de trace.

  d _____ ils ont déménagé on ne les voit plus.

  e _____ l'omelette ne colle pas à la poêle il faut mettre de l'huile.

  f Il faut absolument l'avertir _____ il ne soit trop tard.

  g _____ c'est votre tour, passez devant!

  h Ils iront par le bateau de nuit, _____ il n'y ait pas de place.

  i J'attendrai _____ il fasse noir.

  j J'irai à la piscine _____ il fera la sieste.

3 Fill the blanks with the verb in the right mood and the right tense.

  a A mesure que les troupes _____ (avancer), les gens reculaient.

  b Le volcan fume de sorte que la population _____ (avoir) peur.

  c Il écarta le rideau afin qu'elle _____ (pouvoir) voir les festivités.

  d On va de Paris à Lyon sans qu'il y _____ (avoir) un seul arrêt.

  e Elle ne sort plus depuis que son mari _____ (être) en prison.

  f Je veux bien mais à condition qu'il _____ (faire) la vaisselle.

  g Passez-moi un coup de fil aussitôt qu'il _____ (avoir) ses résultats d'examen.

  h Il a fermé la fenêtre de manière qu'elle ne _____ (prendre) pas froid.

  i Laisse le chien tranquille pendant qu'il _____ (manger)!

  j Ils sont allés à l'hôpital de peur qu'il n'y _____ (avoir) des complications.

4 Fill the blanks using an appropriate conjunction (coordinating or subordinating) from the list provided and change *que* to *qu'* when necessary.

et, ou, mais, car, à moins que, avant que, lorsque, parce que, bien que, pourvu que, si, dès que

Il fait si bon dehors au soleil _____ attention! Le soleil est traître _____ vous n'ayez pris les précautions nécessaires. Portez un chapeau _____ mettez de la crème solaire fréquemment _____, tout simplement, couvrez-vous _____ les ultra-violets ne pardonnent pas! Faites attention aussi _____ il fait chaud: vous devez remplacer l'eau de votre corps et boire _____ vous n'ayez soif, _____ la sensation de soif indique déjà une déshydratation. _____ il fait chaud, lécher une glace est un vrai bonheur mais, _____ ce soit très agréable, ça ne désaltère pas de la même façon qu'un verre d'eau. Finalement on demande souvent _____ la cuisson au barbecue est dangereuse. Elle ne l'est pas _____ que vous fassiez attention à ce que les flammes ne soient pas en contact avec les aliments et les carbonisent.

5 Fill the gaps with the most appropriate conjunctions (coordinating or subordinating) taken from the list provided.

et, ou, car, si, cependant, lorsque, alors que, sans que

CROISSANCE DU NOMBRE DES SUICIDES EN MER

Le stress provoqué par les nouvelles conditions de travail à bord serait à l'origine d'une augmentation sensible des suicides des navigants. _____ les marins de plusieurs nationalités ont du mal à communiquer entre eux, ils ne peuvent pas exprimer leurs problèmes _____ éventuellement les partager. La nourriture insuffisante _____ l'absence d'un confort minimum entraînent vite un sentiment d'abandon, de solitude _____ d'isolement. Le stress est également dû à la dangerosité inhérente au métier de marin. Deux mille navigants environ sont victimes chaque année d'accidents du travail, de maladie _____ de suicides. En ce qui concerne les accidents, la cause de mortalité est l'éloignement des centres de soins _____ les bateaux sont en mer. Parfois les blessés sont mis dans un avion et renvoyés chez eux _____ ils puissent bénéficier d'un traitement médical approprié.

Autres statistiques inquiétantes: celles des victimes d'accidents de mer. Le bilan de 1996 montre une augmentation du nombre de morts et de disparitions. _____ il ne tient pas compte de l'accident du ferry *Buboka* sur le lac Victoria _____ cette catastrophe n'est pas arrivée en mer. L'année la plus meurtrière de la décennie fut 1994 lorsque le ferry *Estonia* a fait naufrage _____ il effectuait une liaison entre Tallinn et Stockholm.

28 | Highlighting/word order

QU'EST-CE QUI VOUS PLAÎT CHEZ L'AUTRE?

«J'ai une question à vous poser: qu'est-ce qui vous plaît chez l'autre? **Moi**, la beauté compte très peu. J'aime les gens qui ont une personnalité bien à eux, un poil d'originalité et beaucoup d'humour et de joie à partager. Et vous?» Elise, Voisins-le-Bretonneux

5 «Salut Elise!

Moi, ce qui me plaît chez l'autre, **c'est** l'humour. Les gens qui rigolent beaucoup sont toujours très sympas. Mais j'aime bien que l'autre soit quand même un peu sérieux, car la vie n'est pas faite que de choses amusantes. **Ce qui** me passionne aussi, **c'est** de partager mes joies, de discuter. Les personnes qui ne se laissent pas

10 manipuler sont aussi très marrantes. En fait, je suis persuadée que toute personne a des choses à partager, du moment que l'on sait les voir.» Marie, Le Mans

«Salut Elise,

Il y a certaines filles que j'admire pour leur fantaisie et leur comportement cool. Mais **mon amie, je l'admire** parce qu'elle sait adapter son attitude au moment. Par

15 exemple, quand il s'agit de travailler, elle bosse et quand il s'agit de blaguer, elle est bien là. J'apprécie les personnes qui ont cette régularité, et ça me donne confiance en eux.» Mélanie, Paris

«Tu as raison, Elise, **ce n'est pas** la beauté **qui** compte. ... La beauté ne fait que le début, tandis que l'amitié fait tout le reste. Une chose est sûre, on trouve toujours

20 quelqu'un à son goût!» Arnaud, Versailles

«Chère Elise,

Ta question m'a vivement intéressée et m'a fait réfléchir. Je crois que **ce qui** me rapproche le plus des gens, **c'est**, avant tout, leurs défauts. **Bien sûr, de l'originalité, de l'humour, c'est bien!** Mais, du plus timide au plus orgueilleux,

25 du plus modeste au plus vaniteux, on finit toujours par trouver une qualité dans chaque personne! Et puis, dis-toi bien que chaque défaut a son charme!» Emilie, Versailles

Okapi

Text 2

UN MYTHE COMPOSITE

Redécouvert au XVIIe siècle par Voltaire, le destin de Jeanne d'Arc s'enracine à la fois dans le peuple, la royauté et l'Eglise.

Un visage d'ange, une coiffure de garçonne, un corps qui flotte dans une armure trop large: Jeanne d'Arc est d'abord une image. **C'est l'image que,**
5 **de son vivant encore**, un greffier du Parlement de Paris avait dessinée à la plume dans la marge d'un registre. Nos manuels scolaires n'ont cessé de diffuser et d'imposer aux esprits cette image, presque inchangée, avant que, **dès ses débuts**, le cinéma ne s'en empare. **En 1889 déjà**, Georges Hatot portait Jeanne sur les autels du septième art.

10 Le film de Jacques Rivette est l'héritier d'un mythe dont le caractère composite explique sans doute en premier lieu la force et la pérennité. Jeanne, **c'est**, pour les uns, la jeune-vierge-martyre, réincarnation de Sainte Blandine livrée aux lions. C'est aussi l'innocente bergère, victime rituelle d'un ventripotent Cauchon: tout ici, – la femme face à l'homme (et quel nom!), la jeunesse face à l'âge mûr, la campagne
15 face à la ville, l'innocence face au pouvoir – désigne et oppose le bien au mal. **Brûlée** par l'ennemi, n'est-elle pas «*morte pour la Patrie*»? **Trahie** par le roi, **manipulée** par les nobles, **jugée** par les prélats, n'est-elle pas la «*fille du Peuple*» exaltée par Jules Michelet, l'ancêtre de la *Liberté guidant le peuple* qu'Eugène Delacroix dressa sur la barricade de Juillet? **Seules** les couleurs du drapeau ont changé entretemps ... .

20 **Ce qui** fait la force du mythe, **c'est** aussi son enracinement dans le sol: les lieux successifs du destin foudroyant de Jeanne – Domrémy, Vaucouleurs, Chinon, Orléans, Reims, Rouen enfin – prennent en écharpe le territoire national en même temps qu'ils scandent les métamorphoses de l'héroïne: la bergère, ses moutons et ses voix, puis l'envoyée de Dieu qui reconnaît le roi sous son déguisement, puis la femme-soldat
25 donnant l'assaut, et enfin l'**innocente** victime livrée aux flammes du bûcher.

Libération

Highlighting/word order in the texts

1 FUNCTION

Highlighting is an important way of focusing the hearer's or reader's particular attention on the most significant point (the focal element) of a text. It is achieved in both spoken and written French by means of various changes to the 'normal' word order of subject + verb + object/complement. In spoken English, highlighting is more commonly achieved simply by tone of voice, by laying extra stress on the word(s) in question, e.g. 'I admire **my friend** because ...'.

2 INITIAL POSITIONING

a Placing an element other than the grammatical subject at the beginning of a sentence serves to give that element extra emphasis. Thus the list of Jeanne's most striking attributes: *Un visage* *d'ange* ... (text 2, line 3) takes precedence over the statement that *Jeanne d'Arc est d'abord une image* (text 2, line 4).

b The element highlighted by being placed in initial position may be repeated, where necessary, in the form of a pronoun at a later point in the sentence. For example, the direct object, *mon amie*, which is emphasized by initial positioning in *mon amie, je l'admire parce que* ... (text 1, line 14), is repeated in the form of the object pronoun *l'*. This is sometimes called a *reprise* construction and is particularly common in the spoken language.

c Adverbs and adverbial phrases are often given extra emphasis by being placed either at the beginning of a sentence, e.g. *Bien sûr* (text 1, line 23), *En 1889 déjà* (text 2, line 8), or before the subject of a subordinate clause.

e.g. *avant que **dès ses débuts** le cinéma ne s'en empare* (text 2, lines 7–8).

d Adjectives, adjectival phrases, and participles used adjectivally are also often given extra emphasis by being placed at the beginning of a sentence, e.g. *Redécouvert au XVIIe siècle par Voltaire, le destin* ... (text 2, line 1) instead of '*Le destin de Jeanne d'Arc, redécouvert au XVIIe siècle* ...'. Adjectives placed in this position will still need to agree with their subject.

e.g. *Seules les couleurs* (text 2, line 19).

e Adjectives which would normally be expected to follow a noun may be emphasized by being placed first, e.g. *l'innocente victime* (text 2, line 25). This is particularly the case when a value judgement is being expressed.

f The initially positioned pronoun *Moi* (text 1, lines 1, 6) is probably best interpreted as shorthand for *Pour moi* ... which thus becomes the focal element of the sentence. If it had been placed at the end of the sentence, as in '*La beauté compte très peu pour moi*', the subject *la beauté* would have been highlighted instead.

3 FRAMING/INTRODUCTORY DEVICES

a The framing device *c'est* ... *qui/que* is very frequently used in spoken and written French to highlight a particular element, e.g. the direct object *l'image* in *C'est l'image que* ... *un greffier* ... *avait dessinée* (text 2, lines 4–5). This device may also be used in the negative, e.g. to highlight the subject *la beauté* in *ce n'est pas la beauté qui compte* (text 1, line 18).

b The relative pronouns *ce qui/ce que/ce dont/ce* + preposition + *quoi* (see Chapter 11), followed by *c'est* ... are frequently used in the spoken and written language to introduce the focal element of a sentence, e.g. *Ce qui me passionne aussi, c'est de partager mes joies* (text 1, lines 8–9); *ce qui fait la force du mythe, c'est aussi son enracinement dans le sol* (text 2, line 20). These pronouns translate into English as 'What (= the thing which) ...'.

c Sometimes a noun or pronoun subject may be placed first, followed by a comma and re-emphasized by the use of *ce*, e.g. *de l'originalité, de l'humour, c'est bien!* (text 1, lines 23–4), *Jeanne, c'est* ... (text 2, line 11). The pause marked by the comma and the *ce* both serve to give the subject extra emphasis.

4 ENDNOTE

By a combination of the devices outlined in **2** and **3** above, a sentence may be given a double focus, e.g. *Moi, ce qui me plaît ... c'est l'humour* (text 1, line 6). Here both the initially positioned (*pour*) *moi* and the noun *l'humour* introduced by *ce qui ... c'est* are highlighted. In another example, *C'est l'image que, de son vivant encore ...* (text 2, lines 4–5), a combination of the framing device *c'est ... que* and an adverbial phrase *de son vivant* placed before the subject and verb serves to give a double focus, highlighting both the direct object *l'image* and the moment of the action.

Other points to note in the texts

- *avoir à* + infinitive (text 1, lines 1, 2–3)
- Subjunctive: *j'aime bien que l'autre soit* (text 1, line 7); *avant que ... le cinéma ne s'en empare* (text 2, lines 7–8) (see Chapter 24)
- Agreement of past participle with preceding direct object: *m'a vivement intéressée* (text 1, line 22); *l'image que ... un greffier du Parlement de Paris avait dessinée* (text 2, lines 4–5); absence of agreement with *faire* + infinitive: *m'a fait réfléchir* (text 1, line 22) (see Chapter 2)
- *Imparfait de narration* (stylistic use of the imperfect to make the narrative more vivid – see Chapter 3, **Discover more about the imperfect, 1d**: *En 1889 déjà Georges Hatot portait Jeanne* (text 2, line 8)
- Interrogatives: *Qu'est-ce qui* (text 1, title); *n'est-elle pas ...?* (text 2, line 16) (see Chapter 9)
- *il s'agit de* (text 1, line 15) (see Chapter 23)
- Stressed personal pronouns: *moi* (text 1, lines 1, 6); *eux* (text 1, lines 2, 17) (see Chapter 10)
- Superlative: *ce qui me rapproche le plus* (text 1, lines 22–3; *du plus timide au plus orgueilleux, du plus modeste au plus vaniteux* (text 1, lines 24–5) (see Chapter 16)

🔺 *Discover more about highlighting/word order*

a In order to highlight a noun subject, a stressed pronoun may be added, and is most commonly placed immediately after the subject.

e.g. *Ma sœur, elle, n'y ira jamais*

b In order to highlight a subject pronoun, a stressed pronoun may be used in addition. This may be placed:

- in the initial position, immediately before the subject pronoun itself, e.g. *Lui, il est toujours en retard*
- immediately after the verb, e.g. *Je ne travaille pas, moi, le dimanche*
- at the end of the sentence, e.g. *Il n'est pas bête, lui!*

c As is apparent from the previous example, the final position in a sentence has its own emphatic potential, and may be used instead of the initial position to highlight a focal element.

e.g. *Elle est morte, sa mère; Il l'a fini, son article; Il en a pas mal, des boutons*

This construction is particularly characteristic of the spoken language. It is also used in literature.

d When using initial positioning and the so-called *reprise* construction (as outlined in ***Highlighting in the texts,* 2b**, above), you must take care with prepositional usage, remembering to use the pronoun *y* when the preposition *à* is involved and the pronoun *en* when *de* is involved (see Chapter 10).

e.g. *Revoir ses parents, elle y tient beaucoup (tenir + à); aller en Amérique, j'en rêve souvent (rêver + de)*

e You must also remember in careful writing and speech that when certain adverbs are placed at the beginning of a sentence, the verb and subject are inverted. These adverbs include: *aussi* (= thus, therefore) *à peine; peut-être; sans doute.*

e.g. *Peut-être l'a-t-il oublié; Sans doute est-elle partie*

f It should be noted that the framing device *c'est ... que* is often used to highlight an adverb/adverbial phrase.

e.g. *C'est à Paris que je l'ai vu; C'est devant tout le monde qu'elle l'a dit*

g When the introductory device *ce qui/ce que ... c'est* is used for highlighting, you should note that the verb which follows *c'* may be in a tense other than the present.

e.g. *Ce qui l'embêtait, c'était son égoïsme*

h *Voici/voilà* may be used in a variety of ways in order to highlight particular elements of a sentence, e.g.

- preceded by a pronoun: *Le voici qui arrive*
- followed by *que/qu'* to introduce a clause: *Voilà qu'elle nous attend*
- followed by noun + relative clause: *Voici notre bus qui arrive*
- together with *ce qui/ce que/ce dont*: *Voilà ce qui m'inquiète; voici ce que je cherchais*

This construction *voici/voilà + ce qui/ce que/ce dont* may also be used together with initial positioning of the focal element, e.g. *L'algèbre, voilà ce qu'il n'arrivera jamais à comprendre* as an alternative to *Ce qu'il n'arrivera jamais à comprendre, c'est l'algèbre.*

See also Chapter 1 for the use of *voilà* (and also *il y a/ça fait*) to highlight an expression of time.

e.g. *Voilà trois ans qu'il travaille ici.*

i Finally, you should not forget that a passive construction (see Chapter 19) may be used to remove all reference to the performer of an action and/or to highlight the action instead. Compare for example the passive: *Le verre a été cassé* with the active: *J'ai cassé le verre.*

See for further information: Hawkins and Towell, pp. 78–9, 86, 126–9
Byrne and Churchill, pp. 111, 148–50, 174–6, 185–6, 492
Coffman Crocker, pp. 44, 252
Judge and Healey, pp. 79, 279–80, 300-1, 313–14, 409–11
Ferrar, pp. 155, 164–6, 208, 217, 230

✎ **EXERCISES**

1 Rewrite the following sentences, highlighting the word(s) in italics by placing them at the beginning of the sentence. Some restructuring of the rest of the sentence may be necessary.

e.g. *Vous avez peut-être déjà mangé* > *Peut-être avez-vous déjà mangé*

  a Nous connaissons très bien *ses petites manies*.

  b Vous reconnaîtrez *sans doute* que nous avons dû procéder ainsi.

  c Je pourrai vous les donner *à la fin du mois*.

  d Elle a prêté *son vélo* à sa sœur.

  e Le pic *haut et pointu* de cette montagne est immédiatement reconnaissable.

  f Son écriture *seule* suffirait à l'identifier.

  g Je n'ai pas le temps de *penser aux vacances*.

  h Elle rêve sans cesse de *retourner en Amérique*.

  i Je n'aurais jamais pensé *vous trouver ici*!

2 Rewrite the following sentences, highlighting the word(s) in italics by moving them to the end of the sentence.

e.g. *Ses enfants* sont bien gâtés > Ils sont bien gâtés, ses enfants

  a *Ce gigot* est trop cuit.

  b *Ces étudiants* sont vraiment paresseux.

  c J'ai vu *Marie* hier.

  d Il y a *des enfants*.

  e Il a lu *ce livre* hier.

3 Rewrite the following sentences, adding an appropriately positioned stressed pronoun to highlight the word(s) in italics. Note that in some cases you may have a choice of position for the stressed pronoun (see **Discover more about highlighting, b**, above).

e.g. *Je* ne le comprends pas du tout > Moi, je ne le comprends pas du tout

  a *Il* ne s'entraîne pas assez.

  b *Son amie* ne peut pas le lui pardonner.

  c Je suis sûre que *tu* me comprendras.

  d *Nos voisins* n'ont rien vu.

  e *Je* ne comprends pas son comportement.

  f *Vous* êtes toujours en retard.

4 Rewrite the following sentences, emphasizing the word(s) in italics by using *c'est/ce sont ... qui/que*. You may sometimes need to use the negative *ce n'est pas ... qui/que*.

e.g. Elle prend ses vacances *au mois de juin* > C'est au mois de juin qu'elle prend ses vacances

  a L'enfant a un retard scolaire *à cause de sa dyslexie*.

  b *Elle* a promis de le faire.

  c Je ne le *lui* ai pas donné.

  d *Patricia et Sandrine* ont préparé le dîner.

   e Je dois passer mon examen *demain*.

   f On mange le mieux à *Lyon*.

5 Rewrite the following sentences, emphasizing the word(s) in italics by using *ce qui/ce que/ce dont ... c'est*.

   e.g. Elle déteste *faire la cuisine* > Ce qu'elle déteste, c'est faire la cuisine

   a *Son livre sur l'Afrique* m'intéressait surtout.

   b *Son insolence* me frappe le plus.

   c J'ai remarqué *son enthousiasme*.

   d *Aller à Paris* l'embête de plus en plus.

   e J'avais envie de *prendre une douche*.

   f J'aime surtout *la situation de cet appartement*.

   g Vous aurez sûrement besoin d'*un imperméable*.

6 Rewrite the sentences in exercise 5, this time using *voilà* + *ce* + relative pronoun to highlight the words in italics.

   e.g. Faire la cuisine, voilà ce qu'elle déteste.

7 Working with a partner, and using as many highlighting structures as possible, discuss:

   ● what you like best/least about university/college

   ● what you like best/least about France/the French

   ● what you would look for in an ideal job.

8 You have seen an advert for a job which seems ideally suited to you. Write a letter of application, emphasizing what you find particularly attractive about the job and what special qualities/experience you would bring to it. Try to highlight your points in a variety of different ways, using as many as possible of the techniques studied in this chapter.

LE SECRET DU CERVEAU DE MOZART

Une équipe de neurologues de Düsseldorf animée par Gottfried Schlaug a peut-être découvert la base biologique de l'oreille absolue, ce don mystérieux qui permet à certains musiciens – Mozart en est le plus célèbre exemple – d'identifier la hauteur d'un son sans la comparer à une note de référence. Tout se passe comme si le cerveau
5 de ces musiciens particulièrement doués contenait un diapason interne. Selon les travaux de Gottfried Schlaug et de ses collègues (*Science*, 3 février), ce diapason pourrait se trouver dans une région du cortex appelée le planum temporale, connue pour jouer un rôle important dans le langage. Les chercheurs ont utilisé la technique de l'imagerie par résonance magnétique pour comparer les tailles des planum
10 temporale droit et gauche de 30 musiciens professionnels – 11 ayant l'oreille absolue, 19 non – avec 30 sujets témoins. Chez tout le monde, il existe une asymétrie en faveur du côté gauche, liée au fait que le traitement du langage s'effectue dans l'hémisphère cérébral gauche. Mais chez les musiciens qui ont l'oreille absolue, l'asymétrie est plus de deux fois supérieure à ce qu'elle est chez les témoins. En revanche, les musiciens
15 sans oreille absolue ne se différencient guère des témoins.

La découverte allemande confirme que les fonctions mentales évoluées sont latéralisées, autrement dit: que pour chaque fonction l'un des hémisphères joue un rôle dominant. Le fait que ce soit l'hémisphère gauche – celui du langage – qui domine pour l'oreille absolue suggère que celle-ci ne dépendrait pas seulement de
20 capacités musicales, mais aussi verbales. Est-elle innée ou acquise? La question reste ouverte. Selon Gottfried Schlaug, qui n'a pas l'oreille absolue bien qu'il soit un organiste talentueux, il s'agit en tout cas d'un don précoce: 95 % des musiciens à l'oreille absolue ont commencé avant 7 ans.

Fabien Gruhier et Michel de Pracontal, *Le Nouvel Observateur*

ANALYSIS

1 To what noun does the pronoun *en* in 'Mozart en est le plus célèbre exemple' (line 3) refer back? See Chapter 10. Why is *en* the appropriate pronoun in this case?

2 How would you translate into English the modal verb *pourrait* as used in line 7? See Chapter 22.

3 Find a phrase with a present participle in the first paragraph. Use a relative clause to express the same meaning. See Chapter 20.

4 Rephrase 'le traitement du langage **s'effectue**' (line 12), replacing the pronominal verb in bold with a passive construction. See Chapters 18 and 19.

5 Why is the comparative *plus* in line 13 followed by *de* and not by *que*? See Chapter 16.

6 How would you translate literally into English the highlighted relative pronoun in 'supérieure à **ce qu'**elle est (line 14)? See Chapter 11. In a natural translation, would you translate it at all?

7 Find the two examples of the subjunctive in the second paragraph and account for the use of this mood in each case. See Chapter 24.

8 How would you account for the use of the conditional *dépendrait* in line 19? See Chapter 7.

✎ EXERCISES

1 Without looking at the original, fill in the gaps in the following with the appropriate prepositions. Check your version against the original when you have finished.

Une équipe ____ neurologues ____ Düsseldorf animée ___ Gottfried Schlaug a peut-être découvert la base biologique ___ l'oreille absolue, ce don mystérieux qui permet _____ certains musiciens – Mozart en est le plus célèbre exemple – ___ identifier la hauteur __ un son ____ la comparer ___ une note ____ référence.

2 Again without looking at the original, make the adjectives and past participles which are italicized in the extract below agree as appropriate. Check your version against the original when you have finished.

Tout se passe comme si le cerveau de ces musiciens particulièrement *doué* contenait un diapason *interne*. Selon les travaux de Gottfried Schlaug et de ses collègues, *ce* diapason pourrait se trouver dans une région du cortex *appelé* le planum temporale, *connu* pour jouer un rôle *important* dans le langage. Les chercheurs ont utilisé la technique de l'imagerie par résonance *magnétique* pour comparer les tailles des planum temporale *droit* et *gauche* de 30 musiciens *professionnel* – 11 ayant l'oreille *absolu*, 19 non – avec 30 sujets témoins. Chez tout le monde, il existe une asymétrie en faveur du côté *gauche*, *lié* au fait que le traitement du langage s'effectue dans l'hémisphère *cérébral gauche*. Mais chez les musiciens qui ont l'oreille *absolu*, l'asymétrie est plus de deux fois *supérieur* à ce qu'elle est chez les témoins.

3 Again without looking at the original, fill in the two missing demonstrative pronouns in the following (see Chapter 12) and also make the adjectives and past participles in italics agree as appropriate.

La découverte *allemand* confirme que les fonctions *mental évolué* sont *latéralisé*, autrement dit: que pour *chaque* fonction l'un des hémisphères joue un rôle *dominant*. Le fait que ce soit l'hémisphère *gauche* – _____ du langage – qui domine pour l'oreille *absolu* suggère que _____-ci ne dépendrait pas seulement de capacités *musical*, mais aussi *verbal*. Est-elle *inné* ou *acquis*? La question reste *ouvert*.

4 Fill in the missing articles or *de* + article in the following extract and check your work against the original.

Selon Gottfried Schlaug, qui n'a pas ___ oreille absolue bien qu'il soit ___ organiste talentueux, il s'agit en tout cas d'un don précoce: 95 % ___ musiciens à ___ oreille absolue ont commencé avant 7 ans. (lines 21–3)

L'ANATOMIE COMPLÈTE DE L'HOMME, TRANCHE PAR TRANCHE, SUR CD-ROM

1
• Une encyclopédie d'anatomie humaine a eté réalisée à partir du corps d'un condamné à mort

• Son cadavre a été congelé et découpé en fines lamelles pour réaliser des images sur CD-Rom.

5 Joseph Paul Jernigan était un criminel précautionneux. Condamné à mort pour meurtre, ce Texan de 39 ans avait été exécuté en 1993, mais avait pris soin, avant de recevoir la piqûre mortelle, de léguer son corps à la science. En perdant la vie, il a gagné la notoriété scientifique, puisqu'il est devenu le héros d'une encyclopédie d'anatomie humaine.

10 La bibliothèque nationale de médecine des Etats-Unis, située à Bethesda, près de Washington, avait besoin d'images nouvelles pour renouveler les atlas classiques d'anatomie. Elle avait lancé à la fin des années 80 un vaste programme pour obtenir des images en trois dimensions de toutes les parties du corps humain: organes, muscles et squelette.

15 Une nouvelle technique fut mise au point et utilisée pour la première fois sur le corps du condamné: le congeler, le découper au laser en tranches fines, les photographier puis les numéroriser pour obtenir les images tridimensionnelles.

Pour les membres du comité scientifique de la bibliothèque, Joseph Paul Jernigan était le cobaye idéal. Son corps était en parfait état et aussi proche que possible des

20 standards. La piqûre n'avait occasionné qu'un arrêt du cœur sans provoquer de lésions. Grâce à son suivi médical en prison, les scientifiques étaient sûrs qu'il était mort en pleine santé.

Joseph Paul Jernigan fut sélectionné parmi plusieurs centaines de candidats et son corps découpé en 1 878 tranches d'un millimètre d'épaisseur. Le tout fut mixé sur

25 ordinateur. Cet homme est donc devenu le sujet (l'objet?) d'une grande encyclopédie d'anatomie, disponible en CD-Rom. Ce CD, intitulé l'*Homme visible*, est commercialisé en France par la société FPS Média, à destination des facultés de médecine ou des étudiants; il coûte la bagatelle de 4 744 F.

Joseph Paul Jernigan s'est ainsi transformé en un instrument de travail capable de

30 démoder la traditionnelle leçon d'anatomie par dissection de cadavre à la morgue. Et les scientifiques entrevoient déjà l'utilisation de cette représentation anatomique nouvelle pour des expériences fictives sur le fonctionnement du corps humain.

Prochaine étape: l'anatomie féminine. L'identité de l'heureuse élue devrait être révélée lors du prochain congrès international d'informatique médicale, prévu aux

35 Etats-Unis à la fin de cette année.

François Raoux, *InfoMatin*

ANALYSIS

1 Identify and list all the pluperfect verb forms in the text. Classify them according to whether they are active or passive. Why is the pluperfect tense used in all these cases? See Chapter 4.

2 Find the three occurrences of past historic verb forms in the text. What is the difference between these three completed events in the past and other events, e.g. *cet homme est donc devenu* (line 25), which are recounted in the *passé composé*? See Chapters 2 and 5.

3 Identify and list all the passive verb forms in the text, identifying the tense of each. You should also find one passive infinitive. See Chapter 19.

4 List all the infinitives used in the text and account for the use of each. See Chapter 20.

5 How would you translate the gerund *en perdant la vie* (line 7) into English? Why is the gerund used here and not the present participle? See Chapter 20.

6 Account for the use of the auxiliary *être* in the following: *il est devenu* (line 8); *il était mort* (lines 21–2); *s'est ainsi transformé* (line 29). See Chapters 2 and 18.

7 Why is the definite article *le* and not *l'* used with *héros* (line 8)? How would you pronounce the plural *des/les héros*? See Chapter 14.

8 Account for the use of *de* in '*sans provoquer de lésions*' (lines 20–1). See Chapters 8 and 14.

✎ EXERCISES

1 Rewrite the following passive statements using *on* and active verbs in the appropriate tense.

  a Son cadavre a été congelé et découpé en fines lamelles pour réaliser des images sur CD-Rom.
  b Ce Texan de 39 ans avait été exécuté en 1993.
  c Une nouvelle technique fut mise au point et utilisée pour la première fois sur le corps du condamné.
  d Joseph Paul Jernigan fut sélectionné parmi plusieurs centaines de candidats et son corps découpé en 1 878 tranches d'un millimètre d'épaisseur.

2 Rewrite the following passive statement in the active.

  Ce CD, intitulé *l'Homme visible*, est commercialisé en France par la société FPS Média.

3 Rewrite the following, changing the pronominal verb form into a passive.

  Joseph Paul Jernigan s'est ainsi transformé en un instrument de travail.

4 Without looking at the original, fill in the gaps in the following extracts with the appropriate prepositions or preposition + article. Check your work against the original when you have finished.

  Condamné ___ mort ___ meurtre, ce Texan ___ 39 ans avait été exécuté ___ 1993, mais avait pris soin, avant ___ recevoir la piqûre mortelle, ___ léguer son corps ___ la science. ___ perdant la vie, il a gagné la notoriété scientifique, puisqu'il est devenu le héros ___ une encyclopédie ___ anatomie humaine.

La bibliothèque nationale __ médecine ___ Etats-Unis, située ___ Bethesda, près ___ Washington, avait besoin __ images nouvelles ___ renouveler les atlas classiques ___ anatomie. Elle avait lancé __ la fin ___ années 80 ___ vaste programme ____ obtenir des images ___ trois dimensions ___ toutes les parties ___ corps humain: organes, muscles et squelette.

Joseph Paul Jernigan s'est ainsi transformé ___ un instrument ___ travail capable ___ démoder la traditionnelle leçon ___ anatomie ___ dissection ___ cadavre ___ la morgue. Et les scientifiques entrevoient déjà l'utilisation de cette représentation anatomique nouvelle ____ des expériences fictives ___ le fonctionnement du corps humain. Prochaine étape: l'anatomie féminine. L'identité ___ l'heureuse élue devrait être révélée lors ___ prochain congrès international ___ informatique médicale, prévu _____ Etats-Unis ___ la fin ___ cette année.

LES AVENTURIERS SOUS LA MER

Depuis que les hommes vont en bateau, il y a des naufrages, des épaves et des
trésors. Résultat: les archéologues ont appris à fouiller sous la mer.
La mer contient de fabuleux trésors archéologiques. Depuis des siècles, les pêcheurs
méditerranéens ramènent des amphores et des statues dans leurs filets.

5   Hélas, pendant longtemps, seuls les plongeurs en apnée avaient accès aux épaves
. . . qu'ils pillaient sans se gêner! Les archéologues enrageaient. Ah, s'ils pouvaient
fouiller sous l'eau aussi bien que sur la terre! Ils en sauraient plus long sur* la marine
des Anciens et sur les produits qu'ils échangeaient.

Tout cela devint possible en 1943, quand le commandant Cousteau et Emile
10 Gagnan inventèrent le scaphandre autonome. Depuis, les fouilles archéologiques
sous-marines se sont multipliées. Parfois, ce sont des sondeurs à ultrasons et même
des sous-marins qui repèrent les épaves.

Ainsi, en mai 1993, le *Nautile*, submersible de l'Institut Français de Recherche pour
l'Exploitation de la Mer, a découvert la coque de *La Lune*: un vaisseau de Louis XIV
15 avec des canons de bronze, de la vaisselle, des mousquets et une superbe cloche.

André Ramos, *Okapi*

* *en savoir plus long sur* . . . to know more about something

ANALYSIS

1   What is the difference in meaning between *depuis* and the present tense as used in lines 1 and
3–4 and *depuis* and the *passé composé* as used in lines 10–11? See Chapters 1 and 26. By
contrast, why is the imperfect tense used in line 5? Why is the appropriate preposition here
pendant and not *depuis* or *pour*? See Chapters 3 and 26.

2   In the penultimate paragraph, why is the past historic used for the two verbs in the first
sentence, but the *passé composé* for the verb in the second sentence? Why is the *passé composé*
used again in the final paragraph?

3   Account for the tense of the verb *sauraient* (line 7). Why is the verb *pouvaient* (line 6) not in
the same tense? See Chapter 22.

4   Explain the use of the grave accent on: *ramènent* (line 4), *repèrent* (line 12), and the spelling of
enrageaient (line 6). See Chapter 3 and references to further information for conjugation of
verbs in Chapter 1.

5   How do you explain the use of *de* in *de fabuleux trésors archéologiques* (line 3)? See Chapter 14.

6   Explain the agreement of *seuls* (line 5) and of *multipliées* (line 11). See Chapters 15 and 18.

✎ **EXERCISE**

Without looking at the original, fill in the gaps with the appropriate article or preposition. Check your version against the original when you have finished.

Depuis que ___ hommes vont ____ bateau, il y a ____ naufrages, ___ épaves et ___ trésors. Résultat: ___ archéologues ont appris ____ fouiller sous ____ mer.

___ mer contient ___ fabuleux trésors archéologiques. Depuis ___ siècles, ___ pêcheurs méditerranéens ramènent ___ amphores et ___ statues dans leurs filets.

Hélas, _____ longtemps, seuls ___ plongeurs ___ apnée avaient accès aux épaves . . . qu'ils pillaient sans se gêner! ____ archéologues enrageaient. Ah, s'ils pouvaient fouiller sous ___ eau aussi bien que sur ___ terre! Ils en sauraient plus long ____ _____ marine des Anciens et ____ _____ produits qu'ils échangeaient.

Tout cela devint possible ____ 1943, quand ___ commandant Cousteau et Emile Gagnan inventèrent ___ scaphandre autonome. Depuis, ___ fouilles archéologiques sous-marines se sont multipliées. Parfois, ce sont ___ sondeurs ___ ultrasons et même ____ sous-marins qui repèrent ___ épaves.

Ainsi, ___ mai 1993, ___ *Nautile*, submersible de ___ Institut Français de Recherche pour L'Exploitation de la Mer, a découvert ___ coque de ___ *Lune*: ___ vaisseau ___ Louis XIV avec ____ canons ___ bronze, _____ vaisselle, ____ mousquets et ____ superbe cloche.

NAPOLÉON: LE TESTAMENT QUE L'ON CROYAIT PERDU

Ecrit à Sainte-Hélène, on le croyait détruit.
Il a été racheté par un Français dans une vente aux enchères.

Napoléon est mort il y a 175 ans, un 5 mai. Et cet anniversaire, marqué comme chaque année par une messe à l'Hôtel des Invalides à Paris, est aussi prétexte à l'évocation d'une belle découverte historique: le premier codicille du testament de l'Empereur que l'on croyait détruit. C'était il y a six mois: un jeune collectionneur

5 français (il préfère garder l'anonymat), passionné de souvenirs napoléoniens, découvre dans le catalogue d'une vente de livres et d'autographes que Christie's va disperser aux enchères, à Londres, une lettre de Napoléon 1er au comte Bertrand. Pour notre initié, cette pièce qui provient des papiers du grand maréchal Bertrand, correspond au codicille du premier testament. Le papier a bien été déchiré par

10 l'Empereur ... mais une main inconnue n'a pu se résigner à le livrer aux flammes. 'Pas question pour moi de laisser un tel document dans les mains des Anglais, explique le collectionneur. C'était une question d'honneur. J'ai relevé le défi et j'ai remporté l'enchère.' C'est le texte le plus émouvant du premier testament de Napoléon qui a été ainsi retrouvé.

15 *'Un maillon de l'épopée napoléonienne'*

En août 1819, se sentant gravement malade et ayant perdu tout espoir de guérison, Napoléon se résoud à rédiger son testament. Le prisonnier de Sainte-Hélène griffonne alors deux pages qu'il confiera plus tard au grand maréchal Bertrand: 'Mon cher Bertrand, je vous envoie mon codicille écrit de ma main, afin qu'après ma mort

20 vous puissiez réclamer tout ce qui m'appartient à Sainte-Hélène. Vous en disposerez de la manière suivante:

Vous donnerez la moitié de mon collier de diamants à Mme Bertrand et l'autre moitié à Mme de Montholon. Vous donnerez 50 000 francs à Montholon, 50 000 à Marchand ... . Vous garderez mon argenterie, mes armes, mes porcelaines, mes livres

25 aux armes impériales pour mon fils, et tout ce que vous pourrez penser pouvoir lui être utile un jour. Je vous donne mes manuscrits ... . Gardez tout cela afin que vous puissiez me les rendre, si cela me convient.'

Deux ans plus tard, la santé de l'Empereur s'est tellement dégradée qu'il envisage sa fin prochaine. Et le 11 avril 1821, il confie au comte de Montholon son intention

30 de rédiger un nouveau testament. Le 20 avril, alors qu'il éloigne Montholon, Napoléon demande à Marchand, son fidèle domestique, de réclamer à Bertrand le testament qu'il détient et de le lui apporter. Marchand s'exécute. Plus tard, il racontera la scène dans ses Mémoires: 'L'Empereur prit l'enveloppe, la décacheta, parcourut les pages du document, le déchira en deux en me disant de le mettre au

35 feu. C'étaient de belles pages à conserver, écrites de la main de l'empereur! Je les serrais dans mes mains, mais l'empereur voulait leur annulation! Telles elles me furent remises, telles elles furent jetées au foyer où bientôt elles furent dévorées par les flammes, sans que j'en connusse les dispositions ...'. Malgré le témoignage de

Marchand, ce document n'a pas été entièrement détruit, comme le prouve sa

40 découverte aujourd'hui. Les spécialistes des souvenirs napoléoniens attestent l'authenticité du document. Et celui-ci, estimé plus de 2 millions de francs, excite naturellement la convoitise des conservateurs d'archives napoléoniennes. Mais son propriétaire n'a pas l'intention de l'enfouir dans un coffre. 'Cette pièce est un maillon de l'épopée napoléonienne, explique-t-il. Aussi figurera-t-elle dans les plus grandes

45 expositions d'Europe et des Etats-Unis qui célébreront à partir de l'année prochaine les victoires de Napoléon Bonaparte.'

Anne Muratori-Philip, *Le Figaro*

ANALYSIS

1 *Est mort* (line 1). What tense is this? Some verbs like *mourir* are conjugated with *être* in compound tenses. Give examples of other verbs conjugated with *être*. What other verbal constructions always use *être*?

2 *Que l'on croyait détruit* (line 4), *qui provient* (line 8). Explain why *qui* and *que* are used in these two sentences and why they are not interchangeable.

3 Comment on the use of the present in the following examples: *découvre* (line 6), *confie* (line 29), *demande* (line 31).

4 In the sentence *Vous en disposerez de la manière suivante* (lines 20–1), what does *en* refer back to? Why is *en* the appropriate pronoun in this case?

5 *Qu'il détient et de le lui apporter* (line 32). Who or what do *il/le/lui* refer to? Comment on the order of the pronouns *le lui*.

6 *Afin que vous puissiez* (lines 19–20, 26–7), *sans que j'en connusse* (line 38). What are these two verb forms? Justify the choice of mood and tense.

7 Find five examples of pronominal verbs in the text. What tenses are they in?

8 *Explique-t-il* (line 44), *aussi figurera-t-elle* (line 44). Justify the word order in these two phrases.

✎ EXERCISES

1 Without looking at the original, fill in the gaps in the following with the appropriate forms of the future. Check your version against the original when you have finished.

a Le prisonnier de Sainte-Hélène griffonne alors deux pages qu'il _____ (confier) plus tard au grand maréchal Bertrand. (lines 17–18)

b Vous _____ (donner) 50 000 francs à Montholon, 50 000 à Marchand. Vous _____ (garder) mon argenterie, mes armes ... pour mon fils, et tout ce que vous _____ (pouvoir) penser pouvoir lui être utile un jour. (lines 23–6)

c Plus tard il _____ (raconter) la scène dans ses Mémoires. (lines 32–3)

2 Without looking at the original, fill in the gaps in the following with the appropriate forms of the passive. Check your version against the original when you have finished.

a Le papier _____ bien (déchirer) par l'Empereur. (lines 9–10)

b C'est le texte le plus émouvant du premier testament de Napoléon qui _____ ainsi _____ (retrouver). (lines 13–14)

c C'étaient de belles pages à conserver, écrites de la main de l'Empereur! ... Telles elles me _____ (remettre), telles elles _____ (jeter) au foyer où bientôt elles _____ (dévorer par les flammes). (lines 35–8)

d Malgré le témoignage de Marchand, ce document ne _____ pas _____ entièrement _____ (détruire), comme le prouve sa découverte aujourd'hui. (lines 39–40)

3 Again without looking at the original, fill in the gaps in the following with the appropriate preposition or preposition + article. Check your version against the original when you have finished.

Napoléon est mort il y a 175 ans, un 5 mai. Et cet anniversaire, marqué comme chaque année ____ une messe ____ l'Hôtel ____ Invalides ____ Paris, est aussi prétexte ____ l'évocation d'une belle découverte historique: le premier codicille ____ testament ____ l'Empereur que l'on croyait détruit. C'était il y a six mois: un jeune collectionneur français (il préfère garder l'anonymat), passionné ____ souvenirs napoléoniens, découvre ____ le catalogue ____ une vente de livres et ____ autographes que Christie's va disperser ____ enchères, ____ Londres, une lettre de Napoléon 1er ____ comte Bertrand. ____ notre initié, cette pièce qui provient ____ papiers ____ grand maréchal Bertrand, correspond ____ codicille ____ premier testament. Le papier a bien été déchiré ____ l'Empereur.

IMMIGRATION: UN RAPPORT POUR ÉCLAIRER LA RÉFORME
UN DÉBAT DOMINÉ PAR LA PEUR

Le rapport que Patrick Weil a remis hier au gouvernement sur les problèmes liés à l'immigration et à la définition de la nationalité, devrait éclairer un débat public trop longtemps dominé par l'ignorance, la peur et le manque de confiance des Français en leur avenir collectif. Un grand mérite de ce rapport est d'avoir reconnu et combiné

5 l'attachement de beaucoup au strict droit au sol, c'est-à-dire à l'attribution automatique de la nationalité française à tous ceux qui sont nés en France et le principe de l'acte de volonté qui avait été défendu par la commission de réforme du Code de la nationalité, qui l'avait d'ailleurs assorti de mesures très libérales.

Le rapport propose, en effet, que tous les jeunes nés en France de parents

10 étrangers reçoivent la nationalité à 18 ans mais que ceux qui ont vécu en France puissent anticiper cette acquisition en la demandant à partir de 16 ans et aussi qu'ils puissent refuser cette nationalité pendant l'année qui suit leurs 18 ans. Seul point à amender: la déclaration de volonté devrait pouvoir être exprimée à partir de 15 ans, puisque l'âge de la scolarité obligatoire se termine à 16 ans et qu'un jeune doit à

15 cette date être en état de postuler un emploi, ce qui suppose qu'il ait acquis la citoyenneté.

Cette solution répond bien à la situation présente. La population des jeunes de parents non français se divise en effet en deux groupes presque égaux, comme le montre une étude approfondie menée en Alsace. La moitié des jeunes demande, par

20 un acte de volonté simple, la nationalité française. Ce sont les mieux insérés scolairement et économiquement. L'autre moitié n'a pas d'image claire de sa nationalité et d'ailleurs les pouvoirs publics ont donné si peu d'informations qu'on peut, dans de nombreux cas, parler de mauvaise volonté. C'est pour ceux-là que l'acquisition automatique est utile; par eux, aussi, que la capacité de refuser la

25 nationalité française peut être utilisée, car il faut éviter que des jeunes gens deviennent français malgré eux.

Quant au problème plus général de l'immigration, le rapport fait preuve de réalisme. Comment, en effet, ne pas reconnaître que l'entrée de 70 000 personnes, pour beaucoup par regroupement familial ou par mariage, ne pose pas un problème

30 grave à une population de 58 millions de personnes? Le problème réel est plutôt que beaucoup de Français, inquiets pour leur propre avenir et celui de leur pays, sont tentés de s'enfermer dans une identité largement artificielle. Ce repli défensif explique que la France résiste à beaucoup de technologies et d'idées nouvelles, ce qui rend difficile l'installation chez nous de bons spécialistes et professionnels étrangers.

35 Toutes les études montrent que l'intégration de la plupart des immigrés ne se fait ni mieux ni plus mal que celle des vagues précédentes, malgré la détérioration du marché du travail pour les emplois peu qualifiés. Cessons donc, suggère justement ce rapport, d'avoir peur de notre ombre et de nous enfermer dans une crainte de l'avenir qui est la plus grave des menaces qui pèsent sur nous. Et surtout, tous les

40 démocrates, de droite et de gauche, doivent refuser la tentation de se construire un
capital politique en excitant l'inquiétude de leurs concitoyens et en lançant la
population à la recherche de boucs émissaires.

On peut aisément comprendre que nous devions être protégés contre
l'immigration clandestine, mais c'est là affaire de police et d'inspection du travail.

45 Mais ne laissons pas l'arbre nous cacher la forêt. Le plus important est que le
gouvernement et les entreprises mènent la politique économique qui démontre aux
Français que la situation de l'emploi peut s'améliorer, et que toute l'opinion publique
participe à la recherche des moyens pour réaliser une modernisation associée à la
recherche de la justice sociale. On verra alors chaque problème reprendre sa véritable

50 dimension et les peurs paralysantes se dissiper.

Alain Touraine, *Ouest-France*

ANALYSIS

1 Translate the following:

a *Le rapport que Patrick Weil a remis hier au gouvernement devrait éclairer un débat public* (lines 1–2).

b *La déclaration de volonté devrait pouvoir être exprimée à partir de 15 ans* (line 13).

2 Find four examples of the subjunctive in the second paragraph and account for the use of this mood in each case. See Chapter 24.

3 Find an example of a conjunction followed by the indicative in paragraph 2. Can you think of other conjunctions followed by the indicative?

4 What do *qui* and *ce qui* stand for in the following?:
La plus grave des menaces qui pèsent sur nous (line 39).
Ce qui rend difficile l'installation (lines 33–4).

5 Comment on the points of grammar highlighted in the following sentence:
*Toutes les études montrent que l'intégration de la plupart des immigrés **ne se fait ni** mieux **ni** plus mal que celle des vagues précédentes* (lines 35–6).

6 *Cessons* (line 37), *ne laissons pas* (line 45). What verbal form is this, and how is it formed?

7 Find three examples of the gerund in the text (see Chapter 20) and translate them into English.

8 Make a list of four pronominal verbs to be found in the text. Which auxiliary do they use in compound tenses?

✎ **EXERCISES**

1 Rewrite the following sentences in the passive.

   a L'âge de la scolarité obligatoire se termine à 16 ans. (line 14)

   b La population des jeunes de parents non français se divise en deux groupes. (lines 17–18)

   c La situation de l'emploi peut s'améliorer. (line 47)

2 Fill in the gaps in the following with the appropriate demonstrative adjectives or pronouns (see Chapter 12).

   a Un grand mérite de _____ rapport est d'avoir reconnu. (line 4)

   b L'attribution de la nationalité française à tous _____ qui sont nés en France. (lines 5–6)

   c . . . que ceux qui ont vécu en France puissent anticiper _____ acquisition. (lines 10–11)

   d Des Français, inquiets pour leur avenir et _____ de leur pays. (line 31)

   e Toutes les études montrent que l'intégration de la plupart des immigrés ne se fait ni mieux ni plus mal que _____ de vagues précédentes. (lines 35–6).

3 Without looking at the original, fill in the gaps with one of the following.
Check your version against the original when you have finished.
comment, plutôt, pour, chez, beaucoup, quant à, ou, à, de, pour, dans, par

_____ (le) problème plus général de l'immigration, le rapport fait preuve _____ réalisme. _____, en effet, ne pas reconnaître que l'entrée de 70 000 personnes, _____ beaucoup _____ regroupement familial _____ par mariage, ne pose pas un problème grave _____ une population de 58 millions de personnes? Le problème réel est _____ que beaucoup de Français, inquiets _____ leur propre avenir et celui de leur pays, sont tentés de s'enfermer _____ une identité largement artificielle. Ce repli défensif explique que la France résiste à _____ de technologies et d'idées nouvelles, ce qui rend difficile l'installation _____ nous de bons spécialistes et professionnels étrangers.

NUAGES SUR L'ASIE

Depuis environ deux décennies, la croissance économique de l'Asie est devenue l'un des facteurs les plus stables de l'évolution mondiale. Les observateurs occidentaux l'ont compris assez tardivement, mais, avec l'assentiment de la Banque mondiale, ils se sont rattrapés en multipliant les éloges de la nouvelle Asie capitaliste. Ils ont eu,
5   pour l'essentiel, raison puisque la croissance s'y est maintenue et que la région vit dans l'ensemble en paix.

Pourtant, la météo économique de l'Asie paraît en voie de s'assombrir depuis quelques années et plus encore depuis quelques mois. Le Japon aura été le premier à entrer dans une crise en 1992–1993. Il semble en être sorti il y a un an environ, mais
10 pour retrouver un taux de croissance assez faible de 2 à 3 %. C'est à ce moment précis que les choses ont commencé à se gâter pour les autres pays. Parmi les plus avancés, Taïwan s'est trouvé bien seul face aux gesticulations militaires chinoises du début 1996; et dans l'hiver suivant, la Corée du Sud subissait une agitation ouvrière provoquée par des mesures autoritaires destinées à restaurer sa compétitivité. Car
15 l'Asie tout entière voyait alors ses exportations se réduire, notamment dans les produits informatiques.

En 1997, la croissance a un peu diminué dans la plupart des pays et de nouveaux signes inquiétants sont apparus. Déjà appauvrie, la Corée du Nord est aux prises avec une effroyable catastrophe alimentaire alors même qu'aucune solution politique
20 n'est envisageable pour le conflit qui l'oppose à la Corée du Sud. La Thaïlande, jusqu'alors favorite des prévisionnistes, subit une crise financière grave et apparemment durable. Les récentes élections en Indonésie ont été l'occasion de nombreux troubles révélateurs d'un système politique pétrifié. Enfin, le malheureux Cambodge offre depuis quelques semaines un spectacle où se mêlent le tragique et
25 le ridicule.

Sans doute ne faut-il pas exagérer le tableau. La croissance reste le plus souvent vigoureuse – en moyenne 6 à 7 % si l'on excepte le Japon. Les inquiétudes sont surtout concentrées dans le domaine politique et elles évitent actuellement la Chine, où la succession de Deng Xiaoping a été facilitée par la reprise triomphale de Hong
30 Kong.

Il n'empêche. Les événements asiatiques récents ont une signification doublement inquiétante. D'une part, la période de croissance explosive et générale est probablement terminée en Asie. Les situations vont devenir plus difficiles et plus diverses. D'autre part et surtout, la politique est le maillon faible de cette région. En
35 effet, il n'existe en Asie aucun consensus, aucune organisation de sécurité et la plupart des systèmes politiques y sont rigides ou peu stables. Pour l'Asie, est-ce la fin des beaux jours? Il est trop tôt pour le dire. Mais les nuages s'accumulent.

Jean-Luc Domenach, *Ouest-France*

ANALYSIS

1 Translate into English *La croissance économique de l'Asie est devenue l'un des facteurs les plus stables de l'évolution mondiale* (lines 1–2). Comment on *est devenue*.

2 *En multipliant* (line 4). What verbal form is this? What does *en* express?

3 *Le Japon aura été le premier* (line 8). What is this tense? Translate the sentence into English.

4 *Les choses ont commencé à se gâter pour les autres pays* (line 11). Comment on at least two grammatical points in this sentence.

5 Why is the present tense used in *le malheureux Cambodge offre depuis quelques semaines* (lines 23–4)? Translate the sentence into English.

6 *Sont concentrées* (lines 27–8), *a été facilitée* (line 29). What are these verbal forms? Translate them into English. Rewrite the sentence in French using other forms than the passive.

7 *Il n'existe en Asie aucun consensus, aucune organisation* (line 35). Comment on the negative form used in this sentence and translate it into English.

8 What is the subject of *sont* (line 36)? What does *y* stand for (line 36)?

✎ EXERCISES

1 Without looking at the original, fill in the gaps in the following with verbs in the appropriate tenses and make any necessary changes. Check your version against the original when you have finished.

Depuis environ deux décennies, la croissance économique de l'Asie _____ (devenir) l'un des facteurs les plus stables de l'évolution mondiale. Les observateurs occidentaux le _____ (comprendre) assez tardivement, mais, avec l'assentiment de la Banque mondiale, ils _____ (se rattraper) en multipliant les éloges de la nouvelle Asie capitaliste. Ils _____ (avoir), pour l'essentiel, raison puisque la croissance y _____ (se maintenir) et que la région _____ (vivre) dans l'ensemble en paix.

Pourtant, la météo économique de l'Asie _____ (paraître) en voie de s'assombrir depuis quelques années et plus encore depuis quelques mois. Le Japon _____ (être) le premier à entrer dans une crise en 1992–1993. Il semble en _____ (sortir) il y a un an environ, mais pour retrouver un taux de croissance assez faible de 2 à 3 %. C'est à ce moment précis que les choses _____ (commencer) à se gâter pour les autres pays. (lines 1–11)

2 Without looking at the original, make the adjectives and past participles which are italicized in the extract below agree as appropriate. Check your version against the original when you have finished.

C'est à ce moment précis que les choses ont *commencé* à se gâter pour les autres pays. Parmi les plus *avancé*, Taïwan s'est *trouvé* bien seul face aux gesticulations militaires *chinois* du début 1996; et dans l'hiver suivant, la Corée du Sud subissait une agitation ouvrière *provoqué* par des mesures autoritaires *destiné* à restaurer sa compétitivité. Car l'Asie tout *entier* voyait alors ses exportations se réduire, notamment dans les produits informatiques.

En 1997, la croissance a un peu *diminué* dans la plupart des pays et de *nouveau* signes *inquiétant* sont *apparu*. Déjà *appauvri*, la Corée du Nord est aux prises avec une effroyable catastrophe alimentaire. (lines 10–19)

3 Again without looking at the original text, fill in the gaps with the appropriate article or preposition or pronoun. Check your version against the original when you have finished.

Sans doute ne faut-il pas exagérer le tableau. ＿＿ croissance reste ＿＿ plus souvent vigoureuse – ＿＿ moyenne 6 ＿＿ 7 % si l'on excepte ＿＿ Japon. Les inquiétudes sont surtout concentrées ＿＿ ＿＿ domaine politique et ＿＿ évitent actuellement ＿＿ Chine, où la succession de Deng Xiaoping a été facilitée ＿＿ la reprise triomphale ＿＿ Hong Kong.

Il n'empêche. ＿＿ événements asiatiques récents ont ＿＿ signification doublement inquiétante. D'＿＿ part, la période ＿＿ croissance explosive et générale est probablement terminée ＿＿ Asie. (lines 26–33)

Keys

● Key 1: The present tense

1 **a** ils parlent **b** vous finissez **c** nous refusons **d** je te défends **e** il réussit **f** tu réponds **g** tu tombes **h** ils vendent **i** je compte **j** elle obéit

2 **a** j'admets **b** cet enfant dort **c** nous connaissons **d** beaucoup d'enfants meurent **e** vous croyez **f** les Impressionnistes peignent **g** ils prennent **h** vous faites **i** ce qu'ils veulent **j** nous sommes **k** tu as **l** vous allez

4 **a** Je ne peux pas répondre au téléphone/prendre le téléphone: je me lave les cheveux/je suis en train de me laver les cheveux.
  b Je suis ce cours depuis trois mois/voilà/ça fait trois mois que je suis ce cours.
  c Je viens de finir de déjeuner.
  d Je suis prêt dans deux minutes.
  e Il va disparaître dans quelques instants.
  f Depuis combien de temps attendez-vous?
  g Je me lave les dents deux fois par jour.
  h Ils poussent la voiture/ils sont en train de pousser la voiture.

● Key 2: The *passé composé*

1 **a** j'ai acquis **b** nous n'avons toujours pas résolu **c** Albert Camus est né **d** il est mort **e** mes copains m'ont offert **f** nous avons bu **g** ces incidents ont nui **h** nous n'avons pas reçu

2 **a** Nous sommes allés au cinéma.
  b Elle s'est regardée dans le miroir.
  c Ce sont des cadeaux que j'ai achetés.
  d Voici les fleurs que j'ai cueillies.
  e Elle s'est lavé les cheveux.
  f Malheureusement elle est sortie ce soir.
  g La dame à qui j'ai demandé le chemin n'a pas répondu.
  h Ils se sont regardés dans les yeux.
  i Elle s'est demandé si c'était vrai.
  j Ils se sont écrit tous les jours.

3 **a** Tu t'es trompé(e) **b** nous nous sommes réveillés **c** elle s'est dépêchée **d** les enfants se sont bien amusés **e** elles se sont assises **f** ils se sont envoyé.

4 **a** J'ai couru à/jusqu'à la poste.
  b Elle est montée dans sa chambre.
  c Elle a eu/obtenu un prix pour son travail.
  d Ils/elles sont devenu(e)s très désagréables.
  e Nous y avons pensé/réfléchi.
  f Je ne l'ai pas fermée.

5 Cet après-midi, *j'ai poussé* Arthur dans le bassin. Il *est tombé* et il *s'est mis* à faire glou-glou avec sa bouche, mais il criait aussi et on *l'a entendu*. Papa et maman *sont arrivés* en courant. Maman pleurait parce qu'elle croyait qu'Arthur était noyé. Il ne l'était pas. Le docteur *est venu*. Arthur va très bien maintenant. Il *a demandé* du gâteau à la confiture et maman lui en *a donné*. Pourtant, il était sept heures, presque l'heure de se coucher quand il *a réclamé* ce gâteau, et maman lui en *a donné* quand même. Arthur était très content et très fier. Tout le monde lui posait des questions. Maman lui *a demandé* comment il avait fait pour tomber, s'il avait glissé et Arthur *a dit* que oui, qu'il avait trébuché. C'est chic à lui d'avoir dit ça, mais je lui en veux quand même, et je recommencerai à la première occasion.

D'ailleurs, s'*il n'a pas dit* que je l'avais poussé, c'est peut-être tout simplement parce qu'il sait très bien que maman a horreur des rapportages. L'autre jour, quand je lui avais serré le cou avec la corde à sauter et qu'il *est allé* se plaindre à maman en disant: 'C'est Hélène qui *m'a serré* comme ça ,' maman lui *a donné* une fessée terrible et lui *a dit*: 'Ne fais plus jamais une chose pareille!' Et quand papa *est rentré*, elle lui *a raconté* et papa *s'est mis* aussi en colère. Arthur a été privé de dessert. Alors, il *a compris* et, cette fois, comme il *n'a rien dit*, on lui *a donné* du gâteau à la confiture: j'en *ai demandé* aussi à maman, trois fois, mais elle *a fait* semblant de ne pas m'entendre. Est-ce qu'elle se doute que c'est moi qui *ai poussé* Arthur?

6 Cet après-midi, *j'ai poussé* Amandine dans le bassin. Elle *est tombée* et elle *s'est mise* à faire glou-glou avec sa bouche, mais elle criait aussi et on *l'a entendue*. Papa et maman *sont arrivés* en courant. Maman pleurait parce qu'elle croyait qu'Amandine était *noyée*. Elle ne l'était pas. Le docteur *est venu*. Amandine va très bien maintenant. Elle *a demandé* du gâteau à la confiture et maman lui en *a donné*. Pourtant, il était sept heures, presque l'heure de se coucher quand elle *a réclamé* ce gâteau, et maman lui en *a donné* quand même. Amandine était très contente et très fière. Tout le monde lui posait des questions. Maman lui *a demandé* comment elle avait fait pour tomber, si elle avait glissé et Amandine *a dit* que oui, qu'elle avait trébuché. C'est chic à elle d'avoir dit ça, mais je lui en veux quand même, et je recommencerai à la première occasion.

D'ailleurs, si *elle n'a pas dit* que je l'avais *poussée*, c'est peut-être tout simplement parce qu'elle sait très bien que maman a horreur des rapportages. L'autre jour, quand je lui avais serré le cou avec la corde à sauter et qu'elle *est allée* se plaindre à maman en disant: 'C'est Hélène qui *m'a serrée* comme ça ,' maman lui *a donné* une fessée terrible et lui *a dit*: 'Ne fais plus jamais une chose pareille!' Et quand papa *est rentré*, elle lui *a raconté* et papa *s'est mis* aussi en colère. Amandine a été privée de dessert. Alors, elle *a compris* et, cette fois, comme elle *n'a rien dit*, on lui *a donné* du gâteau à la confiture: j'en *ai demandé* aussi à maman, trois fois, mais elle *a fait* semblant de ne pas m'entendre. Est-ce qu'elle se doute que c'est moi qui *ai poussé* Amandine?

● Key 3: The imperfect

1 je connaissais; me semblaient; je savais; ils appartenaient; j'étais; ils avaient; il habitait; il venait; il avait; en faisaient; je trouvais; nous nous réjouissions; nous reconnaissions

2 **a** mais l'an dernier je n'avais pas de travail donc je n'avais pas d'argent.
   b il y a un an il/on fêtait ses dix-huit ans.
   c la semaine dernière j'écrivais ma dissertation.
   d il y a vingt ans c'était une chose assez rare.
   e l'an dernier je ne pouvais pas le faire, je n'avais pas de permis.
   f parce que je finissais mes révisions pour l'examen.
   g l'autre jour il faisait des erreurs tout le temps.
   h pourtant hier il marchait impeccablement.

3 **a** La neige (re)couvrait le sol et il gelait.
   b Quand elle était petite elle habitait (dans) cette maison.
   c Je dormais à poings fermés quand elle a téléphoné.
   d Il buvait un/du pastis tous les jours à midi.
   e Si c'était moi, je dirais non!
   f Quand j'étais plus jeune, j'allais souvent chez ma grand-mère.
   g Il a dit que c'était trop tard pour l'envoyer.
   h Cela faisait/il y avait presque deux heures qu'elle était dans la salle d'attente.
   i Comme elle/pendant qu'elle s'habillait, elle remarqua qu'il y avait une voiture dans l'allée.

● Key 4: The pluperfect

1 **a** nous étions sortis **b** il s'était assis **c** j'avais dormi **d** il était devenu **e** il avait couru **f** il s'était intéressé au football **g** elle était retournée **h** ils avaient fait

2 s'était maintenant terminée; elle était arrivée; elle avait trouvé; le temps avait passé; elle avait fini; elle avait obtenu; elle avait bouclé; elle avait fait

3 **a** Non, ils étaient tous partis.
   b Non, j'avais emporté un anorak.
   c Non, elle avait déjà pris fin.
   d Non, ils avaient/on avait apporté des chaises supplémentaires.
   e Non, il avait encore menti.
   f Non, ils s'étaient bien cachés.

4 **a** Elle pensait qu'il avait fait des progrès.
   b J'avais été conscient/au courant de ces rumeurs.
   c Si nous avions eu plus de temps, nous l'aurions fait.
   d Ils avaient raconté des histoires.
   e C'étaient les fleurs que j'avais achetées.
   f Si cela avait été le cas, je n'aurais pas eu d'objections.

● Key 5: The past historic and past anterior

1 J'ai cherché; j'ai pris; A. était là; m'a surprise; s'est mis; m'a fait; est passé; a tendu; sommes montés; nous nous sommes retrouvés; avons pu; ai-je dit; j'ai lu; m'a fait; sommes descendus; ai dit; sommes entrés; ont dévisagés; a dit; nous nous sommes faufilés; s'est assis

2 J'allai; Elle finit; Ils vinrent; Il fut; Je parlai; Elles eurent; Ils aperçurent; Elle dit

3 Nos voisins nous regardèrent; je me vis; je rabattis; je pris; une panique soudaine me traversa; je rougis; dis-je; je répétai; il sourit; me questionna; je lui parlai; je lui demandai; il me la décrivit; je pensai

4 **a** Elle sortit à cinq heures de l'après-midi.
   b J'appelai Erica mais elle n'était pas là.
   c Elle ouvrit la porte sans réfléchir.
   d Il mourut le lendemain.
   e Ils furent de retour après la tombée de la nuit.
   f Elle se réveilla et ouvrit les yeux.
   g Il purent enfin rentrer chez eux.
   h Soudain j'eus l'impression que c'était Pat.

5 disait-on; c'était un garçon; il ne déclara pas; vinrent le trouver; le supplièrent; il restait; lui enleva ses vêtements; il resta; il s'enferma; ne sortit plus; des mois se passèrent; il semblait; il vivait; celui qu'on soupçonnait; se maria; Sainte-Lucie ne sembla; passa devant la maison; mangeaient des petits gâteaux; le jeune homme aperçut; qui défilait; il se mit à trembler; se leva; se signa; prit; il sortit

7 **a** se fut présentée; **b** fut partie; **c** eut-elle claqué; **d** eurent reçu; **e** fut assis; **f** eurent fait

8 **a** Elle l'avait déjà dit mais personne ne la croyait/ne l'avait crue.
   b Son sac fut prêt en cinq minutes.
   c Elle se montra/fut plus compréhensive après qu'il eut expliqué ses raisons.
   d Je ne m'étais pas rendu compte/je n'avais pas réalisé que c'était si critique/crucial.
   e Ils allèrent à Paris dès que son contrat fut terminé (passive).
   f La colère monta aussitôt que les résultats furent publiés (passive).

● Key 6: The future and future perfect

1 **a** Ils passeront **b** Elle partira, elle aura **c** Les vents atteindront **d** Il faudra **e** Je ne saurai **f** Elles recevront **g** Vous pourrez **h** J'irai, je m'assiérai

2 **a** je partirai; **b** j'irai; **c** je marcherai; **d** sera; **e** je ne regarderai; **f** j'arriverai; **g** je mettrai.

4 **a** Je sais qu'il ne recommencera pas.

 b Elle dit que le train va encore être/sera encore en retard.

 c Si tu ne cours pas, tu seras en retard/à moins de courir, tu seras en retard!

 d Je crois que s'il a le temps il le fera ce soir.

 e Je la verrai dès qu'elle arrivera.

 f Ils vont partir d'un moment à l'autre.

7 **a** elle aura acheté; **b** nous serons rentrés; **c** j'aurai terminé; **d** tu auras fini; **e** elles auront connu; **f** ils se seront bien ennuyés; **g** vous aurez bientôt traduit **h** elle se sera demandé

8 **a** Vous pourrez jouer au tennis quand vous aurez payé votre cotisation.

 b Vous descendrez pour le petit déjeuner quand vous vous serez habillé(s).

 c Nous partirons quand tu auras fini ton café.

 d Vous dormirez mieux quand vous aurez éteint la lumière.

● Key 7: The conditional (present and past)

1 **a** cette reprise serait motivée; les essais devraient être interdits; les Etats-Unis pourraient; les explosions . . . serviraient; qu'elle n'aurait pas

 b auraient été coulés en Méditerranée; auraient été immergés au large de Ravenne; il s'agirait; les matières radioactives pourraient; ces matières radioactives proviendraient

2 **a** **i** Tu peux; **ii** m'arrangerait; **iii** tu avais pu passer

 b **i** Je me lève; **ii** j'irais; **iii** je m'étais levé

 c **i** Je ferai; **ii** j'avais; **iii** j'aurais fait

3 **a** Je préférerais ne pas le changer.

 b Il a dit qu'il reviendrait demain.

 c Pourrais-tu/pourriez-vous m'aider à soulever ce sac?

 d Dis-moi/dites-moi si tu aimerais partager.

 e D'après le journal six personnes seraient mortes dans l'/cet accident.

 f Je devrais rentrer à la maison ce week-end.

 g Si elle était plus gentille avec les autres, les autres seraient plus gentils avec elle.

 h Crie si tu es prêt! (if = when).

 i Tu devrais/vous devriez commencer à chercher du travail dès maintenant.

 j Le criminel serait allé à l'étranger.

6 **a** Si je ne sais pas cuisiner, je mange un sandwich.

 Si je ne savais pas cuisiner, j'irais au restaurant/j'achèterais un livre de cuisine.

 b S'il y a grève de métro, j'irai à pied.

 c Si je n'étais pas . . . , je ferais la grève.

 Si je n'avais pas été . . . , j'aurais fait . . .

 d Si l'électricité est coupée, j'utiliserai une pile électrique.

 Si l'électricité était coupée, j'utiliserais une bougie.

● Key 8: The negative

1 **a** Vous ne faites pas de sports.

 b Je n'ai pas fini mon travail.

 c N'avez-vous pas fini votre travail?

 d Ne pouvez-vous pas m'aider?

 e Je ne vais pas lui en parler ce soir.

 f Je n'ai pas bien compris ce chapitre.

 g Je ne pars pas tout de suite.

 avoir

 h Ne savez-vous pas nager?

 i Je n'ai pas de frère.

 j N'avez-vous pas eu le temps de le lire?

 k Vous n'allez pas partir tout de suite?

 l Il ne vous a pas vu arriver tout à l'heure.

 m Je ne vais pas le faire.

 n Je ne suis pas contente (je suis ennuyée) de ne pas fini (or de n'avoir pas fini) ce travail.

2 a Je n'ai rien oublié.

b Il ne part jamais à neuf heures.

c Le week-end, nous ne faisons jamais rien d'intéressant.

d Je n'ai jamais admiré son travail.

e Personne ne vous a téléphoné.

f Je n'ai ni frère ni sœur.

g N'avez-vous rien vu?

h Rien ne va se passer ici.

i Il n'y a aucun espoir.

j Il n'est jamais occupé à rien.

k Elle ne va rien écrire.

l Personne n'est venu m'aider.

m Rien ne le tracasse.

n N'avez-vous vu personne?

3 a Je n'ai jamais lu ce livre.

b Nous ne nous sommes pas du tout amusés.

c Il n'y a plus d'étudiants dans la salle.

d Il ne me reste que vingt francs.

e Elle ne prend guère de café.

f Je ne l'ai trouvé nulle part.

g Il n'y a pas un seul arbre dans le jardin.

h Nous n'avons étudié ni pièces de théâtre ni romans.

● Key 9: Interrogatives

1 a Combien est-ce que **b** Qu'attendez-vous **c** Laquelle de ces deux **d** Quand est-ce que **e** Auquel de ces employés **f** Qui n'a pas encore **g** Lequel de ces sacs **h** Où/quand faut-il **i** Que ferez-vous **j** Comment faites-vous

2 Pourquoi est-ce qu'on n'a pas poussé . . . ?

Pourquoi est-ce qu'on n'a pas dissous . . . ?

Pourquoi est-ce que la famille Rostan n'a pas été entendue?

Pourquoi est-ce qu'on n'a pas suivi . . . ?

Pourquoi est-ce que certaines affaires traînent?

Pourquoi est-ce que la demande . . . a été refusée?

Pourquoi est-ce qu'on ne crée pas . . . ?

Pourquoi est-ce que les propositions ne deviennent pas . . . ?

Pourquoi est-ce qu'on ne se donne pas . . . ?

Est-ce que c'est par manque de courage et de volonté politique?

Pourquoi est-ce qu'aucune des . . . n'y est représentée?

Pourquoi est-ce que Alain Gest a publié . . . ?

Qu'est-ce qu'il a fait?

3 a Est-elle revenue?

b La France est-elle un pays surpeuplé?

c Faut-il envoyer cette lettre maintenant?

d Cette décision est-elle irrévocable?

e Irez-vous à l'opéra?

f Cet enfant est-il en bonne santé?

4 a Est-ce qu'ils vont bâtir un immeuble? Vont-ils bâtir . . . ?

b Est-ce qu'il va pleuvoir ce week-end? Va-t-il pleuvoir . . . ?

c Est-ce que le parti est d'accord? Le parti est-il d'accord?

d Est-ce qu'ils ont nommé un nouveau président? Ont-ils nommé ...?

e Qu'est-ce qui se passe si vous avez tort? Que se passe-t-il si . . . ?

f Est-ce que vous pouvez marcher jusqu'au sommet de cette colline? Pouvez-vous marcher jusqu'au . . . ?

g Où est-ce que vous avez perdu votre passeport? Où avez-vous perdu votre passeport?

h Où est-ce qu'elle est allée après New York? Où est-elle allée . . . ?

5 a Quand est-ce qu'elles sont parties? Quand sont-elles parties?

b Laquelle est-ce que vous préférez? Laquelle préférez-vous?

c Pourquoi est-ce que vous avez fait cela? Pourquoi avez-vous fait cela?

d A qui est-ce qu'il en a parlé? A qui en a-t-il parlé?

e Quel diplôme est-ce que tu prépares? Quel diplôme prépares-tu?

f Où est-ce que tu vas? Où vas-tu?

6 Possible questions:

Avez-vous déjà travaillé en équipe?

Quelle expérience avez-vous des ordinateurs?

Savez-vous utiliser les tableurs?

Vos stages de marketing sont-ils récents?

Quand seriez-vous disponible?

Y aura-t-il des déplacements dans ce travail?

Combien de vacances aurai-je par an?

Est-ce que j'aurai des chèques-repas?

● Key 10: Personal pronouns

1 **a** ce que vous voulez retenir (line 9)

b ces techniques (line 11)

c des procédés de mémorisation (line 15)

d 40 mots quelconques (line 18)

e des prouesses de ce genre (line 25)

Yes, **a** could be described as 'neutral' *le*, since it refers to a general idea/whole phrase and not a specific noun. See *Personal pronouns in the text*, **2b**

2 **a** leur **b** vous les **c** les; eux **d** se; Moi; les; vous les

3 **a** Vous pourrez les retenir. **b** Vous parviendrez à les faire. **c** Tout ce que l'on peut en obtenir. **d** Vous pourrez vous en souvenir. **e** Ne la laissez pas passer.

4 **a** Je vous l'ai affirmé. Je ne vous l'ai pas affirmé.

b Je vous les ai révélé(e)s. Je ne vous les ai pas révélé(e)s.

c Il nous les a montré(e)s. Il ne nous les a pas montré(e)s.

d Nous le lui avons demandé. Nous ne le lui avons pas demandé.

e Nous le leur avons dit. Nous ne le leur avons pas dit.

f Vous leur en avez parlé. Vous ne leur en avez pas parlé.

5 **a** Oui, je vais leur en parler. Non, je ne vais pas leur en parler.

b Oui, je vais la leur montrer. Non, je ne vais pas la leur montrer.

c Oui, je vais leur en demander. Non, je ne vais pas leur en demander.

d Oui, il nous les révèle. Non, il ne nous les révèle pas.

6 **a** Y avez-vous pensé?

b Je ne le suis pas.

c Elle lui ressemble beaucoup.

d Le patron leur a accordé un jour de congé.

e Je m'adresse à elle . . .

f Le professeur leur a conseillé . . .

g Je ne peux pas l'en empêcher.

h Le cadeau lui a beaucoup plu.

i Je vais lui donner un coup de fil ce soir.

j Ce que je lui reproche c'est de ne pas m'en avoir averti.

k Elle est assise a côté d'eux.

l Il l'a envoyé chercher.

m J'avais l'intention de le regarder ce soir.

n Il avait déjà commencé à les ranger.

7 m'a envahi; je me suis laissé prendre; Il a lui aussi; je m'en étais douté; l'aveuglait; se sont croisés; j'en suis certain; me fait; Je le lui renvoie

8 m'a offert; Je lui ai répondu; j'en voulais bien un; il m'a touché; Donnez-moi; Je la lui ai tendue; Il y a déposé; comme en ont; Je n'en avais vraiment plus aucune envie; l'avouer; impossible de la lui rendre; Je l'ai donc introduite; Je lui ai tout de suite trouvé; la recracher; Je m'en suis abstenu; ne le voyant pas; m'observer

9 **a** Il s'agit de chacun pour soi ici.

  b Je trouve impossible de lui faire plaisir.

  c Vous me faites/Tu me fais penser à elle.

  d Marie et Jeanne ont tout fait elles-mêmes.

  e J'aimerais lui montrer cette photo et lui demander ce qu'elle en pense.

  f J'essaie de lui apprendre à lire.

  g Je lui ai conseillé de prendre le train de midi.

  h Je l'ai vue partir ce matin.

  i Ils lui ont fait terminer son travail.

● Key 11: Relative pronouns

1 **a** La victime est un militant qui luttait contre l'exploitation capitaliste et qui défendait les salariés.

  b Il défendait les salariés dont les droits étaient bafoués.

  c La droite dénonce l'insécurité dans les villes dont sont victimes les individus les plus faibles.

  d Il a oublié de signer le document, ce qui nous a surpris.

  e Ils s'indignent de la politisation dont font l'objet certains drames sociaux/dont certains drames sociaux font l'objet.

  f Voici l'endroit où je vais garer la voiture.

  g Est-ce que tu connais cette femme à qui il parle?

  h Tout le travail que nous avons fait hier est à refaire.

  i Il fume comme un sapeur, ce qu'elle déteste.

  j C'est un traitement remarquable sans lequel il serait mort.

2 **a** Est-ce tout ce que vous avez fait?

  b Ce dont je me souviens surtout, c'est de la manière dont ils nous ont accueillis.

  c La femme à côté de qui (or laquelle) elle était assise, ne lui a pas adressé la parole.

  d Il dit qu'il a déjà fini son travail, ce que je ne crois pas.

  e Ce qui m'irrite c'est sa façon de parler.

  f Le jour où ils sont arrivés il pleuvait sans cesse.

  g C'est un problème auquel nous n'avions pas pensé.

  h Les gens chez qui (or lesquels) elle a logé étaient très sympathiques.

  i Elle a bien du mal à découper la viande, parce que le couteau avec lequel elle travaille est très émoussé.

3 qui; ce que; qui; qui; qu'; que; ce qui

4 qui; dont; dont; dont; que; que; qui; qui; qui; dont; ce qui; qui; desquels

5 qui; ce que; dont; qui; qui; ce qui; ce qui; ce qui; où; qui; où

● Key 12: Demonstratives

1 **a** Je préfère celle-là.

  b Elle n'aime pas cela.

  c J'ai demandé à tous ceux qui habitent dans cet immeuble, mais personne ne l'a vu.

  d Tout cela est vraiment très impressionnant.

  e Ces fleurs-ci sont très belles, mais celles-là sont vraiment ravissantes.

  f Je préfère votre proposition à celle de Jeanne.

  g Ce plat-ci n'a pas l'air très bon. Choisissez plutôt celui-là.

  h J'ai vu beaucoup de tableaux, mais je n'ai pas trouvé celui dont tu m'avais parlé.

  i Je vais vous dire ceci: . . . .

  j Les enfants de Marie et ceux de son frère sont tous partis chez leur grand-mère.

2 ceci; cela; celui; cela

3 **a** cet; cette; celle; ceux
b ceux; ceux; ceux; celles
The first three are masculine plural pronouns, referring to *cauchemars*. The last one is feminine plural, referring to *forêts*.

4 celle; celle; celle; cette; celui

● Key 13: Possessives

1 **a** Je t'expliquerai *mon* idée, et après tu me diras ce que tu en penses.
b Ils nous ont offert *leurs* condoléances.
c Nous n'avons jamais vu *nos* voisins d'en face.
d Maintenant elle habite une jolie petite maison. *Son* ancienne maison était plus grande, mais beaucoup moins jolie.
e Nous avons fait de *notre* mieux.
f Ils ne rendent jamais visite à *leurs* parents.
g Vous n'avez rien dit de *vos* vacances. Quels sont *vos* projets?

2 **a** Est-ce que je peux emprunter *le tien*?
b Quand est-ce que tu auras terminé *la tienne*?
c Je vais en parler *aux miens* ce soir.
d Leurs enfants s'entendent bien avec *les nôtres.*
e Mes parents me laissent prendre mes propres décisions, mais *les siens* sont beaucoup plus autoritaires.
f Qu'allez-vous faire de *la vôtre*?
g Notre jardin est beaucoup plus petit que *le leur*.
h Elle est partie avec un foulard qui n'est pas *le sien*.
i Mes enfants sont sortis avec deux *des siens*.
j Est-ce que nous pouvons regarder *les vôtres*?

3 Mon enfant; ma sœur; mon esprit; tes traîtres yeux; leurs larmes; notre chambre; leurs odeurs; sa douce langue natale.

4 **a** Elle aimait beaucoup son école primaire; son école primaire lui plaisait beaucoup.
b N'oublie pas tes billets; n'oubliez pas vos billets.
c Elle a glissé et s'est foulé la cheville.
d Cette signature n'est pas la sienne.
e Il n'y aura pas de provisions. Chacun doit apporter les siennes.
f Nous avons rencontré un de ses amis à la gare.
g Avez-vous eu de ses nouvelles?
h La qualité d'une dissertation ne dépend pas de sa longueur.
i C'est son père à lui qui va organiser le mariage.
j Chacun son tour!
k Chacun son goût.

● Key 14: Articles and quantifiers

2 **a** Beaucoup d'étudiants; des exercices de grammaire **b** un article en forme de; J. Boissonnat, journaliste (no article); les différentes méthodes de travail dans les principaux pays; pas de critique de la France **c** des nouilles sans beurre et sans sel **d** Les chats; plus d'affection; les chats de gouttière **e** beaucoup d'hommes d'affaires; de grands problèmes; la crise ; des dettes, des licenciements; l'échec; bien des entreprises **f** les étudiants; des études; les moyens

3 **a** Les loutres sont des animaux très timides.
b Nos étudiants sont tous des Ecossais. (*Note* There would be no article if the **adjective** *écossais* were used. Here *Ecossais* is a noun.)

    c Les bibliophiles sont des gens qui aiment les livres.
    d Les muscatels sont des raisins secs de Malaga.

4 **a** d'odeurs délicieuses; **b** d'articles **c** d'amis **d** de yaourts et de pommes

5 La France; les méthodes de travail; les autres; des critiques; la France; le centre; la loi; l'Europe; les Français; un Parlement; les Belges; de pauvres idiots; la Commission; le deuxième centre; point de vue; nombre d'ambassades; de corps de presse; les bureaux; les syndicats; les patronats; les Français; les autres; Trop de paroles et trop peu d'actions; la France

6 des trente dernières années; les habitudes; des Français; la nourriture; moins de temps; les progrès; la mécanisation; l'automatisation; les Français; moins de calories; les hommes; les femmes; le nombre d'heures; le budget; la nourriture; la consommation de pain; l'achat de légumes; les huiles; le beurre; le sucre; la triperie; la viande; au profit de or des produits; les surgelés; les grands vainqueurs; changements de comportement

7 cœur de l'hiver; les principaux responsables; no article before chefs d'Etat, banquiers, financiers, patrons, because they are nouns in a list; no article before petite ville suisse, because this is a noun in apposition to Davos; de marché; de la dérégulation; des nouveaux maîtres; de Davos; de l'hyperlibéralisme; la capitale de la mondialisation; le foyer principal de la pensée unique.

8 Monsieur,
    Je vois d'après un article récemment paru dans votre journal (Tour du monde, *L'Entreprise*, octobre 1989), qu'encore une fois vous autres Européens confondez sans faire attention la Grande-Bretagne avec l'Angleterre. Dans un paragraphe où il prétend discuter de la vie des affaires en Grande-Bretagne, Jean Boissonnat ne parle que des Anglais. Comme c'est si souvent le cas, il me paraît que les Ecossais et les Gallois ont été oubliés. Cependant nous avons des petites et des grandes entreprises en Ecosse et au Pays de Galles, et nous sommes des nations travailleuses toutes les deux (nos deux nations sont travailleuses), ce que, selon votre journaliste, on ne peut pas dire des Anglais. (Je ne fais pas de remarque là-dessus.) L'obsession de la qualité n'est pas un trait propre aux Japonais – nous autres Ecossais le partageons, et cette obsession, mariée à la continuité dans des projets à long terme, à l'énergie et à la bonne gestion des entreprises, nous a fait produire les meilleurs whiskys et les meilleurs articles en laine du monde entier. La prochaine fois que Jean Boissonnat fera le tour du monde peut-être pourrait-il élargir ses expériences en faisant escale en Ecosse; nous sommes toujours prêts à satisfaire aux besoins d'un nouveau client!

● Key 15: Adjectives

1 tapissée; cristallines; ornée; vaste; calcaire; souterraines; continuelle; jolies; fort; supérieur; animale; orné; négatives; émouvants; spirituelle; difficiles; exceptionnel; architectural; basse; Renaissance (invariable noun acting as adjective); splendides; voûtées; impressionnantes

2 **a** Il vient d'acheter une *nouvelle* voiture *américaine*. Il a vendu son *ancienne* voiture à sa fille *aînée*.
    b Que pensez-vous de sa *dernière* pièce de théâtre? Elle me paraît *sensationnelle*.
    c Elle va visiter sa *vieille* tante et lui apporter ces *délicieux* gâteaux.
    d Encore de ces histoires *banales*! Racontez-moi quelque chose de plus *intéressant*.
    e Les routes *nationales* sont toujours *encombrées* au mois d'août.
    f Elle porte une jupe *bleu foncé* et une chemise *bleu clair*. *Toutes* les deux sont *neuves*.
    g C'est un *fol* espoir, mais auriez-vous un peu de crème *fraîche*?
    h Nous avons passé une *bonne* soirée chez nos amies *grecques*.
    i Les trois *premières* pages du roman sont vraiment *passionnantes*.
    j Je cherche un *nouvel* exemple pour illustrer ce *vieil* argument.

3 **a** Le site se composait d'une masse désordonnée de vieux bâtiments délabrés, les ruines d'une ancienne ferme.
    b Ces beaux vieux tableaux posent un problème de conservation très difficile.
    c Il est très difficile de voir des films français contemporains si l'on habite une petite ville provinciale en Grande-Bretagne.
    d La politique étrangère française témoigne d'une certaine variabilité.

   e Les hautes falaises blanches forment un point de repère saisissant.

   f Il l'a fait de sa propre initiative. Les deux premières pages sont très impressionnantes, n'est-ce pas?

   g Avez-vous lu son dernier livre sur la politique monétaire européenne?

   h Les nouvelles grandes cités universitaires offrent des chambres modernes et pratiques.

● Key 16: Comparatives and superlatives

1 **a** plus blanc, plus je lave . . . plus les couleurs **b** les plus fraîches, les moins grasses **c** il vaut mieux, plus savoureux, moins les produits, meilleurs ils sont

2 **a** le meilleur des gâteaux, le mieux **b** une des plus belles régions de France **c** la nouvelle la plus sensationnelle, un de mes moindres soucis **d** le plus sérieusement **e** les moins irritants

3 **a** Moins vous faites de travail, moins vous avez envie d'en faire.

   b Moins de temps vous avez, mieux vous devez vous organiser.

   c Plus les gens vieillissent, plus ils ont de temps libre.

   d Plus les gens regardent la télé, moins ils vont au cinéma.

   e Il est aussi travailleur qu'elle est paresseuse.

   f Il aime autant le cinéma qu'il déteste la télévision.

4 plus; au tarif le plus bas; 7 fois plus de; moins de; plus de; 4 fois moins cher; à plus de 100 km; supérieure à; plus perceptible; les plus bas

5 le plus heureux; l'un des plus importants cimetières/l'un des cimetières les plus importants; plus de; le plus ancien; plus de; plus d'une centaine; le plus jeune; au plus court; plus d'une centaine; moins de; du plus beau musée imaginaire

● Key 17: The imperative

1 apprenons; conduisons; faisons; utilisons; fuyons; osons; vivons; informons-nous; ne nous exposons pas; faisons; portons

2 apprends; conduis; fais; utilise; fuis; ose; vis; informe-toi; ne t'expose pas; fais; porte

3 **a** Calmez-vous. Asseyez-vous là et essayez de respirer à fond.

   b Donnez-moi un moment. Ne me tracassez pas.

   c Soyez gentil. Aidez-moi à descendre la valise s'il vous plaît.

   d Ayez patience. Ne vous moquez pas de lui.

   e Veuillez répondre dans les plus brefs délais.

   f Allez-vous-en. Laissez-moi en paix.

   g Souvenez-vous de son anniversaire. Sachez qu'il tient beaucoup à vous.

   h Soignez-vous. Faites attention à votre régime et n'oubliez pas de respecter les consignes du médecin.

   i Finissez votre dissertation. Relisez-la demain.

   j Ne vous préoccupez pas de cela. Souriez. Il n'y a pas de problème.

   k Vendez votre vélo. Achetez-vous une voiture.

4 **a** Calme-toi. Assieds-toi là et essaie de respirer à fond.

   b Donne-moi un moment. Ne me tracasse pas.

   c Sois gentil. Aide-moi à descendre la valise s'il te plaît.

   d Aie patience. Ne te moque pas de lui.

   e Veuille répondre dans les plus brefs délais

   f Va-t'en. Laisse-moi en paix.

   g Souviens-toi de son anniversaire. Sache qu'il tient beaucoup à toi.

   h Soigne-toi. Fais attention à ton régime et n'oublie pas de respecter les consignes du médecin.

   i Finis ta dissertation. Relis-la demain.

   j Ne te préoccupe pas. Souris. Il n'y a pas de problème.

   k Vends ton vélo. Achète-toi une voiture.

5 **a** Parle-lui-en.

   b Occupez-vous-en et faites-y attention.

    c Donnez-lui-en.

    d Offre-les-lui. Remercie-la de ma part.

    e Ne l'oubliez pas.

    f Ne venez pas la demander. Ne cherchez pas à la trouver.

    g Vas-y. Donne-les-leur.

    h Parles-en. Explique-les.

● Key 18: Pronominal verbs

1 **a** Tu t'es servi? **b** Elles se sont assises **c** Nous nous sommes plaints **d** Je ne me sens pas bien **e** Elle se débrouillera **f** Ils se sont mariés **g** Vous vous souvenez **h** Il s'est encore trompé.

2 **a** Ces aventures se sont passées . . .

    b Nous nous sommes pressés . . .

    c Taisez-vous!

    d Vous vous passerez de . . .

    e Nous nous entendons bien . . .

    f Les voisins se sont occupés des . . .

3 son influence s'est étendue; a su s'adapter; s'est progressivement intégré; son économie s'est ouverte; cette mutation s'est accomplie; il s'est réalisé; la France se situe

4 **a** Elles ne s'en iront pas sans bruit.

    b Je ne m'intéresse pas aux . . . .

    c Tu ne t'es pas mal débrouillée.

    d Il ne s'est pas rasé avant de sortir.

    e Nous ne nous étions pas couchés de bonne heure.

    f Vous ne vous ennuyez pas tout seul?.

5 **a** s'est arrêtée **b** je me lève **c** je me suis adressé(e) **d** il se souviendra **e** tu t'énerves **f** nous nous reposerons

6 **a** Je me suis acheté une vidéocassette.

    b Réveille-toi et lève-toi!

    c Malheureusement le train ne s'arrête pas ici.

    d Ces jouets se vendaient très bien avant Noël.

    e Je me demande si cette maison sera jamais finie.

    f Brosse-toi les dents et presse-toi/pressez-vous!

    g Si seulement nous pouvions nous rencontrer.

    h Elle ne s'est jamais trompée.

    i Le bureau se trouve dans le nouveau bâtiment.

    j Tu devras/vous devrez/il te faudra/il vous faudra te/vous passer de la voiture.

● Key 19: The passive

1 **a** Son copain a préparé le couscous.

    b On a retrouvé la gamine dans la rue.

    c Les assistants organiseront la soirée.

    d Un incendie aurait entièrement détruit l'école.

    e On a bâti une nouvelle pièce pour agrandir la maison.

    f Un excellent journaliste écrit chaque semaine l'éditorial.

2 **a** Les noms propres s'écrivent avec des majuscules.

    b Le canard se mange avec des petits pois.

    c Le rugby se joue dans le sud-ouest de la France.

    d Récemment la ville de Toulouse s'est métamorphosée.

    e Les pommes de terre se vendaient très cher l'hiver dernier.

    f Cela se fera avec ou sans votre accord.

3 Brittany Ferries n'est pas autorisée; les produits achetés; ne pouvant être pris; sont autorisés; il n'est pas autorisé; les vins et spiritueux achetés; les prix indiqués; publiés; sont susceptibles d'être modifiés; peuvent également être modifiés; ne peut être garanti; sont donc exprimés

4 a La Tour Eiffel a été construite en 1889.

   b On fait de la pub pour cette boisson à la télé.

   c Le directeur lui a demandé de sortir.

   d On m'a appris à jouer de la clarinette à l'école.

   e Le cessez-le-feu sera signé officiellement demain.

   f Avant cet incident il avait été pris en train de voler une radio.

   g Ces produits de beauté se vendent à la boutique hors-taxe.

   h On lui a demandé de payer en avance/il s'est vu demander de payer en avance.

● Key 20: The infinitive and present participle

Exercises on the infinitive

1 a Après avoir étudié . . .

   b Après avoir lu . . .

   c Après s'être lavée . . .

   d après y être allée . . .

   e Après s'être plainte . . .

   f Après avoir mis . . .

2 a Il l'a entendue mettre sa clef dans la serrure.

   b Ils espèrent passer l'été en France.

   c Ne pas se pencher au dehors.

   d Servir frais.

   e A le voir assis (French uses a past participle here; see *Discover more about the present participle*, **2a**) en train de bavarder, on dirait qu'il n'avait pas de travail à faire.

   f Elle est allée chercher votre dossier.

   g Sans vouloir vous offusquer, je dois absolument refuser.

   h Pour terminer son travail il est resté dans son bureau jusqu'à 19 heures.

   i Suivre un régime trop sévère n'est pas une bonne idée.

   j Que faire? Comment la trouver?

   k Je ne comprends pas votre façon/manière de travailler.

   l Je suis enclin/porté à croire qu'elle a raison.

   m Elle s'est fait couper les cheveux hier.

   n Après avoir fait la vaisselle, je vais faire le lit.

Exercises on the present participle and gerund

1 a Etant **b** Ayant terminé **c** un groupe d'enfants jouant (invariable) **d** Ayant **e** une longue file de voitures avançant très (invariable) lentement **f** Sachant **g** Rougissant **h** des étudiants répétant (invariable) une pièce de théâtre.

2 en publiant; en inaugurant; Ce faisant

3 a Habitant une île isolée, ils menaient une vie très tranquille.

   b Ayant décidé de partir le lendemain, il se sentait beaucoup plus content.

   c En rentrant, elle commença à préparer son dîner.

   d Tout en voulant vous aider, je ne sais vraiment pas comment (m'y prendre).

   e En feuilletant des journaux à la bibliothèque, elle avait découvert des articles très intéressants.

   f Tout ce qu'elle voyait (c')était une longue queue s'étendant (or qui s'étendait) tout le long de la rue.

   g Il a payé son voyage en Australie en travaillant comme garçon de café.

Review exercise

1 d'aller **2** de faire **3** débuter **4** s'agissant **5** d'attendre **6** confondre **7** en introduisant **8** de le mettre **9** se situer **10** évacuer **11** introduire **12** donner **13** s'en servir **14** vivre **15** pouvoir **16** communiquer **17** en marchant **18** à marcher **19** en parlant **20** à parler **21** devenir **22** se partageant **23** parler

● Key 21: Verbs with *à/de*

1 a à **b** de; de **c** de **d** à **e** à **f** de **g** de **h** de **i** de/d' **j** à; de **k** à **l** à **m** à **n** de **o** à **p** d'

2 de; d'; à, à; no preposition after verb of movement. See Chapter 20.

● Key 22: *Devoir, pouvoir, vouloir, savoir*

1 On pourrait; vous devez/devriez; ceux qui veulent/voudraient; cela peut/pourrait; s'il sait; le chercheur d'emploi pourra; ceux qui veulent; doivent

2 je devais; je voulais; n'ai pas pu; je ne savais pas; j'aurais pu; je voudrais/devais; pour essayer de savoir; je devrai/dois

3 a Je n'ai pas pu arriver à l'heure.   **f** Pouvez-vous m'aider?
 b Il devrait faire plus attention.   **g** Je le saurai demain.
 c J'aimerais savoir la vérité.   **h** J'aurais dû réviser les temps.
 d Il aurait pu essayer au moins!   **i** Elle doit savoir ça!
 e Elle lui doit 200F   **j** Je voudrais partir dans une demi-heure.

4 a J'aimerais boire quelque chose.
 b Ils/elles devraient attendre un peu plus longtemps.
 c Pourrais-je/est-ce que je pourrais laisser un message?
 d Ils/elles ne pouvaient pas/n'ont pas pu me le dire.
 e Ça serait formidable!
 f Elle devrait être arrivée maintenant.

5 a J'aurais dû me souvenir qu'il y avait un film ce soir.
 b Je n'aurais pas pu le/la perdre.
 c Cela aurait été presque impossible.
 d Tu n'aurais/vous n'auriez pas dû ouvrir cette lettre.
 e Non, ils auraient téléphoné.
 f Cela aurait pu arriver.

● Key 23: Impersonal verbs

1 a s'agissait; fallait **b** y aurait eu **c** faille (subjunctive after negative verb of thinking); s'agirait (conditional for something which is alleged and not vouched for by the writer him/herself) **d** aura **e** y avait eu **f** y a eu **g** s'était agi **h** faudra **i** s'agissait (or s'agit); faudrait **j** s'agisse (Subjunctive after verb of fearing) **k** a fallu; aurait fallu

2 a Il y a vingt kilomètres d'ici à la mer.
 b Il s'est passé quelque chose de très bizarre.
 c Il faudrait attendre quelques minutes. Il manque trois étudiants.
 d Il y a à faire à la maison. Il me faut rentrer/il faut que je rentre aussitôt que possible.
 e Il leur faut plus de temps pour achever le travail.
 f Il faut que le gouvernement s'adresse à/s'occupe de ce problème.
 g Est-ce que vous savez de quoi il s'agit dans son livre?
 h Il faisait beaucoup de vent et il a fallu que les alpinistes rebroussent chemin avant d'atteindre le sommet de la montagne.
 i Tu trouveras qu'il y a de quoi boire.
 j Il y a une demi-heure que j'attends ici.

● Key 24: The subjunctive (present and perfect)

Exercises on the present subjunctive

1 a réfléchisses; partes; t'en ailles; recommences; boives; te lèves
 b sortions; finissions; chantions; fassions un effort; apprenions ce poème; nous en allions

   c travaille; maigrisse; boive; puisse se détendre; prenne une douche; en sache les résultats

   d vous vous chargiez de cette tâche; finissiez votre travail; preniez . . .; ayez . . .; soyez prêts

2 redevienne; mette; fassent; respectent; soient; sachent

3 **a** subjunctive after *je m'étonne que* (expression of emotion)

   b subjunctive after *il est peu probable que* (expression of improbability)

   c subjunctive after conjunction *sans que*

   d subjunctive after *je veux que* (expression of desire that something should be done)

   e subjunctive after *pour que* (conjunction of purpose)

   f indicative after *pendant que* (conjunction of time)

   g subjunctive after indefinite antecedent (*un endroit*) + relative pronoun (*où*)

   h indicative after positive statement, *elle dit que* . . .

   i subjunctive after negative verb of thinking, *je ne pense pas que* . . .

   j imperfect indicative after positive statement of fact, *il est évident que*

4 **a** ayez; **b** soit; **c** arrivera; **d** sache; **e** parte; **f** avez; **g** permette; **h** était

5 **a** Je veux changer d'emploi. Je veux qu'il change d'emploi.

   b Avant que vous ne partiez, pourrais-je vous demander un service?

   Avant de partir je lui ai donné un coup de téléphone.

   c Elle a peur de voyager (toute) seule.

   Il a peur qu'il ne lui arrive un accident.

   d Il est parti sans dire au revoir.

   Elle est partie sans qu'il la voie.

6 **a** Quoi qu'on fasse, on ne peut jamais le satisfaire.

   b Bien que/Quoique la ville nous plaise, nous ne regrettons pas de partir.

   c Il veut que vous lui donniez/tu lui donnes un coup de téléphone ce soir.

   d C'est l'étudiant le plus brillant que je connaisse.

   e Quelles que soient ses raisons, il n'y a vraiment pas d'excuse.

   f Il a ordonné que les prisonniers soient libérés.

   g Je crains qu'il ne revienne plus tard.

   h Est-ce que vous dites qu'il ment/mente?

   i Nous allons déjeuner sur la terrasse à moins qu'il ne pleuve.

   j Il est possible qu'ils sachent déjà le résultat.

   k Il espère qu'elle sera de retour ce soir.

   l Qu'il le sache ou non, il sera élu président de la Commission.

Exercise on the perfect subjunctive

   a ait fini; **b** soit déjà arrivée; **c** n'ayons pas pu; **d** dise; **e** j'aie jamais vu; **f** soient déjà partis; sois

● Key 25: The subjunctive (imperfect and pluperfect)

Exercise on the imperfect subjunctive

   a rendît; laissât; s'éveillât. **b** n'entendît pas **c** fît **d** n'appartînt pas **e** tournât **f** sortît **g** restât **h** n'éveillât.
   All the verbs are in the third-person singular. This is the most commonly occurring form of the imperfect subjunctive.

Exercises on the pluperfect subjunctive

1 **a** eût achevé. Expression of emotion: *Il était content que* + subjunctive.

   b fût déjà arrivée. Expression of possibility: *Il était possible que* + subjunctive.

   c ne ('ne' after verb of fearing) se fût déjà trompée de chemin. Expression of fear: *Il craignait que* + subjunctive.

   d n'eût jamais pensé. Conjunction expressing concession: *Quoique* + subjunctive.

   e ne fût jamais allée. Expression of emotion: *Il avait beaucoup regretté que* + subjunctive.

2 The past conditional (conditional perfect) could be substituted in the first two cases and the pluperfect indicative in the third case: n'aurait pour rien au monde trahi; aurait traversé; avaient reçu.

3　**a** Si elle avait su le résultat, elle s'en serait réjouie.

　　b Si elle s'était montrée plus sympathique, il se serait confié à elle.

　　c S'il y avait pensé, il aurait pu lui épargner cet ennui.

● Key 26: Prepositions

1　**a** dans la corbeille sur la table **b** de Genève en Suisse **c** en Bretagne **d** par Londres **e** à la boulangerie **f** en Afrique **g** de Paris à Ankara **h** en France et en Espagne **i** à Agadir au Maroc **j** dans la France de l'après-guerre.

2　**a** dans un an **b** en 1944 **c** à 15.00 heures **d** depuis une semaine **e** en cinq minutes **f** après eux **g** dans un quart d'heure **h** jusqu'à demain **i** dans les années trente **j** à/à partir de 8 heures.

4　**Paragraph 1**: depuis 1975, de la planète, de ses problèmes, depuis dix ans, sans alarmisme, sans illusions, sans respect, des préjugés

　　Paragraph 2: de la planète, par exemple, de synthèse, par l'observation, dans les graisses, dans les années 30, avant d'être interdits, des plastiques, des vernis, des cires, pour arriver, dans le corps, aux Etats-Unis, dans l'industrie

　　Paragraph 3: des océans, des forêts, dans l'édition, en hygiène, par l'empoisonnement, à base, de plomb, par milliers, de la mort, à produire, à utiliser, à détruire

5　**Paragraph 1**: à Lyon, dans la rue, par les Lyonnais, dans les rues

　　Paragraph 2: d'une statue, en 1852, sur la colline, pour remercier, de la peste, de la statue

　　Paragraph 3: de milliers, dans la rue, à partir de sept heures du soir, dans les rues, de Noël, des magasins, par leurs couleurs

　　Paragraph 4: sur la place Carnot, aux santons, des crèches, sur la place Louis Pradel, à côté de l'Opéra, en forme, de croissants, de cônes, de sphères, par les enfants

● Key 27: Conjunctions

1　**a** mais elle par contre **b** ni lui non plus **c** et de sommeil **d** ni les plats épicés **e** ou en car **f** et j'approuve **g** ou la semaine prochaine **h** mais un membre de la famille

2　**a** dès que vous le voyez **b** pourvu que ce ne soit pas **c** sans qu'il y ait de trace **d** depuis qu'ils ont déménagé **e** pour que l'omelette **f** avant qu'il ne soit trop tard **g** puisque c'est votre tour **h** à moins qu'il n'y ait **i** jusqu'à ce qu'il fasse noir **j** pendant qu'il fera la sieste

3　**a** avançaient **b** a peur **c** puisse/pût voir les festivités **d** il y ait un seul arrêt **e** est en prison **f** fasse la vaisselle **g** aura ses résultats **h** prenne pas froid **i** mange **j** il n'y ait des complications

4　mais attention; à moins que vous n'ayez; et mettez; ou tout simplement; car les ultra-violets; lorsqu'il fait chaud; avant que vous n'ayez soif; parce que la sensation; dès qu'il fait chaud; bien que ce soit; si la cuisson; pourvu que vous fassiez

5　Si les marins; et éventuellement; et l'absence; et d'isolement; ou de suicides; lorsque les bateaux; sans qu'ils puissent; cependant il ne tient pas; car cette catastrophe; alors qu'il effectuait

● Key 28: Highlighting/word order

1　**a** Ses petites manies, nous les connaissons très bien.

　　b Sans doute reconnaîtrez-vous que nous avons dû procéder ainsi.

　　c A la fin du mois je pourrai vous les donner.

　　d Son vélo, elle l'a prêté à sa sœur.

　　e Haut et pointu, le pic de cette montagne est immédiatement reconnaissable.

　　f Seule son écriture suffirait à l'identifier.

　　g Penser aux vacances, je n'en ai pas le temps.

　　h Retourner en Amérique, elle en rêve sans cesse.

　　i Vous trouver ici, je n'y aurais jamais pensé!

2 **a** Il est trop cuit, ce gigot.

   b Ils sont vraiment paresseux, ces étudiants.

   c Je l'ai vue hier, Marie.

   d Il y en a, des enfants.

   e Il l'a lu hier, ce livre.

3 **a** Lui, il ne s'entraîne pas assez. (Also possible: Il ne s'entraîne pas assez, lui.)

   b Son amie, elle, ne peut pas le lui pardonner.

   c Je suis sûre que toi, tu me comprendras. (Also possible: Je suis sûre que tu me comprendras, toi.)

   d Nos voisins, eux, n'ont rien vu.

   e Moi, je ne comprends pas son comportement. (Also possible: Je ne comprends pas, moi, son comportement. Or: Je ne comprends pas son comportement, moi.)

   f Vous, vous êtes toujours en retard. (Also possible: Vous êtes toujours en retard, vous.)

4 **a** C'est à cause de sa dyslexie que l'enfant a un retard scolaire.

   b C'est elle qui a promis de le faire.

   c Ce n'est pas à lui que je l'ai donné.

   d Ce sont Patricia et Sandrine qui ont préparé le dîner.

   e C'est demain que je dois passer mon examen.

   f C'est à Lyon qu'on mange le mieux.

5 **a** Ce qui m'intéressait surtout, c'était son livre sur l'Afrique.

   b Ce qui me frappe le plus, c'est son insolence.

   c Ce que j'ai remarqué, c'est son enthousiasme.

   d Ce qui l'embête de plus en plus, c'est d'aller à Paris.

   e Ce dont j'avais envie, c'était de prendre une douche.

   f Ce que j'aime surtout, c'est la situation de cet appartement.

   g Ce dont vous aurez sûrement besoin, c'est d'un imperméable.

6 **a** Son livre sur l'Afrique, voilà ce qui m'intéressait surtout.

   b Son insolence, voilà ce qui me frappe le plus.

   c Son enthousiasme, voilà ce que j'ai remarqué.

   d Aller à Paris, voilà ce qui l'embête de plus en plus.

   e Prendre une douche, voilà ce dont j'avais envie.

   f La situation de cet appartement, voilà ce que j'aime surtout.

   g Un imperméable, voilà ce dont vous aurez sûrement besoin.

Revision texts

● Text 1: Le secret du cerveau de Mozart Key to analysis

1 It refers to *musiciens*. The pronoun *en* replaces *de* + noun. See Chapter 10. In this case *en* stands for the phrase in bold: '*le plus célèbre exemple **de ces musiciens**'*.

2 might/could well. See Chapter 22.

3 *11 ayant l'oreille absolue; 11 qui ont l'oreille absolue*. See Chapter 20.

4 *le traitement du langage est effectué*. See Chapter 18.

5 *plus* + *de* + number. See Chapter 16.

6 higher than **what** it is. See Chapter 11. Better to omit the relative 'what' in English.

7 *le fait que ce soit* (line 18). When *le fait que* is used to introduce new information, it is followed by the indicative, but if as in this case, it is used to comment on information which has already been established it is followed by the subjunctive. Not detailed in Chapter 24 itself, but see references listed there to other grammar books.
    bien qu'il soit un organiste talentueux (lines 21–2). After the conjunction *bien que*. See Chapter 24.

8 probably/may well be dependent not just on . . . . The present conditional is used here to indicate an unconfirmed fact. See Chapter 7.

● Text 2: L'anatomie complète de l'homme Key to analysis

1 Active: *avait pris soin* (line 6); *elle avait lancé* (line 12); *n'avait occasionné qu'* (line 20).
Passive: *avait été exécuté* (line 6).
The pluperfect is used to indicate a past action completed before another past action. See Chapter 4.

2 *fut mise au point* (line 15); *fut sélectionné* (line 23); *fut mixé* (line 24). More remote in time, lacking the same connection with the present, in the form of lasting effects still felt, which an event narrated in the *passé composé* would have, e.g. *il a gagné* (lines 7–8); *il est devenu* (line 8). See Chapter 2.

3 *a été réalisée* (line 1); *a été congelé et découpé* (line 3) – both *passé composé*.
avait été exécuté (line 6) – *pluperfect*.
fut mise au point et utilisée (line 15); *fut sélectionné . . . et son corps découpé* (lines 23–4); *fut mixé* (line 24) – all past historic.
est commercialisé (line 27) – present.
être révélée (lines 33–4) – infinitive.
The past participles *condamné* (line 5) and *prévu* (line 34) might also be included.

4 *à partir du corps* (line 1) – infinitive after preposition *à*, here in a set phrase meaning in this context 'based on'. More generally *à partir de* means '(starting) from'.
avant de recevoir (lines 6–7) – infinitive after preposition *avant de*.
pour renouveler (line 11); *pour obtenir* (lines 12, 17) – infinitives after preposition *pour*.
le congeler, le découper . . . les photographier et puis les numériser (lines 16–17) – verbal noun, equivalent to *la congélation,* etc.
capable de démoder (lines 29–30) – complement to an adjective, and preceded by *de*.
être révélée (lines 33–4) (passive) infinitive after modal verb *devrait*. See Chapter 20.

5 By losing. Only the gerund can convey this meaning of 'By + – ing'. See Chapter 20.

6 The verbs *devenir* and *mourir* are two of the small group of intransitive verbs which are always conjugated with *être*. The pronominal verb *se transformer*, like all pronominal verbs is also conjugated with *être*. See Chapter 18.

7 There is no elision of the definite article before a word like *héros* which begins with an aspirate 'h'. See Chapter 14. There is no liaison between *des/les* and a word like *héros* beginning with an aspirate 'h'.

8 After a negative, here implied by *sans*, *de* is substituted for *un/du/de la/des* with the direct object of the verb. See Chapters 8 and 14.

● Key to exercises

1 **a** On a congelé son cadavre et on l'a découpé en fines lamelles . . .
   b On avait exécuté ce Texan de 39 ans en 1993.
   c On mit au point une nouvelle technique et on l'utilisa pour la première fois . . .
   d On sélectionna Joseph Paul Jernigan parmi plusieurs centaines de candidats et on découpa son corps . . .

2 La société FPS commercialise en France ce CD, intitulé *l'Homme visible*.

3 Joseph Paul Jernigan a été ainsi transformé en un instrument de travail.

● Text 3: Les aventuriers sous la mer Key to analysis

1 *Depuis* + present is used to express an action which began in the past, but which is continuing in the present: 'Since men have been going to sea', 'Mediterranean fishermen have been bringing up'. See Chapter 1. By contrast, the *passé composé* is used with *depuis* as in lines 10–11, when the event narrated is completed and not envisaged as ongoing. The imperfect tense is used in line 5 for a description of a state of affairs which went on for some time. Neither the beginning nor the end of this state of affairs is relevant. The preposition *pendant* is used to express 'for' + past time. If *depuis* + imperfect had been used, the meaning would have been 'had been having access'. See Chapter 3.

The preposition *pour* translates 'for' + time only when reference is made to intentions, e.g. *je vais à Paris pour 3 jours*. See Chapter 26.

2 The first two events are more remote in time. They occurred in 1943. The 'fouilles archéologiques' which have taken place since have occurred over the intervening years since and connect more closely with the present. The event narrated in the final paragraph occurred recently, in 1993.

3 In sentences where a condition is expressed with *si* + imperfect, as here in *s'ils pouvaient fouiller* (line 6), the main verb *sauraient* is in the present conditional. See Chapter 7. The conditional is NEVER used in the *si* clause of a conditional sentence. See Chapter 3.

4 Verbs with the final vowel of their stem in 'e', e.g. *ramener* change 'e' to 'è' in all the singular forms and in the third-person plural form of the present tense.
Verbs with the final vowel of their stem in 'é', e.g. *repérer*, change 'é' to 'è' in the same circumstances.
A verb stem ending in 'g' becomes 'ge' in the imperfect. See Chapter 3.

5 In careful written French, *des* becomes *de* when the adjective precedes its noun. See Chapter 14.

6 The adjective *seuls* agrees forward with *les plongeurs* to which it refers. The past participle *mulitipliées* of the pronominal verb *se multiplier* agrees with its feminine plural subject, *les fouilles archéologiques sous-marines*. See Chapter 18.

● Text 4: Napoléon: le testament que l'on croyait perdu Key to analysis

1 *Passé composé.* For list of other verbs conjugated with *être*, see Chapter 2.
Pronominal verbs (see Chapter 18) and the passive (see Chapter 19) are conjugated with *être*.

2 *Qui* is a relative pronoun referring to the subject of the following verb (*cette pièce*) whereas *que* refers to the object of the following verb (*le testament*) (see Chapter 11).

3 These are examples of 'historic present'. This tense expresses past actions and is used instead of a past tense to give greater immediacy and impact to the story. (See Chapter 1.)

4 *En* refers back to *tout ce qui m'appartient à Sainte-Hélène*. It is the appropriate pronoun because of the verb construction: verb + *de* + noun (*disposer de*) (see Chapter 20.)

5 *Il* stands for Bertrand, *le* stands for *le testament*, *lui* stands for *à Napoléon*.
A third-person indirect object pronoun such as *lui* comes after a direct object pronoun such as *le* (see Chapter 10.)

6 Both *puissiez* and *connusse* are subjunctive. They follow the conjunctions *afin que* and *sans que*, which demand the subjunctive.
Puissiez (lines 20, 27) is a present subjunctive and is used to refer to future events.
Connusse (line 38) is an imperfect subjunctive referring to past events. This is only used in literary language. (See Chapters 24 and 25.)

7 *Se résigner* (line 10): infinitive.
se résoud (line 17): indicative present.
se sentant (line 16): present participle.
s'est dégradée (line 28): *passé composé* (with passive meaning).
s'exécute (line 32): indicative present.
(See Chapter 18).

8 *Explique-t-il*: there is an inversion of the subject and the verb in sentences where a verb of saying or thinking occurs after direct speech.
Aussi figurera-t-elle: subject and verb are inverted in careful speech and writing when certain adverbs such as *aussi* are placed at the beginning of the sentence.

● Text 5: Immigration: un rapport pour éclairer la réforme Key to analysis

1   **a** Patrick Weil's report should shed light on a public debate . . .
    b It should be possible to make a declaration of intent from the age of 15.
    (See Chapter 7.)

2   *Reçoivent* (line 10), *puissent* (line 11), *puissent* (line 12) express the intention that something should happen. They are dependent on the verb *propose que*.
    Ait acquis (line 15) expresses a hypothesis.

3   *Puisque l'âge de la scolarité se termine à 16 ans et qu'un jeune doit à cette date* (lines 14–15).
    Oher conjunctions followed by the indicative: *ainsi que, alors que, après que, dès que, depuis que, parce que, pendant que, tandis que*, etc. (see Chapter 27).

4   *Qui* refers to the word that precedes it, i.e. *menaces*.
    Ce qui refers to *la France résiste à beaucoup de technologies et d'idées nouvelles,* i.e. the entire preceding clause (see Chapter 11).

5   *Se fait* is the equivalent of a passive form e.g. 'is realized'.
    Ne . . . ni . . . ni = neither nor. Note that *ne* must be expressed as part of this negative construction.

6   These are imperatives. See Chapter 17 for the formation of the imperative.

7   *En la demandant* (line 11) = by applying for it.
    En excitant et en lançant (line 41) = by whipping up the anxieties of their fellow citizens and by sending people/the population in search of scapegoats.

8   *Se termine* (line 14), *se divise* (line 18), *s'améliorer* (line 47), *se dissiper* (line 50)
    Pronominal verbs are conjugated with *être* in compound tenses (see Chapter 18).

● Key to exercises

1   **a** L'âge de la scolarité obligatoire est terminé . . . **b** La population . . . est divisée **c** La situation de l'emploi peut être améliorée.

2   **a** Un grand mérite de ce rapport **b** à tous ceux qui **c** cette acquisition **d** leur avenir et celui **e** que celle de vagues précédentes

● Text 6: Nuages sur l'Asie Key to analysis

1   Economic growth in Asia has become one of the most stable factors in global development.
    Est devenue: devenir is always conjugated with *être* and the past participle agrees with the subject (see Chapter 2).

2   This is a gerund. It means 'while, by means of' (see Chapter 20).

3   This is a future perfect. Japan will have been the first . . . (see Chapter 6).

4   *Ont commencé*: passé composé (use of *avoir*, no agreement because there is no preceding direct object) (see Chapter 2).
    Commencer à + infinitive. (see Chapter 20).
    Se gâter: pronominal verb (see Chapter 18).

5   The present tense is used with *depuis* (see Chapter 1). For a few weeks the unfortunate Cambodia has offered . . .

6   These are passive forms, meaning 'are concentrated' and 'has been made easier'.
    Alternatives: *Les inquiétudes se concentrent surtout dans* . . . and *la reprise triomphale de Hong Kong a facilité la succession de Deng Xiaoping* (see Chapter 19).

7 *Ne . . . aucun . . . aucune*
   Ne must be used with *aucun(e)*. *Aucun* agrees with the noun that follows it (see Chapter 8). There is no consensus in Asia, no organization . . .

8 *La plupart des systèmes politiques*. *La plupart* is always followed by a verb in the plural. *Y* stands for *en Asie*.

Bibliography

Cited works and main works consulted in the preparation of the text are as follows.

Adamson, R. *et al.* 1986, 2nd edition: *Le Français en faculté, cours de base*. London: Hodder and Stoughton.

Batchelor, R. E. and Offord, M. H. 1994, 2nd edition, reprinted: *A Guide to Contemporary French Usage*. Cambridge: Cambridge University Press.

Byrne, L. S. R. and Churchill, E. L., revised by G. Price, 1993, 4th edition: *A Comprehensive French Grammar*. Oxford: Blackwell.

Coffman Crocker, Mary E. 1990, 3rd edition: *Schaum's Outline of French Grammar*. New York: McGraw-Hill.

Duffy, J. 1992: Problems with Prepositions. *French Studies Bulletin* **42**, 4–10.

Ferrar, H. 1982, 2nd edition reprinted: *A French Reference Grammar*. Oxford: Oxford University Press.

Hawkins, R. and Towell, R. 1996. *French Grammar and Usage*. London: Arnold and Lincolnwood, Illinois: NTC Publishing Group.

Judge, A. and Healey, F. 1983: *A Reference Grammar of Modern French*. London: Arnold and Lincolnwood, Illinois: NTC Publishing Group.

Morton, Jacqueline. 1989, 2nd edition: *English Grammar for Students of French*. Ann Arbor, Michigan: The Olivia and Hill Press.

Index